और
सफल बनें

और सफल बनें

ज़िन्दगी जीना सीखें बजाए ज़िन्दगी काटने के

शिव खेड़ा

B L O O M S B U R Y
NEW DELHI • LONDON • OXFORD • NEW YORK • SYDNEY

BLOOMSBURY INDIA
Bloomsbury Publishing India Pvt. Ltd
Second Floor, LSC Building No. 4, DDA Complex, Pocket C – 6 & 7
Vasant Kunj, New Delhi 110070

BLOOMSBURY, BLOOMSBURY INDIA and the Diana logo are trademarks of Bloomsbury Publishing Plc

First published 2019

ISBN: PB: 978-93-88414-99-9, eBook: 978-93-88630-00-9

2 4 6 8 10 9 7 5 3 1

Printed and bound in India by Thomson Press India Ltd.

To find out more about our authors and books
visit www.bloomsbury.com and sign up for our newsletters

मेरी मां को समर्पित
जिनका मैं उस मज़बूत बुनियाद बनाने
के लिए सदा एहसानमंद रहूंगा और
मेरी पत्नी, मेरे बच्चे और उनके बच्चे
जिनका रिश्ता मेरे लिए अहम है।
परमपिता परमात्मा जिनके आशीर्वाद से
यह किताब लिखी गई।

लेखक की अन्य किताबें:

- जीत आपकी
- बेचना सीखो और सफल बनो

थोक खरीद या ज्यादा मात्रा,
कॉर्पोरेट गिफ्टिंग (उपहार) के लिए
संपर्क करें:
shivkhera@shivkhera.com

अनुक्रम
Contents

आभार
Acknowledgements

हर काम की तरह इस किताब को लिखने में भी कई लोगों की मेहनत शामिल है। मैं अपनी बेटियों और ख़ासतौर से अपनी पत्नी का शुक्रिया अदा करता हूं। इस काम को पूरा करने में इनके धैर्य और मदद ने मुझे प्रेरणा दी है। मैं अपने स्टाफ़ (staff) के कड़े प्रयास का भी शुक्रगुज़ार हूं जिन्होंने अपनी मेहनत और कोशिशों से इस किताब का प्रकाशन मुमकिन बनाया।

इस किताब में इस्तेमाल किए गए उदाहरण, कहानियां, घटनायें पिछले 25 सालों के दौरान अख़बारों, मैगज़ीनों, भाषणों, सेमिनारों में शामिल लोगों के अलावा कई अन्य जगहों से जमा किए गए हैं। बदक़िस्मती से कई बार इन जानकारियों के स्रोत (source) नोट नहीं किए जा सके या मालूम नहीं हो सके, इसलिए जानकारी के सही स्रोत के प्रति आभार प्रकट कर पाना संभव नहीं। इन स्रोतों की जानकारी न होने के बावजूद मैं उन सारे लोगों के प्रति अपना आभार प्रकट करना चाहूंगा, जिन्होंने इस किताब के लिए जाने-अनजाने अपना योगदान दिया है।

इस किताब में इस्तेमाल की गई सामग्री के लिए आभार प्रकट करने का हर संभव प्रयास किया गया है। भूल से भी किसी का आभार प्रकट करने में चूक हो गई हो तो लेखक के ध्यान में लाने पर अगले संस्करण (edition) में इसे ठीक कर दिया जाएगा।

भूमिका
Introduction

और ज़्यादा हासिल करो और न रुकने वाले बनो!
ACHIEVE MORE and BECOME UNSTOPPABLE

पॉज़िटिव् एटीट्यूड वाले इंसान को कोई रोक नहीं सकता और एक नकारात्मक सोच (Negative Attutude) वाले इंसान की कोई मदद नहीं कर सकता है। दूसरे शब्दों में कहें तो जिस इंसान के पास सकारात्मक सोच (Positive Attutude) है, उसी के कदमों में सफलता है। ज़िन्दगी का रास्ता तमाम बाधाओं से भरा हुआ है, और कई बार तो हम ही अपनी ज़िन्दगी की सबसे बड़ी बाधा बन जाते हैं। वही इंसान अपनी ज़िन्दगी में ऊंचाइयों तक पहुंच पाते हैं, **जिनके पास एक मज़बूत कैरेक्टर की गहराई होती है।**

यह किस तरह की किताब है?

यह किताब **और ज़्यादा हासिल** करने के सफ़र का रोडमैप है। यह एक उलझे हुए माहौल में एक दिशा खोजने और रास्ता दिखाने में मदद करती है।

तथ्यों को हासिल करना **ज्ञान** है, तथ्यों को सही **समझना** समझदारी है और उन तथ्यों को अपने जीवन में उतारना **बुद्धिमत्ता** है। अगर किसी विचार पर कुछ काम नहीं किया जाए तो उसे दम तोड़ते देर नहीं लगती है। **बढ़िया से बढ़िया विचार भी तब तक बेकार है जब तक हम उस पर कोई कदम नहीं उठाते**। इस किताब में हम

उन कदमों के बारे में बात करेंगे जो आपकी क्षमता का भरपूर उपयोग करने में मदद करेंगे। दूसरे शब्दों में **और ज़्यादा हासिल** करने में आपकी मदद करेंगे।

सफलता सिर्फ़ कुछ ख़ास तालीम, स्कूली शिक्षा या आपकी अकलमंदी पर ही निर्भर नहीं होती। सफलता न ही कोई चमत्कार है और न ही कोई रहस्य। यह तो कुछ सिद्धांतों को लगातार सही तरीके से अमल में लाने का नतीजा है। इन सिद्धांतों को अमल में लाने का जो हमारा जुनून है, जो हमारी प्रतिबद्धता है वही सफलता और विफलता का फर्क बताती है।

इस किताब में बताए गए सभी नियम एकदम विश्वव्यापी (Universal) हैं और सदियों से चले आ रहे हैं। यूनिवर्सल माने वे सभी देशों, संस्कृतियों और धर्म में लागू होते हैं। सदियों से चले आने का मतलब है कि वे हमारे इस दुनिया में आने से पहले भी थे और हमारे जाने के बाद भी रहेंगे। ये नियम सरल हैं, मगर इन्हें अमल में लाना आसान नहीं है। इनमें से कोई भी तब तक आपके किसी काम का नहीं है जब तक आप उन पर अमल नहीं करते, कदम नहीं उठाते।

इस किताब में बताए हुए नियम अनंत हैं, समय से परे हैं, उनकी अहमियत जितनी आज हैं, उतनी शायद कभी नहीं रही। हक़ीकत तो यह है कि यह किताब उन विषयों को साथ लेकर चलती है जो हर इंसान के जीवन में अहम भूमिका निभाते हैं।

जब हम इस दुनिया में आते हैं, तो कोई भी सफलता की गारंटी नहीं देता। जुल्मों से सफलता हासिल नहीं होती। कई किताबें हैं जो हमें सिखाती हैं कि कैसे सफलता की योजना बनाएं, मगर जब आप इस किताब को पढ़ेंगे तो पाएंगे कि यह किताब न सिर्फ़ सफलता के सिद्धांतों को बताती बल्कि यह आपको बड़ी से बड़ी गलती करने से भी बचाएगी। इस किताब में बताए गए नियम आपके अन्दर एक भरोसा पैदा करने में मदद करेंगे, और आपकी ज़िन्दगी को और ज़्यादा अर्थपूर्ण (meaningful) और पुरस्कृत (rewarding) बनाएंगे। इन सिद्धांतों को अपनी ज़िन्दगी में अमल में लाने के लिए आपको आत्म-अनुशासन (self & discipline) और प्रतिबद्धता (commitment) की ज़रूरत

होगी। मगर जैसे ही आप इन्हें अपनी ज़िन्दगी में उतारते हैं तो नतीजे आपकी कल्पना से भी कहीं ज़्यादा अच्छे मिलते हैं।

सफलता का एक ही लक्ष्य है खुशियां पाना। इतनी गहराई से सोचने के बाद, मैं इस नतीजे पर पहुंच पाया हूं कि **खुश रहने के लिए हमें तीन चीज़ों की ज़रूरत होती है - सेहत, दौलत और अच्छे रिश्ते।**

- **सेहत** - मान लीजिए कि आपके पास दुनिया की दौलत है, अच्छे रिश्ते हैं, मगर सेहत नहीं है तो क्या आप खुश रह सकेंगे?
- **दौलत** - दौलत से मेरा मतलब आदमी की आर्थिक स्थिति (financial condition) से है। कई लोग ऐसे मिलेंगे जो न सिर्फ़ खुद यह मानते हैं कि पैसा इस दुनिया में ज़रूरी नहीं है, बल्कि वे हर कीमत पर दूसरों को भी यह यकीन दिलाते रहते हैं कि पैसा महत्वपूर्ण नहीं है। यह सही है कि खुश रहने के लिए पैसा सबसे ज़रूरी चीज़ नहीं है, मगर यह शांति से जीवन बिताने के लिए ज़रूरी है ही। जो लोग यह कहते हैं कि पैसा ज़रूरी नहीं है वे या तो बेवकूफ हैं या फिर खुद अरबपति। अगर पैसा खुशियां नहीं ला सकता तो यह तय है कि गरीबी से भी खुशी नहीं मिल सकती। मैंने ज़्यादा लोगों को नहीं देखा है जो अपनी गरीबी में खुश हैं।
- **अच्छे रिश्ते** - अच्छे रिश्तों के बिना आदमी अपने जीवन में खोखलापन महसूस करता है, जो या तो उन्हें असुरक्षा की तरफ़ धकेलता है या फिर अकेलेपन की तरफ़। किसी इंसान को भी खुश नहीं देखा है, जो बिखरे और टूटे रिश्तों में फंसा हुआ है। पैसा और सेहत किसी भी आदमी के पास सहज हो सकता है मगर उसके पास अगर अच्छे रिश्ते नहीं है तो वह भावनात्मक रूप से कंगाल है।

ऊपर दिए गए तीनों में से एक भी चीज़ आपके पास नहीं है तो ज़रा सोचिये खुशी कहां से आएगी? अगर कोई इन हालातों में भी हंस रहा है, मुस्करा रहा है तो भाई, सलाम ही कर सकते हैं उसे। वह अनोखा है!

अगर हम खुश और सफल होना चाहते हैं, तो हमें पहले विद्यार्थी बनना पड़ेगा और हमें सफल लोगों के जीवन को गहराई से समझना पड़ेगा। अगर हम सेहतमंद रहना चाहते हैं तो हमें अच्छी सेहत के नियमों को जानना होगा। अगर हमें दौलतमंद होना है तो हमें पैसा कमाने के नियमों को जानना होगा। और अगर हमें अच्छे रिश्ते चाहिए तो हमें अच्छे रिश्तों को बनाए रखने के सिद्धांतों को हासिल करना होगा।

हम आज से पांच साल बाद कहां होंगे, यह उस पर निर्भर करता है कि **हम अपनी ज़िन्दगी किसी योजना (planning) के तहत जीते हैं या फिर यूं ही कट रही है।**

कुछ लोग असाधारण ज़िन्दगी जीना चाहते हैं। वे लोग असाधारण आमदनी या दौलत चाहते हैं। वे लोग असाधारण सफलता चाहते हैं। उन्हें खुद से कुछ सवाल पूछने चाहिए-

1. **क्या वे खुद असाधारण या ख़ास इंसान हैं?**
2. **क्या वे खुद असाधारण मेहनत करना चाहते हैं?**
3. **क्या उनकी कुछ असाधारण प्रतिबद्धताएं हैं?**
4. **क्या उनके पास कुछ असाधारण रिश्ते हैं?**
5. **क्या उनके अंदर असाधारण ईमानदारी है?**

ज़िन्दगी के आख़िरी पड़ाव पर हम यह अहसास नहीं करना चाहते कि ज़िन्दगी हमारी पसंद की गुज़री ही नहीं। अगर ऐसा अहसास होता है तो **हमारी ज़िन्दगी प्लानिंग से नहीं बल्कि गलती से कट गई।** हम मानें या न मानें, ज़िन्दगी की रफ़्तार बहुत तेज़ है, पलक झपकते ही काफ़ी कुछ बदल जाता है। अपनी ज़िन्दगी के अंतिम दिनों में उस अफसोस से बचने के लिए कि वह अपने मन की ज़िन्दगी नहीं जी पाया, आदमी को बहुत ही जल्दी सही चीज़ों का फैसला कर लेना चाहिए। हमें यह जानना ज़रूरी होता है कि कब हमें हां कहना है और कब न कहना है।

जीविका कमाने के तरीके और ज़िन्दगी जीने में फर्क है। यह किताब हमें एक मीनिंगफुल ज़िन्दगी डिज़ाइन करने में मदद करती है।

सफलता और विफलता दोनों ही हमारे पास कुछ ही समय के लिए

आती हैं। इस किताब में हमारा उद्देश्य है कि कैसे सफलता को आदत बनाया जाए और विफलता को हमेशा के लिए हटाया जाए। इंसान तैयारी के बिना लगातार सफलता हासिल नहीं कर सकता है। अगर हमें असाधारण दिखना है तो हमें कुछ न कुछ असाधारण करना होगा, नहीं तो हम भी इसी भीड़ का हिस्सा बन जाएंगे। यह किताब हमें सिखाती है कि कैसे पॉज़िटिव् फैसले लिए जाएं और रास्ते की रुकावटों से बचा जाए।

इस किताब को कैसे पढ़ा जाए?

मेरा आपसे अनुरोध है कि इस किताब को सरसरी निगाह से न पढ़ते जाएं। धीरे-धीरे आगे बढ़ें। हर पन्ने को ध्यान से पढ़ें। रुकें, और फिर जो सीखा है, उसे सोचें - अगर हम बीते समय में वापस जा सकते, तो क्या हम वही फैसले लेते, जो हम पहले ले चुके हैं? एक तरफ़ नोट्स बनाएं, और उस हिस्से को उभारें (highlight) करें और निशान लगाएं जो आपको सबसे ज़्यादा अपील कर रहा है। इसे तीन हिस्सों में बांटें, अपने लक्ष्य, ज़िन्दगी के वे चरण जहां आप पहुंचना चाहते हैं, और एक समयावधि (time table) जिसमें आप उन्हें हासिल करना चाहते हैं। आप इन सिद्धांतों के बारे में उन लोगों से बात करें जो आपके नज़दीक हैं। जब तक आप इस किताब के आख़िरी पन्ने पर पहुंचेंगे तब तक आपके नोट्स वह नींव बन जाएंगे, जिस पर आप अपने आने वाले सुनहरे दिनों की बुलंद इमारत बना लेंगे। और **ज़्यादा हासिल** करने के लिए इस किताब से जो सीख मिली है उसे अपने अनुसार जीवन में उतारें।

मैंने पूरी किताब में लिखने की आसानी के लिए पुलिंग जेंडर का ही इस्तेमाल किया है।

एक एक्शन प्लान बनाएं

एक ऐसी चीज़ जो मैं आने वाली पीढ़ी को देकर जाना चाहता हूं, तो वह यह सच होगा कि जब भी उनके दरवाजे पर कोई परेशानी दस्तक

दे, तो उसकी आंखों में आंखें डालकर वे जवाब दे सकें कि **मैं तुमसे ज़्यादा मज़बूत हूं, मैं तुम पर विजय हासिल करूंगा और ये दिन भी बीत जाएंगे।**

इस किताब का उद्देश्य है और **ज़्यादा हासिल** करने के लिए एक एक्शन प्लान बनाना।

एक एक्शन प्लान नीचे लिखी तीन बातों को बताता है:

1. आप क्या हासिल करना चाहते हैं?
2. आप इसे कैसे हासिल करना चाहते हैं?
3. इसे हासिल करने की तारीख।

अध्याय 1

जीत-जीत का नज़रिया

A Win & Win Attitude

**" विजेताओं के पास होती है इच्छा शक्ति,
हारने वालों के पास अनिच्छा शक्ति। "**

***Winners have will power;
losers have won't power.***

ऐसा कैसे होता है कि एक ही हालात में कुछ लोग नए रिकॉर्ड तोड़ देते हैं, जबकि कुछ लोग अपने आप को तोड़ लेते हैं? इसमें फर्क पैदा करता है हमारा एटीट्यूड।

सफलता हमारी पोजीशन पर नहीं बल्कि हमारे नज़रिये पर निर्भर करती है, और वह है हमारा एटीट्यूड।

यह सही ही कहा गया है कि, सफलता 10 परसेंट उस पर निर्भर करती है जो हमारे साथ होता है और 90 परसेंट उस पर कि हम उसके जवाब में क्या करते हैं।

विजेता कैसे बनता है

एक पुरानी कहानी है, जिसमें एक बुज़ुर्ग आदमी अपने पोते को सदियों से चला हुआ ज्ञान दे रहा

था। उस युद्ध के बारे में बताने लगा जो हम सभी के दिलो-दिमाग में अक्सर चलता रहता है - हमारे अंदर के दो भेड़ियों के बीच में युद्ध चलता रहता है। एक बुरा भेड़िया है, और दूसरा अच्छा भेड़िया है। बुरा वाला भेड़िया लालची है, घमंडी है, स्वार्थी है, छल-कपटी है और उसमें तमाम अहंकार है। अच्छा भेड़िया शांत है, खुश है, विनम्र है, ईमानदार है, और उसमें संवेदना है। उसके बाद बुज़ुर्ग आदमी चुप हो गया लेकिन पोता बहुत ही दुविधा में होकर पूछता है, '*कौन-सा भेड़िया जीतेगा?*' बुज़ुर्ग आदमी ने मुस्करा कर जवाब दिया, '*बेटा, यह फैसला आपको करना है कि कौन-सा भेड़िया जीतेगा यह उस पर निर्भर करता है कि आप किसको ज़्यादा खाना खिलाते हो और किसको भूखा रखते हो?*' जिसको खिलाओगे वह बलवान और जिसको भूखा रखोगे वह कमज़ोर होता चला जायेगा। ज़ाहिर है, बलवान ही जीतेगा।

सबसे मुश्किल लड़ाई वह होती है जो इंसान के दिमाग में चलती है, मानसिक लड़ाई, अंतरात्मा के अन्दर होती है, उसकी अंदरूनी लड़ाई। इसे जीतने के लिए, हमें कम से कम यह तो पता होना चाहिए कि हमारा असली दुश्मन कौन है। जब आप असली दुश्मन को पहचान लेते हैं, तभी आप अपने मन की लड़ाई जीत सकते हैं।

जब आप अपनी समस्याओं से भाग जाना चाहते हैं, तो आप छुट्टी लेते हैं। लेकिन आपको यह नहीं पता कि उन्हें कैसे हल करना है, तो आप अपनी छुट्टियों में भी इन समस्याओं को अपने साथ ले जाते हैं, और अपने अन्दर उन सभी तूफानों के साथ परेशान रहते हैं।

हम सभी में दो स्वभाव होते हैं

हमारा पहला स्वभाव हमें आनंददायक और सुविधाजनक चीज़ों की तरफ़ खींचता है, जो कि हमारे लिए हमेशा अच्छी या फायदेमंद नहीं होती, बल्कि वे कहीं न कहीं हमें नुकसान पहुंचाने वाली भी हो सकती हैं।

दूसरा स्वभाव हमें उन कामों की तरफ़ खींचता है जो सही हैं और जो हमें खुशियों की तरफ़ ले जाता है, फिर चाहे वे कुछ समय के लिए हमें परेशानी ही क्यों न दें।

हमारा पहला स्वभाव दूसरे स्वभाव पर कब्ज़ा जमा लेता है। हम जानते हैं कि कई चीज़ें हमारे लिए अच्छी और सेहतमंद नहीं है, और हमारी ज़िन्दगी को तहस-नहस करती हैं। मगर हम यह जानते हुए कि ये गलत है, फिर भी उन्हें करते हैं। हमारी अच्छी भावनाएं ही काफ़ी नहीं है।

ज़िन्दगी में, हम उन बुराइयों पर जीत हासिल करना चाहते हैं, जो हमें आगे बढ़ने से रोकती हैं और उन अच्छाइयों को मज़बूत करने की ज़रूरत है, जो हमें आगे बढ़ाती हैं। कई लोग यह समझ ही नहीं पाते कि वे अच्छा क्यों नहीं कर पाते और मन न होने पर भी बुरे काम ही करते जाते हैं। लोग गलत और सही में फर्क समझने के बावजूद भी गलत काम करते रहते हैं।

अच्छी भावना के बावजूद भी गलत काम करना बहुत ही आम बात है। हम सभी न सिर्फ़ अच्छा करना चाहते हैं, बल्कि अच्छा होना भी चाहते हैं। मगर जैसे ही हम खुद से सवाल जवाब करते हैं, हम एकदम फेल हो जाते हैं। अगर हम वाकई उन चीज़ों को कर पाते, जिन्हें हम सही समझते हैं, तो यकीनन हमारी ज़िन्दगी अच्छी और खुशनुमा होती। कुछ लोग ऐसे हैं जो सिर्फ़ अच्छा दिखना ही चाहते है लेकिन करना नहीं चाहते।

अगर दुनिया अच्छे और बुरे में बटी होती तो हमारी ज़िन्दगी बहुत ही आसान हो जाती। कितना अच्छा होता कि हम अच्छी-अच्छी चीज़ें रख लेते और बुरी चीज़ों से छुटकारा पा लेते। मगर चीज़ें इतनी सरल होती नहीं। हमारे अंदर की कशमकश हमें आसान, तेज़ और आरामदायक काम करवाती है, न कि जो सही और करने योग्य है।

सिर्फ़ सोचना, विश्वास करना और यह जानना ही काफ़ी नहीं है कि क्या सही है और बल्कि उस पर अमल ज़रूरी है!

एटीट्यूड/ नज़रिया चुनना आपके हाथ में है

एक पॉज़िटिव् एटीट्यूड का मतलब यह नहीं होता कि इंसान असलियत को नज़रअंदाज करता है और न ही वह हर चीज़ से सहमत होता है। इसका सीधा सा मतलब यह है कि वह ऐसा इंसान है जिसका नज़रिया केवल समाधान पर टिका होता है। ऐसा व्यक्ति हर समस्या में हल खोजने की क्षमता रखता है। यह कुछ करने का जुनून व जिद्द है।

समाधान को बिंदु बनाएं बजाय समस्या को

ज़िन्दगी में कई बार हमें कुछ दृश्य कुछ अलग से दिखते हैं, तो इसका मतलब यह नहीं कि दृश्य बदल गया है, बल्कि इसलिए क्योंकि हमारा देखने का नज़रिया बदल गया है।

एटीट्यूड ही हर तरह का फर्क पैदा करता है। यह ज़िन्दगी को बना भी सकता है और बिगाड़ भी सकता है। **हम एक चीटीं की ज़िन्दगी से देख सकते हैं, जो हमें यह सिखाती है कि कैसे बाधाओं पर जीत हासिल करनी चाहिए।**

क्या आपने कभी किसी चींटी को बेकार या खाली बैठे हुए देखा है? शायद नहीं! क्यों? क्योंकि:

1. चींटी कभी बेकार नहीं बैठती। यह उसके स्वभाव में ही नहीं है। वह बहुत मेहनती होती है।
2. चीटियां कभी हार नहीं मानती। अगर हम उनका रास्ता रोक देंगे तो वे ऊपर जाएंगी, नीचे जाएंगी, किनारे जाएंगी, मगर वे कभी नहीं रुकेंगी। वे अपने रास्ते में आने वाली बाधाओं को पार करने के लिए तब तक कोशिश करती हैं, जब तक उन्हें दूसरा रास्ता नहीं मिल जाता। बाधाएं या समस्याएं कभी भी उन्हें रोक नहीं सकती, और उन्हें रुकना भी नहीं चाहिए। उनमें आगे बढ़ने का जुनून होता है।
3. चींटियां आगे की सोचती हैं। वे गर्मियों में सिर्फ़ गर्मियों के बारे

में ही नहीं सोचती, वे खाना इकट्ठा करने और सर्दियों की तैयारी में लगी रहती हैं। यही कारण है कि वे पूरी गर्मियों में इधर-उधर दौड़ती रहती हैं। आप किसी चीटीं को तब तक बेकार बैठे नहीं देख सकते, जब तक वह मर ही न चुकी हो।

4. चीटियों में काम के लिए जीवन में एक संतुलन (balance) होता है - वे गर्मियों में काम करती हैं और सर्दियों में आराम। वे ऊर्जा (energy) बचाने के लिए पूरी सर्दियों भर सोती हैं। वे जानती है कि काम को कब रोकना है।
5. चींटियां एक लक्ष्य लेकर चलती हैं - उनका एक ही लक्ष्य है कि अपने साथियों के लिए खाना इकट्ठा करना। वे अपना ध्यान नहीं भटकाती। वे अपने काम में केन्द्रित (focus) रहती हैं।
6. चीटियां बड़ी ज़िम्मेदारियां भी उठाती हैं - हालांकि चीटियां बहुत छोटी होती हैं, मगर उनका योगदान बहुत बड़ा होता है। वे अपने शरीर के वजन से कहीं सौ गुना वजन उठा सकती हैं।

असलियत (reality) बदलने के लिए पहले मानसिकता बदलने की ज़रूरत

एक चीटीं के सिद्धांत को एक वाक्य में समझा जा सकता है - **वे मेहनती, लक्ष्य लेकर काम करने वाली और आगे सोचने वाली होती हैं; वे हार नहीं मानतीं और ज़िन्दगी में बैलेंस करते हुए चलती हैं।**

जब हम बीमार होते हैं तो हम एक श्रेष्ठ डॉक्टर खोजते हैं, जब हम घर बनवाते हैं तो हम एक श्रेष्ठ इंजीनियर चाहते हैं, और जब लड़ाई होती है तो हम एक सबसे श्रेष्ठ जनरल खोजते हैं। यही हक़ीकत है।

आख़िर वह क्या चीज़ है जो इन्हें असाधारण और श्रेष्ठ बनाती है? यह है इनका एटीट्यूड। एटीट्यूड—तालीम, स्कूली शिक्षा, अच्छी शक्ल, जन्म स्थान, सम्बन्ध और हर चीज़ से कहीं ज़्यादा ताकतवर होता है। जब भी हम किसी इंसान के बारे में बात करते हैं, तो क्या हम सिर्फ़ उसके लुक, कपड़ों, चेहरे या उसकी विशिष्ट योग्यता

(qualification) के बारे में ही बात करते हैं? नहीं, हम तो उसके एटीट्यूड के बारे में बात करते हैं।

ज़रा सोचें, कि आपके पास चार गिलास हैं। पहला प्लास्टिक का है, दूसरा कांच का, तीसरा स्टील का और चौथा चांदी का है। अगर आप सभी में सेब का जूस डालेंगे तो क्या गिलास की वजह से उसका स्वाद बदल जाएगा? जवाब होगा नहीं। यह कंटेनर नहीं है जो स्वाद तय करता है, बल्कि स्वाद तो गिलास (container) में डाली गयी चीज़ से तय होता है।

एटीट्यूड हमारे सोच और अहसास का तरीका है। **यह एक नज़रिया है, यह दिमाग का एक खांचा है, सोचने की पूरी प्रक्रिया और चीज़ों को देखने का तरीका है। यह हमारा विचार है, चीज़ों के लिए हमारी एप्रोच या हमारी ज़िन्दगी में स्थितियों के लिए हमारा एक रिएक्शन (reaction) है।**

एटीट्यूड की बीमारी

निराशावाद और नकारात्मक सोच हमारे लिए किसी भी शारीरिक बीमारी जैसे हार्ट अटैक, ब्लड प्रेशर, कैंसर आदि से कम खतरनाक नहीं है, बल्कि बहुत बार यह उनसे भी ज़्यादा खतरनाक है। हमें इन बीमारियों का इलाज करना सीखना है।

निराशावादी व्यवहार (Pessimistic Behaviour): कौन-सा इंसान निराशावादी होता है? एक निराशावादी इंसान वह होता है जो दूध और शहद की नदियों को देखकर सिर्फ़ मोटापे और बीमारी के बारे में ही सोचता है। वह सिर्फ़ समस्याओं का ही दीवाना होता है और हर तरफ़ से समस्याओं की तरफ़ आकर्षित होता है। कुछ लोग ऐसे हैं कि आप उन्हें एक समाधान देंगे तो वे उसमें से ही एक नयी समस्या पैदा कर देंगे। उनके पास हर समाधान के लिए एक समस्या है। ऐसा निराशावादी इंसान कहता है '*हां, यह मुमकिन तो है मगर मुश्किल है।*' जबकि एक आशावादी कहता है कि '*यह मुश्किल तो है, मगर मुमकिन है।*' निराशावादी इंसान हमेशा मुश्किलों पर ध्यान केन्द्रित करता है, न कि संभावना पर।

सफल आदमी हर समस्या के लिए समाधान खोजता है जबकि विफल आदमी हर समय किसी न किसी समाधान के लिए समस्या खोजता है।

किसी ने आशावादी और निराशावादियों को बहुत ही खूबसूरती से बताते हुए कहा है-

एक आशावादी वह इंसान है जो सुबह उठता है, उगता हुआ सूरज देखता है और कहता है '*गुड मॉर्निंग गॉड*' (शुक्र है भगवान सुबह हुई)। जबकि दूसरी तरफ़ निराशावादी इंसान वह है जो सुबह उठता है, खिड़की खोलता है और कहता है, *आख़िर सुबह हो ही गयी* (Good God, it is morning!)।' वे एक महामारी की तरह अपना निराशाजनक व्यवहार दूसरों को देते चले जाते हैं। वे हर तरह से यह साबित करने की कोशिश करते हैं कि यह काम हो ही नहीं सकता। वे बस यही बताते रहते हैं कि चीज़ों के साथ क्या गलत है। वे कभी यह नहीं देखना चाहते कि आख़िर क्या सही हो रहा है। वे हर समय निगेटिव को खोजते हैं, और जैसे ही उन्हें कोई निगेटिव चीज़ मिलती है तो वे खुश हो जाते हैं। जितनी बड़ी निगेटिव बात होगी, उनकी खुशी उतनी ही ज़्यादा होगी। कभी सोचा है क्यों? क्योंकि उन्हें वह मिलता है जो वे खोज रहे हैं। वे कभी भी सूरज के उगने और ढलने की खूबसूरती नहीं देख पाते क्योंकि वे हमेशा ही खिड़की पर लगे दाग खोजते रहते हैं। मुसीबत खोजने वाले को मुसीबत मिलती रहती है।

पॉज़िटिव् लोग अपने एटीट्यूड को न सिर्फ़ जोरदार तरीके से लागू करते हैं, बल्कि वे उसे प्रदूषित होने से बचाते हैं।

हम अपनी कार को समय-समय पर सर्विसिंग के लिए के लिए क्यों भेजते हैं? हमारी कार को कुछ महीनों पर ऑयल और फिल्टर बदलने की ज़रूरत होती है। ऐसे ही मेंटिनेंस से हम अपनी कार की एफिशिएंसी (Efficiency) और उत्पादक जीवन (productive life) बढ़ा सकते हैं। इससे कार कम ख़राब होती है और कार बढ़िया चलती है। जैसे एक गाड़ी को अच्छा चलने के लिए देखरेख की ज़रूरत रहती है उसी तरह से हमें सक्रीय रहने के लिए अपने दिमाग की सर्विसिंग भी करते रहना चाहिए।

एटीट्यूड एक पीढ़ी दर पीढ़ी विरासत में जाता है। इसमें कोई हैरानी की बात नहीं है कि कुछ परिवार और समाज पीढ़ी दर पीढ़ी पॉज़िटिव् होते हैं, जबकि कुछ पीढ़ी दर पीढ़ी निगेटिव ही होते हैं।

निगेटिव होना बंद करें और पॉज़िटिव् देखना शुरू करें

एक बार एक राजा था, उसका नज़दीकी दोस्त हमेशा ही ज़िन्दगी में पॉज़िटिव् चीज़ें देखता था। उसे कुछ भी होता था तो वह बस यही कहता था कि '*इसमें ज़रूर ही कुछ भलाई होगी।*' एक दिन राजा से दुर्घटनावश अपने ही हाथ का अंगूठा कट गया। तो उसके दोस्त ने यही कहा कि ज़रूर इसमें भी कोई भलाई ही होगी। राजा, जो उस समय बहुत दर्द से तड़प रहा था, गुस्से से आग बबूला हो गया और उसने अपने दोस्त को जेल में डाल दिया। कुछ महीनों के बाद, राजा शिकार पर गया और जब वह भटकते-भटकते घने जंगल में चला गया तो उसे कुछ आदिवासियों ने कैद कर लिया और अपने देवता पर उसकी बलि चढ़ाने के लिए ले गए। जब पुजारी उसके हाथों को बांध रहा था, तो उसने राजा के हाथ देखे। उसने देखा कि राजा के एक हाथ में अंगूठा नहीं है तो उसने कहा कि अपंग इंसान की बलि नहीं चढ़ाई जा सकती है। उन्होंने राजा को छोड़ दिया। जब राजा वापस आया तो उसे अपने दोस्त की वह बात याद आई कि 'हो सकता है इसमें भी कोई भलाई हो।' तब उसे अहसास हुआ कि उसके दोस्त ने कुछ गलत नहीं कहा था। वह तुरंत ही अपने दोस्त के पास गया और उससे माफी मांगी। राजा ने अपने दोस्त से कहा, '*तुम सही थे दोस्त। अगर उस दुर्घटना में मेरा अंगूठा न कटा होता तो मैं आज जिंदा न होता। मैंने तुम्हें जेल भेजकर गलती की, मुझे माफ कर दो।*' इसके जवाब में दोस्त ने कहा, '*तुमने गलती नहीं की, इसमें भी कोई न कोई भलाई थी।*' राजा का सिर चकराया।

उसे कुछ समझ नही आया। जब राजा ने अपने दोस्त से कारण पूछा तो उसके दोस्त ने जवाब दिया, '*अगर आप मुझे कैद न करते, तो मैं शिकार में आपके साथ होता, और आज मेरी बलि चढ़ गयी होती।*'

अगर आप सही तरीके से इस कहानी को पढ़ेंगे तो आप देखेंगे कि यह कहानी आपको भाग्यवादी नहीं बल्कि आशावादी होना सिखाती है। इसमें जो पॉज़िटिव् है। उसे देखें। एक पॉज़िटिव् थिंकर (positive thinker) एक आशावादी इंसान है। ***हम हमेशा ही हालातों को नहीं बदल सकते, और न ही हम कारणों या मौसमों को बदल सकते हैं, मगर हम खुद को बदल सकते हैं।***

हमेशा ही दूसरों को दोषी ठहराना एक भयानक गलती है। कई चीज़ें ऐसी हैं, जो हमारे हाथ से या कंट्रोल से बाहर होती हैं। अगर मौसम चार होते हैं, गर्मी, सर्दी, बसंत और पतझड़ - क्या मेरे हाथ में है, मैं इसे दो कर सकू या दस कर दू? यकीनन नहीं। न ही मैं अपने लिए दो सर्दी चुन सकता हूं, और न ही मैं आने वाले पांच सालों में अपने लिए पांच गर्मियां चुन सकता हूं। कुछ चीज़ें हमें कुदरत से स्वीकार करनी पड़ती हैं।

तो, हमें क्या करना चाहिए? हमें अपने एटीट्यूड और सोच को बदलना होगा। जब हम अपनी सोच को बदल लेते हैं, तो हम आरोप लगाने का खेल (blame game) खेलना बंद कर देते हैं। जब हम असली समस्या को देखने लगते हैं, जो हमारी खुद की सोच में ही कहीं छिपी होती है, तब हमें अहसास होता है कि ज़िन्दगी में हमेशा ही बेहतरी के लिए बदलाव होते हैं फिर चाहे वह शारीरिक हों, पैसे से जुड़े हों या फिर आध्यात्मिकता (sprituality) से जुड़े हुए हों।

अमेरिका में एक बड़ी इंश्योरेंस कंपनी के मालिक डब्ल्यू क्लेमेंट स्टोन का तकिया कलाम था, '*यह अच्छा है, बहुत बढ़िया मौका है,*' फिर चाहे उनके साथ कितना भी गलत क्यों न हो जाए। उनके लिए अच्छा, बुरा, सही या गलत, कुछ भी फर्क नहीं पड़ता। इस प्रक्रिया (process) में वे हमेशा ही कुछ न कुछ अच्छा ही देखने की कोशिश करते रहते हैं। दरअसल उनका उद्देश्य ही एक ख़राब स्थिति को अच्छी स्थिति में बदलने का होता।

क्या हम बुरे हालातों में भी सही विकल्प चुन सकते हैं? हां! क्यों नहीं!

- अगर कुछ लोग छोटी ज़िन्दगी जीना चाहते हैं, तो उन्हें जीने दीजिए। हम क्यों जियें?
- अगर छोटी-मोटी बातों पर कुछ लोग बहस करना चाहते हैं, तो उन्हें करने दो। हम क्यों बहस करें?
- अगर कुछ लोग छोटी-मोटी बातों पर रोना चाहते हैं, तो उन्हें रोने दीजिए। मगर हम क्यों रोएं?
- अगर कुछ लोग अपना भविष्य दूसरों के हाथों में सौंपना चाहते हैं, तो उन्हें करने दीजिए। हम क्यों करें?

बदलाव असुविधाजनक (uncomfortable) होता है

एटीट्यूड हमारे विचारों का एक पैटर्न (खांचा) होता है। जब भी हम कुछ अलग तरीके से सोचते हैं, तो हमारा एटीट्यूड बदलता है। लेकिन यह बदलाव बहुत ही असुविधाजनक होता है, फिर चाहे वह पॉज़िटिव् बदलाव ही क्यों न हो। कुछ लोग हैं, जो अपनी दुखों की गुफ़ाओं में इतने आराम से रह रहे होते हैं कि उन्हें अपनी आज़ादी के लिए ही उस गुफ़ा से बाहर निकलना बहुत असुविधाजनक लगता है। वे बेचारे बनकर रोते रहते हैं और सहानुभूति खोजते रहते हैं।

जो लोग बदलना ही नहीं चाहते हैं, वे बार-बार यही कहते हैं कि '*मेरी मर्जी है*', '*ये तो मैं ही तय करूंगा कि मैं कब बदलूंगा*', '*मुझ पर प्रेशर मत डालो*', इत्यादि।

क्या हम वाकई एक आज़ाद दुनिया में रहते हैं?

क्या हम अपनी ज़िन्दगी में हर चीज़ चुनने के लिए आज़ाद हैं। इसका जवाब है नहीं! हक़ीकत तो यह है कि हमारी अपनी

ही ज़िन्दगी में सबसे ज़रूरी चीज़ें ही हमारे हाथ से बाहर होती हैं। जैसे-

- क्या यह हमारा फैसला था कि हम कहां पैदा हुए? ज़ाहिर है नहीं! मगर हमने इसे स्वीकार किया और इसे हम अपना जन्मदिन हर साल मनाते हैं।
- क्या हमने अपने मातापिता चुने? उनके पास भी शायद कोई विकल्प नहीं था?
- हम अपने भाई और बहनों को भी अपने मन से नहीं चुन सकते?
- क्या हमने अपने पड़ोसी चुने? यहां तक कि देश भी अपने पड़ोसी नहीं चुन सकते?
- हमने यह नहीं चुना कि हमें किस देश में पैदा होना है?
- हम अपने मनपसन्द जूते तो खरीद कर पहन सकते हैं, मगर क्या हम अपने पैदा होने का समय चुन सकते थे।
- हम अपने कपड़ों और कार का रंग तो चुन सकते हैं, मगर अपनी ही जिस्म का नहीं।
- अगर सब कुछ हमारे ही अपने कंट्रोल में होता, तो क्यों कोई आंखों का डॉक्टर चश्मा पहनता?
- क्यों एक गैस्ट्रोएंट्रोलोजिस्ट (पेट का डॉक्टर) एसिडिटी से पीड़ित होता?
- क्यों किसी दिल के डॉक्टर को दिल का दौरा पड़ता और दिल के डॉक्टर की बाईपास सर्जरी करानी पड़ती?

हमारे पास सिर्फ़ एक ही विकल्प है, हम दुनिया के साथ कैसा व्यवहार करते हैं और अपना नज़रिया कैसा रखते हैं। यह हमारा एटीट्यूड है।

महान मार्शल आर्टिस्ट ब्रूसली का एक पैर दूसरे पैर से एक इंच छोटा था, मगर उन्होंने कभी शिकायत नहीं की। उनकी पास की नज़र कमज़ोर थी और यहां तक कि अपने विरोधी को कांटेक्ट लेंस के बिना देख नहीं पाते थे।

इन सारी कमियों के बावजूद, वे रोज़ 5000 पंच का अभ्यास करते थे। तभी इसमें कोई आश्चर्य नहीं होना चाहिए कि वे एक मार्शल आर्ट लीजेंड (legend) बन गए थे। उन्होंने जुनून का रास्ता चुना।

उन्हें यह अहसास हो गया था कि उनके जीवन में चुनौतियां हैं, मगर उन्होंने इन सभी चुनौतियों को एक उद्देश्य में बदल दिया।

ब्रूसली कहा करते थे '*मुझे ऐसे इंसान से डर नहीं लगता जो दस हज़ार किक करने के तरीके जानता है, मगर मुझे उस आदमी से ज़रूर डर लगता है जिसको सिर्फ़ एक ही किक आती हो लेकिन उसने उस किक की दस हज़ार बार प्रैक्टिस की हो।*'

किसी भी घोड़े की नस्ल एक सजे-धजे फैंसी अस्तबल से नहीं बल्कि उसकी ब्रीडिंग और ट्रेनिंग से पहचानी जाती है।

सफल इंसान पॉज़िटिव् विचारों को खींचने के लिए डिश एंटिना लगाता है और नेगेटिव विचारों को हटाने के लिए सर्किट ब्रेकर (circuit breaker) भी लगाता है।

एक्शन प्लान

- क्या आप एक आशावादी हैं या निराशावादी?
- आप उन तीन कौन से कदम उठाने का संकल्प करते हैं, जो आपको एक बेहतर आशावादी इंसान बनाएंगे?

1. ______________________

2. ______________________

3. ______________________

अध्याय 2

ज़िन्दगी अजीब है - शुरुआत की जाए

Life is Funny—Let's Get Started...

"हाथों की लकीरों से कहां तय होते हैं मुकद्दर, बिन हाथों के भी देखा है कईयों के मुकद्दर संवरते हुए।"

इंसान को सम्पूर्ण/ मुकम्मल बनाएं

एक दिन एक एग्जेक्युटिव (executive) बहुत सारा काम लेकर अपने घर लौटा। उसे घर पर अपना काम खत्म करना था। मगर घर में उसका पांच साल का बेटा उसके साथ खेलना चाहता था। उस एग्जेक्युटिव ने अपने बेटे को समझाया, '*बेटा, मुझे ऑफिस का काफ़ी काम करना है। मैं अपने ऑफिस के कामों में बहुत पिछड़ गया हूं।*' बेटे ने जवाब दिया - '*डैड, जब हम अपने स्कूल के काम में पिछड़ जाते हैं, तो हमें कमज़ोर ग्रुप में भेज दिया जाता है। तो आपको भी ऑफिस में कमज़ोर ग्रुप में क्यों नहीं डाल देते?*' पिता ने जवाब दिया, '*नहीं, बेटा! यह सब कॉर्पोरेट ऑफिस (corporate office) में नहीं चलता।*' उसके बेटे को कारण समझ में नहीं आया और वह बार-बार पिता के साथ खेलने की जिद्द करता रहा। पिता चाहता था कि उसका बेटा उससे कुछ समय के लिए दूर जाए, जिससे वह अपना काम पूरा कर सके। पिता की नज़र अपने पास रखी एक मैगजीन पर गयी, उसने देखा कि उसके कवर पर दुनिया का नक्शा बना हुआ है। पिता ने अपने बेटे

को बुलाया और मैगजीन को दिखाया। फिर पिता ने वह पन्ना फाड़ा और अपने बेटे से कहा, '*देखो बेटा, अब तुम दुनिया के नक्शे को वापस जोड़ दो। जब तुम यह जोड़ लोगे तो मैं आकर तुम्हारे साथ खेलूंगा।*' उसे पक्का भरोसा था कि उसका बेटा यह काम आसानी से नहीं कर पाएगा, और अगर कर भी पाएगा तो कई घंटे लगेंगे। बेटा फोटो जोड़ने लगा और पिता फिर से काम पर लग गया। मगर कुछ ही मिनटों में बच्चा वापस आया और उसने कहा, '*डैड, देखिये मैंने इसे जोड़ दिया।*' पिता को जैसे एक झटका लगा, '*बेटा, मुझे यकीन नहीं है। मुझे देखने तो दो।*' जब पिता ने देखा कि बेटे ने तो एकदम शानदार तरीके से काम किया है और बढ़िया से पूरी दुनिया के नक्शे को आपस में जोड़ दिया है तो उसने कहा, '*बेटा, मुझे सच में तुमसे सीखना है। यह सब तुमने आख़िर कैसे किया?*' बच्चे ने जवाब दिया, '*डैड, यह तो बहुत ही आसान था। इस दुनिया के नक्शे के दूसरी तरफ़ एक आदमी की फोटो थी। मैंने बस यही किया कि मैंने आदमी की फोटो को जोड़ा और फिर उसे पलटा और देखिये पूरी दुनिया अपने आप साथ आ गयी।*'

पिता को जो काम इतना मुश्किल और समय खपाने वाला लग रहा था, वह तो बच्चे के लिए एकदम बाएं हाथ का खेल निकला। कहानी का निचोड़ एकदम अलग है, **'जब लोग सही सोचते हैं, तो चीज़ें अपने आप सही होने लगती हैं और समाधान अपने आप ही आपके सामने आने लगते हैं।'**

ज़िन्दगी बहुत अजीब है, जब तक हम जिंदा हैं, हम यही सीखते रहते हैं कि आख़िर इस ज़िन्दगी को कैसे जिया जाए। ज़िन्दगी हमें लगातार सिखाती है और कई तरीके से इम्तिहान भी लेती है - जैसे किसी रिश्ते का टूट जाना, कोई बीमारी या किसी नज़दीकी का गुज़र जाना।

क्या हममें से कोई भी ऐसा होगा जिसकी ज़िन्दगी में ये सब नहीं हुआ हो और वह इन सबसे भावनात्मक रूप से अछूता रहा हो? कोई भी नहीं!

ऐसे तजुर्बे या तो किसी इंसान को बेहतर बनाते हैं या फिर कड़वा। जब भी किसी इंसान के सामने ऐसे हालात आते हैं जहां अन्धेरा ही

अन्धेरा लगे, तो कैसे वह इंसान अपनी विफलता को सफलता में बदल सकता है? आख़िर कैसे मुट्ठी ?भर लोग ही अपने सामने आने वाली बाधाओं को अवसरों में, और समस्याओं को संभावनाओं में बदलने में सफल होते हैं? वे ऐसा इसलिए कर पाते हैं क्योंकि वे तैयार होते हैं और उनके अन्दर जीतने वाली क्षमताएं होती हैं, जैसे उनका एटीट्यूड, हल, समाधान, जुनून और दृढ़ता वगैर।

विचार पर कदम उठाएं

एक बार एक बच्चे ने अपने टीचर से पूछा, 'सर, मैं कैसे अपनी खुद की क्षमताओं को हक़ीकत में बदल सकता हूं? मैं एक बड़ा लेखक बनना चाहता हूं।' टीचर ने उस बच्चे से पूछा, 'क्या तुम जानते हो कि सबसे ऊंची क्षमताएं कहां हैं?' उस बच्चे ने जवाब दिया, 'हां, स्कूल, कॉलेज में! और कहां!' टीचर ने मुस्कराते हुए कहा, 'नहीं, यह सच नहीं है। आओ मैं तुम्हें दिखाता हूं, कि महान क्षमताएं कहां मिलेंगी।' टीचर उस बच्चे को एक श्मशानघाट में ले गया और और कहा, 'देखो, यहां पर जितने भी लोग लेटे हुए हैं, उन सभी में न जाने कितनी क्षमताएं थीं। इनमें से सभी लोग महान लेखक, एथलीट, संगीतकार, कलाकार और व्यापारी बनना चाहते थे। ये सभी जिंदा रहते हुए यही सोचते हुए मरे कि मैं ऐसा कर सकता था, मुझे ऐसा करना चाहिए था, मगर मैं नहीं कर सका। वे खुद में तमाम क्षमताओं और उम्मीदों को समेटे चले गए।'

कोई भी विचार तब मर जाता है, जब तक उस पर कोई कदम न उठाया जाए! **सबसे अच्छा विचार भी तब तक काम नहीं करता, जब तक हम उस विचार पर काम न करें।**

सफलता की कीमत तो देनी ही होगी

एक गांव में बहुत बड़ा बरगद का पेड़ था। वहां के लोग उस पेड़ की छाया में आराम तो करते थे मगर वे उसके प्रति बहुत लापरवाह थे। वह पेड़ उस गांव में दसियों साल से था। एक दिन, अचानक से ही, वह पेड़ भरभरा कर गिर गया। और तब गांव वालों

को पता चला कि उस इतने बड़े पेड़ को तो दीमक ने एकदम खोखला कर दिया था, जबकि वह पेड़ ऊपर से देखने में बहुत ही हरा भरा और मज़बूत दिखाई देता था। गांव वालों को बहुत ही जल्द अहसास हो गया कि उस पेड़ में दीमक एक दिन में नहीं लगी होगी, दीमक काफ़ी समय से इसे खोखला कर रही होगी। उन्हें यह भी अहसास हुआ कि अगर उन्होंने इस पेड़ की देखभाल समय से की होती, उसे खाद-पानी दिया होता तो न जाने और कितने समय तक वे उसकी छाया में बैठ सकते थे। उन्होंने अपनी लापरवाही के कारण अपने प्यारे पेड़ को हमेशा के लिए खो दिया था।

अगर हम सफलता के लिए कीमत देना नहीं चाहते हैं, तो यकीन मानिए, हम चाहें न चाहें, हमें विफलता की कीमत चुकानी ही होगी। कीमत तो हमें चुकानी होगी चाहे कुछ भी हो।

हमें यह बात बहुत ही साफ़ तौर पर समझनी होगी कि सफलता सिर्फ़ हमारे ख़ास कौशल, स्कूली शिक्षा, या अकलमंदी पर ही निर्भर नहीं करती है। अगर ऐसा होता तो आज पूरी दुनिया में इतने सारे पढ़े-लिखे विफल लोगों की भीड़ न होती।

अगर हम सफल लोगों की जीवनियां पढ़ेंगे तो हमें मालूम होगा इन लोगों में कुछ न कुछ ख़ास विशेषताएं होती हैं। उन्हें यदि हम अपने जीवन में उतार ले तो सफल हो सकते हैं। इसी तरह विफल लोगों में भी कुछ आम स्वभाव या कमियां होती हैं इससे दूर रहकर ही हम विफलता से बच सकते हैं।

पुरानी किताबों में यह कहा ही गया है कि भगवान ने हमें शरीर में दो सिरे दिए हैं, एक सोचने के लिए और दूसरा बैठने के लिए। सफलता हमेशा ही उस सिरे पर निर्भर करती है जिसे हम सबसे ज़्यादा इस्तेमाल करते हैं।

उपलब्धियां अपने आप नहीं आतीं, उन्हें पहले सीखा जाता है फिर उसका अभ्यास किया जाता है और उसके बाद फिर उसे अमल में लाया जाता है। सेहतमंद और अमीर होने का चमत्कार उस प्रोसेस को समझने के साथ शुरू होता है, और यह आख़िरी सांस तक चलता रहता है।

किसी भी अच्छी ज़िन्दगी की माप उसके बैंक में रखे हुए पैसों या उसके पास इकट्ठी की गई सामग्री से नहीं होती है। यह ज़िन्दगी के लिए आपके नज़रिये से मापी जाती है।

हमारी ज़िन्दगी तभी सार्थक है जब उसके बारे में कोई योजना बनाते हैं। जब हम ऐसा कुछ करते हैं तो मानकर चलिए कि हमें शानदार नतीजे मिलने जा रहे हैं। अगर हम अपनी ज़िन्दगी की कुछ योजना नहीं बनाते तो इस बात की पूरी संभावना है कि हम अपने आप ही किसी और की योजनाओं का हिस्सा बन जाते हैं। दूसरे शब्दों में, **हमें अपनी ज़िन्दगी सार्थक रूप से जीनी चाहिए बजाए ज़िन्दगी काटने के।**

काम की विफलता से आदमी विफल नहीं होता। विफलता का डर विफलता से भी कहीं ज़्यादा खतरनाक है। विफलता का डर इतना बड़ा नहीं होना चाहिए कि वह हमें सफलता हासिल करने की संभावनाओं से दूर कर दे।

विजेता कभी भी हार से नहीं डरते, मगर हारने वाले ज़रूर ही जीतने से डरते हैं। हारने वाले ऊपर से तो जीतना चाहते हैं, मगर अंदर से उन्हें बिलकुल भी यह भरोसा नही होता कि वे जीत भी सकते हैं। चूंकि वे यकीन ही नहीं करते कि वे जीत सकते हैं तो वे आधे-अधूरे और हारे मन से काम शुरू करते हैं और अंत में हार को ही हासिल करते हैं। वे इसे यह कहते हुए सही भी ठहराते हैं, '*मुझे पता ही था कि यह मैं नहीं कर सकता, लेकिन फिर भी मैंने कोशिश तो की*', और इस प्रकार उनका यकीन एक सच्चाई में बदल जाता है। वे अपनी खुद की सफलता को इसलिए तहस-नहस कर देते हैं, क्योंकि वे जीतने से डरते हैं।

मौके आते तो सबकी नज़र में हैं,
मगर बहुत ही कम लोग उन्हें भुनाते हैं।

अक्सर हमारे जीवन का सबसे दुखदाई समय वह होता है जब हमारे सामने कोई मौका आता है, और हम खुद को तैयार नहीं पाते हैं। अगर हम तैयार नहीं है तो मौके के आने पर हम तैयारी शुरू करते हैं तब तक बहुत देर हो चुकी होती है।

सफलता तब हासिल होती है जब मौके का स्वागत तैयारी के साथ किया जाता है। हालांकि जो तैयारी नहीं करते हैं, वे अक्सर अपनी किस्मत को ही कोसते हैं। हर जीत कई चीज़ों के मिश्रण का नतीजा है, जैसे - कुर्बानी, आत्म-अनुशासन, कड़ी मेहनत, प्रतिबद्धता, ईमानदारी और ज़िम्मेदारी (sacrifice, self-discipline, hardwork, commitment, integrity and responsibility)। सिर्फ़ इन्हीं चीज़ों की तैयारियों से ही हम दौलतमंद हो सकते हैं और संतुष्ट महसूस कर सकते हैं। दुनिया में मुफ्त कुछ हासिल नहीं होता। तैयारी के बिना न ही कोई इंसान लगातार सफलता हासिल कर सकता है और न ही उसे बनाए रख सकता है। बाधाएं हमारी इस तैयारी का इम्तेहान लेती हैं कि हम मौकों को अपने पक्ष में भुनाने में कितने सफल होते हैं।

इटली के महान मूर्तिकार माइकल एंजेलो अपनी कला में सिर्फ़ अपनी कड़ी मेहनत के बल पर ही शिखर तक पहुंच सके थे, उन्होंने किसी भी तरह की हेरफेर या नकल का रास्ता नहीं अपनाया। अगर उन्होंने क्वालिटी से समझौता किया होता तो आज उन्हें कोई भी याद नहीं करता। जब हम कामचलाऊ काम करने का तरीका अपना लेते हैं, तो हम हेरफेर वाली उपलब्धियों वाले इंसान बन जाते हैं। कई बेहद सफल इंसान हताश होकर छोड़ना चाहते थे मगर उन्होंने नहीं छोड़ा। जितनी बड़ी हमारी तैयारी होगी, ज़िन्दगी में सफलता की उतनी संभावनाएं बढ़ जाएंगी।

क्या यह अच्छा नहीं होगा कि हम अपनी ज़िन्दगी की तैयारी छोटी उम्र में शुरू कर दें? यह सही कहा गया है कि जवानी अक्सर बेकार

हो जाती है, जब तक आदमी समझदार होता है उसकी जवानी चली जाती है। इसी सच को समझकर हमारे नौजवान अपनी ज़िन्दगी को उपयोगी और संतुष्ट बना सकते हैं।

इंसान को पता नहीं चल पाता कि कैसे उम्र गुज़र जाती है और कब वह टीनएजर (teenager) बन जाता है। उस समय हमें ऐसा लगता है जैसे दुनिया की सारी समस्याओं के सभी जवाब हमारे पास हैं। लेकिन मजे की बात तो यह है कि हमें ज़्यादातर समय यह ही नहीं मालूम होता कि हमारे पास तो सही सवाल ही नहीं हैं।

जब हम बीस के सालों में होते हैं तो हमें अक्सर यह नहीं पता होता कि हम कहां हैं। हम न तो यहां और न ही वहां होते हैं या हम या तो यहां होते हैं और वहां भी होते हैं। जब तीस के सालों में पहुंचते हैं तो हम पैसा कमाना चाहते हैं और परिवार संभालना चाहते हैं। मगर ताज्जुब तो यह है कि हमने कैसे बीस के साल बिताए हम भूल जाते हैं। जब हम एक कदम ऊपर चालीस के सालों में पहुंचते हैं तो हमारा शरीर बदलता है, हमारा पेट हमारी छाती से अधिक चौड़ा हो जाता है, हमारी ठुड्डी दोहरी हो जाती है और उस समय हमें नाचना बेकार लगने लगता है, और म्यूजिक तो एकदम अजीब ही लगने लगता है। हमारे पचास के सालों में हमारे बचपन के दोस्त दादा-दादी बनने लगते हैं और हम में से ज़्यादातर लोगों की सर्जरी होने लगती है, हालांकि हम इसे जीवन की सामान्य प्रक्रिया ही कहना चाहते हैं! हमारे साठ के सालों में गाने शोर लगने लगते हैं। हालांकि अब वह हमें उतना परेशान नहीं करते क्योंकि हम लोग अब ऊंचा सुनने लगते हैं। हमारे सत्तर के सालों में हम रिटायर हो जाते हैं। हम 11 बजे नाश्ता करते हैं, 4 बजे दोपहर का खाना, और रात का खाना 10 बजे। तब तक हम बहुत कुछ खो चुके होते हैं। हम समय बिताने के लिए विंडो शॉपिंग (window shopping) करते हैं, हमें मुलायम चीज़ें जैसे आइसक्रीम और दही खाना पसंद आने लगता है। हम आश्चर्य करते हैं कि हमारे बच्चे आख़िर हैं कहां? हमारे अस्सी के सालों में हमें लकवा (stroke) आने लगते हैं और फिर हम अनुमान लगाने लगते है कि आगे क्या? यही वह समय है जब हमें यह अहसास होने

लगता है कि साल हमारे दिनों और सप्ताहों से भी ज़्यादा तेज़ रफ़्तार से गुज़र चुके हैं।

तभी हमें अहसास होता है कि **बिना मकसद के जिंदगी सिर्फ़ समय काटने के बराबर हैं।** यकीन मानिए, उस समय हम सिर्फ़ अपनी सांसें खत्म होने का बस इंतजार ही करते हैं। ज़िन्दगी में हर इंसान को रोज़ाना एक फैसला करना होता है या तो वह ज़िन्दगी जीने में व्यस्त रहे या मरने का इंतजार करें।

सिर्फ़ एक मकसद भरी ज़िन्दगी ही हमें संतुष्टि दे सकती है। संतुष्टि के बिना ज़िन्दगी खोखली है, वह सूनी-सूनी है। यह अच्छाई के बिना सिर्फ़ बाहरी सुंदरता है।

भ्रम में ही ज़िन्दगी

दुर्भाग्य से कुछ लोग भ्रम की ज़िन्दगी जीते हैं और असफलता की उम्मीद करते रहते हैं। हालांकि ऐसा नहीं होता है।

यह एक पूरी तरह से भ्रमित पिता का अपने बेटे के नाम लिखा खत है, जिसने क्या लिखा है, वह एकदम समझ से परे है '*प्रिय स्टीव, यह ध्यान में रखते हुए कि तुम बहुत धीरे-धीरे पढ़ पाते हो, मैं यह चिट्ठी बहुत ही धीरे-धीरे लिख रहा हूं। मैंने अखबारों में पढ़ा था कि ज़्यादातर दुर्घटनाएं तुम जहां रहते हो, वहां से दस मील की दूरी पर होती हैं। तो हमने घर बदल लिया है। अभी हमने जो घर लिया है, उसका पता हमारे पास नहीं है क्योंकि हमसे पहले जो लोग वहां पर रहते थे, वे अपने साथ घर के पते की प्लेट भी ले गए हैं। जिससे उन्हें अपना पता बदलने की ज़रूरत न हो। जो जैकेट तुमने मुझसे मांगी थी, वह जिपर के साथ तुम्हारी आंटी को बहुत भारी लग रही थी, तो उसने उस जिपर को काटकर जैकेट की जेब में रख दिया है। तुम्हारी भाभी को अभी बच्चा हुआ है, मगर मुझे अभी तक यह नहीं पता कि वह लड़का है या लड़की। तो मैं यह तुम्हें नहीं बता सकता कि तुम अंकल बने या आंटी।*'

हालांकि यह कहानी थोड़ी बढ़ाई-चढ़ाई हुई लग सकती है, लेकिन

यकीन मानिए कई ऐसे लोग हैं, जो अपनी ज़िन्दगी इसी तरह से जीते हैं। यह कहानी बेवकूफी और अज्ञानता का एक जीता–जागता नमूना है। कुछ लोगों को लगता है कि उनकी सोच साफ़ है लेकिन वह साफ़ भ्रम के अलावा कुछ भी नहीं होती है।

एक बेवकूफी भरी सोच भी होती है:

उदाहरण के लिए:

मूर्ख लोग कसरत करने को बेकार मानते हैं।
क्योंकि वे सोचते हैं अगर उनकी सेहत सही है
तो उन्हें कसरत की ज़रूरत नहीं है।
और अगर वे बीमार हैं तो वे
कसरत/एक्सरसाइज कर नहीं सकते।

उनमें एक अजीब तरह का आत्मविश्वास होता है,
जो सिर्फ़ अज्ञानता से ही पैदा होता है।

अमेरिका के नागरिक अधिकारों के लिए लड़ने वाले मार्टिन लूथर किंग जूनियर ने कहा था, *'इस दुनिया में गंभीर अज्ञानता और गहरी बेवकूफी से बढ़कर कुछ भी खतरनाक नहीं होता।'*

मेरे विचार से अज्ञानता सर्वनाश की जड़ है, तहस–नहस करती है – किसी डॉक्टर से पूछिये कि अज्ञानता से कितना नुकसान हो सकता है।

बेवकूफी और अज्ञानता के मिश्रण से जो एक्शन लिया जाता है उससे खतरनाक कुछ नहीं हो सकता।

आप खूब कोशिश कर लें, **अज्ञानता को छिपाया नहीं जा सकता और बुद्धिमता सबके सामने आ ही जाती है।**

इस दुनिया में लोगों को चार तरह से बांट सकते हैं। वे हैं:

1. बोलने वाले या करने वाले
2. लीडर या फॉलोअर

3. वे लोग जो अपने कदमों के निशान छोड़कर जाते हैं या
4. वे लोग जो अपनी बेवकूफी छोड़कर जाते हैं

तो इस दुनिया में वे लोग भी हैं **जो अपनी ज़िन्दगी को अपने तरीके से जीते हैं या वो जो बिना मकसद के जिए जा रहे हैं।** हममें से हर कोई या तो इनमें से एक है या फिर मिला-जुला रूप है। हमें यह तय करने की ज़रूरत होती है कि हम किस ग्रुप के साथ अपने आपको पाना चाहते हैं।

इस दुनिया में हमारे साथ दो और तरह के लोग हमेशा रहते हैं - सफलता चाहने वाले और विफलता से बचने वाले।

1. **सफलता चाहने वालेः** सफलता चाहने वाले वे लोग हैं जो ज़िन्दगी में जीतने के लिए खेलते हैं, वे सफलता का उदाहरण बनना चाहते हैं। उनमें हमेशा एक प्रेरणा रहती है, एक ऊर्जा रहती है और एक उम्मीद रहती है। उनमें कुछ करने का एक जुनून होता है, और हर समय उनके अन्दर एक आग सी रहती है। वे हमेशा काम करते रहते हैं, कुछ न कुछ उनके दिमाग में हमेशा चलता रहता है। जो भी काम वे लेते हैं, उसे हर कीमत पर पूरा करना चाहते हैं। वे उत्साहित रहते हैं और उनमें जिज्ञासा रहती है - जैसे 'अगर ऐसा हो तो', 'अगर ऐसा हो तो', 'अगर ऐसा हो तो?' वे सर्वश्रेष्ठ से भी बेहतर, तेज़ और स्मार्ट होना चाहते हैं। उनकी हर सांस में जुनून होता है। इसमें कोई आश्चर्य नहीं कि उन्हें रोकना नामुमकिन होता है और वे विजेता बनकर उभरते हैं। वे अच्छे लीडर हों या न हों, मगर वे सफल होते हैं, **वे अपने कदमों के निशान छोड़ते हुए जाते हैं, फिर इससे कोई फर्क नहीं पड़ता कि वे क्या करते हैं या कहां जाते हैं।**

2. **विफलता से बचने वालेः** विफलता से बचने वाले वे लोग होते हैं जो हमेशा हार से बचने में ही ज़िन्दगी बिता देते हैं। वे एक डर या सिमटकर जीते हैं। उनके सामने प्राथमिकता तो होती है, मगर कोई जुनून नहीं। ज़िन्दगी के लिए उनका नज़रिया बहुत ही कामचलाऊ होता है। वे छोटी से छोटी बाधा के सामने भी हार मानकर बैठ जाते हैं, वे आलसी और निकम्मेपन से संतुष्ट रहते हैं, और वे

न ही तो अच्छे लीडर और न ही अच्छे सहयोगी (follower) बनते हैं।

कनाडा के प्रसिद्ध प्रोफेशनल आइस-हॉकी खिलाड़ी वेन ग्रेत्स्की ने कहा था, 'आप 100 प्रतिशत उस शॉट को खो देते हैं, जो आप खेलते नहीं।'

अब, सफलता के गुणों (qualities) के आधार पर तीन तरह के लोग होते हैं:

1. विफल
2. अस्थाई (temperory) रूप से सफल
3. असली रूप में सफल

असली रूप में सफल वे लोग होते हैं, जिनके विचारों में मज़बूती और चरित्र की गहराई होती है। वे सफलता हासिल करते हैं, उसे बनाए रखते हैं और विरासत में मिले इस संसार को और बेहतर बनाते हैं।

यह किताब आपको यह सीखने में मदद करेगी कि आपको सिर्फ़ विफलता से बचने वाला न बनकर कैसे सफलता पाने वाला बनना है।

सफल इंसान मौकों को पहचानते हैं, और उन्हें भुनाते हैं।

एक्शन प्लान

- क्या आप एक सफलता चाहने वाले हैं या सिर्फ़ विफलता से बचने वाले हैं?
- कृपया सोचिये और नीचे दिए गए सवालों के जवाब दीजिए-
  - क्या आपको यकीन है कि आप एक मकसद वाली ज़िन्दगी जी रहे हैं? हां/नहीं
  - क्या जो भी काम आप करते हैं, वह पूरे दिल से करते हैं? हां/नहीं
  - क्या आपके पास स्पष्ट उद्देश्य है? हां/नहीं
- ज़िन्दगी के किन पहलुओं को आप बिना किसी योजना के जी रहे रहे हैं?

  1. ____________________
  2. ____________________
  3. ____________________
- तीन ऐसे पॉज़िटिव् संदेशों को लिखें जो आपने सीखे हैं, और अपनी ज़िन्दगी में उतारेंगे।

  1. ____________________
  2. ____________________
  3. ____________________

अध्याय 3

ज़िन्दगी का सार

Gist of Life

समस्याएं तो ज़िन्दगी की निशानी हैं

चालीस साल पहले मैंने टोरंटो में *पावर ऑफ पॉज़िटिव् थिंकिंग* किताब के लेखक डॉ. नार्मन विन्सेंट पेले को बोलते हुए सुना था। मैं भी ऑडिएंस/श्रोताओं में बैठा हुआ था। उनकी लम्बाई पांच फीट तीन इंच रही होगी और वे उस समय शायद अपनी अस्सी की उम्र में रहे होंगे। उनकी स्पीच ने मेरी ज़िन्दगी को जैसे बदलकर रख दिया। जब मैंने उनको जिस उत्साह से बोलते हुए देखा, उस दिन से मैंने कद की परिभाषा बदल दी। मैंने सीखा कि जिंदगी में किसी भी इंसान का कद गर्दन के नीचे नहीं गर्दन के ऊपर नापा जाता है। विनम्रता के साथ उनके आत्मविश्वास ने मुझे सिखाया कि विनम्रता के बिना आत्मविश्वास अहंकार कहलाता है। उन्होंने करीब हज़ार की संख्या में मौजूद श्रोताओं (audiance) से कहा, '*आप लोग बहुत ही रिलैक्स* (relax) *और निश्चिंत लग रहे हैं, ऐसा लग रहा है जैसे किसी के पास कोई समस्या नहीं है।*' फिर उन्होंने पूछा, '*क्या किसी के पास कोई समस्या है?*'

किसके पास कोई समस्या नहीं होती?

सभी ने अपने हाथ उठाए। फिर उन्होंने पूछा, '*आप में से कितने लोग इन समस्याओं से छुटकारा पाना चाहते हैं?*'

सभी ने एक बार फिर अपना हाथ उठाया। फिर उन्होंने कहा, 'जब मैं

यहां आ रहा था, तो मुझे एक जगह दिखी, जहां पर लोग शांति से, पूरे आराम से और रिलैक्स होकर लेटे हुए हैं। उन्हें कोई भी समस्या नहीं है। कितने लोग जानना चाहते हैं कि यह जगह कहां है?'

एक बार फिर से सभी ने हाथ खड़े कर दिए। फिर उन्होंने कहा, '*यहाँ से दो ब्लॉक दूर, एक शमशान घाट है, जहां पर लोग लेटे हुए हैं, एकदम रिलैक्स्ड और बिना किसी समस्या के।*' उन्होंने फिर पूछा, '*आप लोगों में कितने लोग अपनी समस्याओं से छुटकारा पाना चाहते हैं?*' इस बार कोई भी हाथ नहीं उठा। उसके बाद उन्होंने बहुत ही गहरी बात बोली, '*समस्याएं तो ज़िन्दगी का प्रतीक हैं! जब तक हम जिंदा रहेंगे, समस्याएं रहेंगी, जिस दिन समस्याएं नहीं होंगी, उस दिन हम ही नहीं रहेंगे।*'

जब हमारे पास समस्याएं कम हो रही हो, तो यह चौंकने का समय है। यह समय है अपने घुटनों पर बैठकर परमात्मा से पूछने का '*क्या आपने मुझ पर से भरोसा छोड़ दिया? मुझे कुछ समस्याएं भेजिए।*'

डॉ. पेले ने आगे कहा, '*हम सभी समस्याओं को सुलझा नहीं सकते, लेकिन हम उन्हें हैंडल ज़रूर कर सकते हैं, निपटा सकते हैं।*' उस दिन उन्होंने एक प्रार्थना हमें सुनाई, '*सेरेनिटी प्रेयर*', जो शायद कई सौ साल पुरानी थी लेकिन मेरे लिए मेरी ज़िन्दगी का निचोड़ बन गयी।

> ***परमात्मा, मुझे संतुलन दो, जो मैं बदल नहीं सकता, आपकी सौगात समझकर उसे स्वीकार करूं और जो मैं बदल सकता हूं मुझे इतनी हिम्मत और हौसला दो कि मैं उसे बदल दूँ और इतनी सुबुद्धि दो कि उनमें फर्क बता सकूं कि क्या बदल सकता हूँ और क्या नहीं बदल सकता हूँ।***

जब से मैंने इस प्रार्थना को सुना है, तब से मैं इस प्रार्थना को रोज़ करता हूँ, और यह मुझे ताकत देती है। अगर हम इस छोटी-सी प्रार्थना को देखेंगे तो पाएंगे कि **इसमें ज़िन्दगी का सार छिपा है।** चलिए इसकी हर लाइन को समझते हैं।

पहली लाइन कहती है कि '***परमात्मा, मुझे संतुलन दो, जो मैं बदल नहीं सकता, आपकी सौगात समझकर स्वीकार करूं।***' तो हमारी ज़िन्दगी में कुछ चीज़ें ऐसी ही हैं जो हम बदल ही नहीं सकते। वे हमारे बस से बाहर हैं, और जिसे हम किस्मत कहते हैं। जैसा कि मैंने अपने माता-पिता को नहीं चुना। मैंने यह भी तय नहीं किया कि मुझे कहां पैदा होना था, न ही मैंने अपनी जिस्म का रंग तय किया और न ही अपनी हाईट। मैंने न तो मेरी पैदा होने की तारीख और मरने की तारीख तय की है। यही कुदरत है। कभी-कभी कुछ लोग अपाहिज पैदा होते हैं। कभी-कभी अच्छे लोगों के साथ भी बुरे हादसे हो जाते हैं। क्या गलती की उन्होंने? किसे मालूम? **ज़िन्दगी में हम ताश के पत्ते तो नहीं चुन सकते लेकिन खेल कैसे खेलते हैं, इसका फैसला हम ज़रूर कर सकते हैं।** जैसे हम हवा की दिशा नहीं तय कर सकते, लेकिन पाल (sail) कैसे लगाते हैं, इसका फैसला हम कर सकते हैं। कभी-कभी ज़िन्दगी हमें सिर्फ़ एक नींबू पकड़ा देती है, अब उसे लेकर रोना है या शिकंजी बनाकर पीना है, यह हमारा फैसला है।

याद रखिये कि हमें एक बैलेंस लाना है कि हमें क्या स्वीकार करना है और क्या बदलना है, और क्या बदल नहीं सकते। अक्सर हम उन चीज़ों से लड़ते रह जाते हैं, जो हमारे बस से बाहर की हैं। जब हम उन्हें आसानी से स्वीकार नहीं करते हैं तो हम अपनी ज़िन्दगी में तनाव लेकर आते हैं। अगर हम किसी चीज़ को बदल नहीं सकते, तो उसे सौगात समझ कर स्वीकार कर लेना चाहिए न कि रंजिश के साथ। यहां उचित व्यवहार है स्वीकार करना और सरेंडर कर देना, इज्जत से कुबूल करना। स्वीकार करने का मतलब हारना नहीं होता। इसका मतलब यह है कि हमने इसे सौगात समझकर स्वीकार कर लिया है, अगर हम स्वीकार नहीं करते तो अपनी ज़िन्दगी में तनाव ले कर चले आते हैं और हमारी उत्पादकता (productivity) गिर जाती है।

अगर हमारी फ्लाइट छूट जाए तो अब फैसला हमारे हाथ में हैं कि हम खिसिया कर चिल्लाएं या उसे सहजता से स्वीकार करें। चाहे कुछ भी रास्ता अपनाएं, असलियत वही रहनी है, फिर चाहे हमने उसे स्वीकार किया हो या नहीं। यह नतीजा न ही मनचाहा होता है और

न ही जान-बूझकर (intentional) किया गया। इसे फिर अपने लिए एक उपहार/आशीर्वाद (blessing) ही मान लीजिये।

हैलेन कैलर से एक बार पूछा गया था, '*आपने न देख पाने, न सुन पाने और न बोल पाने के बावजूद भी दुनिया को इतना सब कुछ कैसे दे दिया?*' हैलन ने जवाब दिया, '*बल्कि उनके उन्हीं कारणों से ही, मैं यह सब कर पाई।*' दूसरे शब्दों में, अगर वह देख सकती, बोल सकती और सुन सकती, तो शायद वह दुनिया को वह सब न दे पातीं, जो दिया।

प्रार्थना का दूसरा हिस्सा है, ***मुझे इतनी हिम्मत और हौसला दो कि जो मैं बदल सकता हूँ उसे बदल दूं।*** अगर मैं उन्हें बदल सकता हूं, तो क्या समस्या है? मुझे उन्हें बदलने का साहस और हिम्मत दें।

आख़िरी हिस्सा सुबुद्धि दो कि ***उनमें फर्क बता सकूं: क्या बदल सकता हूँ क्या नहीं।*** यह हमारी सुबुद्धि है जो हमें सही कदम उठाने में और ज़िन्दगी को जीने लायक बनाने में मदद करती है।

दो हज़ार साल पहले रोमन फिलोस्फ़र सिसरो ने कहा था कि ज़िन्दगी की सभी चीज़ें दो वर्गों (catagory) में आती हैं:

1. **जिन चीज़ों के बारे में कुछ किया जा सकता है, और**
2. **जिन चीज़ों के बारे में कुछ नहीं किया जा सकता है।**

अगर हम सिसरो की फिलोसोफी को पढ़ते हैं तो हम जानेंगे कि अगर हम किसी चीज़ को बदल सकते हैं, तो फिक्र क्यों करना और अगर नहीं बदल सकते हैं तो क्यों फिक्र करना? दोनों हालातों में फिक्र करना उचित नहीं बनता।

फ्रैंकलिन रूजवेल्ट भी सिसरो की बात को ही आगे बढ़ाते हुए कहते हैं, '*आदमी किस्मत का गुलाम नहीं है, बल्कि वह अपने खुद के दिमाग का गुलाम है।*'

अक्सर बाहरी हालात हमारी सोच का नतीजा होते हैं। इसका मतलब यह नहीं कि हम अपने हालातों को 100 प्रतिशत कंट्रोल कर सकते हैं। हमारी ज़िन्दगी दोनों चीज़ों का नतीजा होती है, **एक किस्मत और दूसरा इच्छाओं का।**

1. **किस्मत वे ताश के पत्ते हैं, जिनसे हमें खेलना है (जिन पर हमारा बस नहीं)**
2. **आज़ाद इच्छा इन पत्तों को खेलने का तरीका है (हमारी च्वॉइस)**

क्या खुश और सफल होने के पीछे भी कोई विज्ञान है? जवाब है, हाँ! अगर हम सहजता से अपना लें, जो हम बदल नहीं सकते हैं और जो हम बदल सकते हैं उसे हम हिम्मत और हौंसले के साथ बदल दें तो ज़िन्दगी खुशहाल व सफल हो जाएगी।

ज़िन्दगी एक फैसला भी है और समझौता भी

ज़िन्दगी एक फैसला भी और समझौता भी, हालांकि इस बात में टकराव लगता है लेकिन असलियत में है नहीं। **समझौता भी एक फैसला है। हम सब एक फैसला लेने तक आज़ाद हैं लेकिन जब हम फैसला ले चुकते हैं उसके बाद हमारी आज़ादी खत्म हो जाती है। हम जो भी फैसला लेते हैं हमें उसकी कुछ न कुछ कीमत चुकानी पड़ती है।**

1. अगर मै आपके साथ दुर्व्यवहार करता हूं तो मैंने फैसला किया कि आप मुझसे दुर्व्यवहार कीजिए।
2. अगर मैं ज़्यादा खाता हूं, तो मैंने मोटापे को बुलाने का फैसला किया है।
3. अगर मैं सिगरेट पी रहा हूं, तो मैंने कैंसर को बुलाने का फैसला किया है।
4. अगर मैं झूठ बोलता हूं, तो मैंने फैसला किया अपनी नज़रों में गिरने का।
5. अगर मैं शराब पीकर गाड़ी चलाता हूं, तो मैंने फैसला किया दुर्घटना को अपने पास बुलाने का।
6. अगर मेरी सोच लापरवाही की है तो मैं दुर्घटना को बुलावा दे रहा हूं।
7. अगर मैं रोज़ कसरत करता हूं, तो मैंने अपने शरीर को मज़बूत करने का फैसला किया।

8. अगर मेरे पास पॉज़िटिव् विचार हैं, तो मैंने मानसिक रूप से मज़बूत रहने का फैसला किया।
9. अगर मैं ध्यान से कुछ काम करता हूं तो मैंने फैसला किया कि अपने काम में गर्व करने का।
10. अगर मैं ईमानदार हूं, तो मैंने भरोसेमंद होने का फैसला किया।
11. अगर मैं पौष्टिक खाना खाता हूं, तो मैं अच्छी सेहत को बुलावा दे रहा हूं।

ऐसी कई बातें और हो सकती हैं।

ओलम्पिक विजेता टीवी देखने, पार्टी में जाने, ड्रग लेने और शराब पीने में समय बर्बाद कर सकते थे। लेकिन उन्होंने पॉज़िटिव् फैसला चुना जिसकी वजह से उन्हें मिला गोल्ड मैडल। **पॉज़िटिव् फैसले सफलता में बदलते हैं जबकि निगेटिव फैसले आपके लिए विफलता ही लाते है। सफलता और विफलता सिर्फ़ हमारे फैसलों का ही नतीजा होते हैं।**

हम सब एक फैसला लेने तक ही आज़ाद हैं, लेकिन जब आप फैसला ले चुकते हैं तो उसके बाद हमारी आज़ादी खत्म हो जाती है और फैसला हम पर काबू पा लेता है।

हम पूरी ज़िन्दगी, हर दिन कुछ न कुछ फैसले करते ही रहते हैं। हम किस तरह का काम करते हैं, हमारे किस तरह के दोस्त हैं, हम किस जगह रहते हैं, हम कैसा खाना खाते हैं, कितना खाते हैं, कैसे कपड़े पहनते हैं, कब सोने जाते हैं और क्या हम कसरत रोज़ करते हैं या नहीं, ये सभी हमारी पसन्द (choice) हैं।

जब हम यह चुन लेते हैं कि हमें परीक्षा के लिए नहीं पढ़ना है, और हम फेल हो जाते हैं, तो हमें उसके गलत नतीजे भुगतने के लिए भी तैयार रहना चाहिए। जब हम आदतन निगेटिव पसन्द के फैसले लेने

लगते हैं तो हम फालतू की सफाई पेश करने लगते हैं और बहाने बनाने लगते हैं।

फैसले चाहे सोच समझ कर लिए गए हों या अनजाने में, दोनों की अहमियत बराबर ही है? क्यों? क्योंकि चाहे कुछ भी हो, हमें नतीजे तो भुगतने की पड़ेगें।

विजेता लंबे समय के फायदे के लिए थोड़े समय का दर्द सहने के लिए तैयार होते है।

एक्शन प्लान

- उन तीन पॉज़िटिव् फैसलों को लिखें जिनकों अमल में लाकर आप और ज़्यादा हासिल कर सकते हैं:

  1. ______________________________
  2. ______________________________
  3. ______________________________

- इन फैसलों से आपको कैसा अहसास होता है?

  1. ______________________________
  2. ______________________________
  3. ______________________________

अध्याय 4

बुद्धिमत्ता से भरा हुआ सच
The Wisdom Truth

"एक बार जब दिमाग अपनी विशालता को हासिल कर लेता है, वह अपने पुरानी जगह में कभी वापस नहीं आता।"

–ओलिवर वेन्डेल होम्स

अगर हम वही काम करते रहे जो आज तक हम करते चले आ रहे हैं, तो हमें नतीजे भी वही मिलेंगे जो हमें आज तक मिलते रहे हैं। अगर हम अपनी ज़िन्दगी में कुछ नया चाहते हैं, कुछ अलग नतीजे चाहते हैं, तो या तो **हमें कुछ अलग चीज़ें करनी होंगी या चीज़ों को अलग ढंग से करना होगा।**

जब हमारी तबियत ठीक नहीं होती तो डॉक्टर हमें कुछ दवाइयां और एक डाईट बताता है, इतना ही नहीं वह हमें हर चीज़ कुछ अलग तरीके से करने के लिए कहता है। जैसे–

1. जब से हम पैदा हुए हैं, खाना खा रहे हैं, मगर अब हमें कुछ अलग तरीके से खाने की ज़रूरत होगी।
2. हम अब तक चलते आए हैं, मगर अब हमें कुछ अलग तरीके से चलना होगा।

3. हम अभी तक फैसले लेते हुए आए हैं, मगर अब हमें कुछ फैसले अलग तरीके से लेने होंगे।
4. हम अपनी जिंदगी में अब तक जो सोचते हुए आए हैं, मगर अब हमें अलग तरीके से सोचना होगा।

हम सब में एक-दूसरे के जैसे बनने की होड़ होती है, मगर तरक्की वही करते हैं जो कुछ हट कर करते हैं। कोई भी चीज़ जो अलग तरीके से की जाती है, उसके अंदर एक नयापन और खासियत होती है, मगर हर अलग तरीके से की गई चीज़ गुणवान और अच्छी नहीं होती।

हर तरक्की एक बदलाव है,
मगर हर बदलाव तरक्की नहीं होती।

हमारी शिक्षा ही है जो हमें कुछ अलग तरह से चीज़ों को करना सिखाती है। हमारी पढ़ाई ही है जो सिर्फ़ हमें जागरूक ही नहीं करती बल्कि वह हमारे अंदर बदलाव लाती है। जब भी हमें पहली बार कोई जानकारी मिलती है तो यह हमें जगाती है। जानकारी ज्ञान है, और ज्ञान का मतलब है कि 'मुझे अब ज्ञात हुआ है।' जब हम किसी जानकारी को अपने व्यवहार में उतारते हैं तो इसका नतीजा होता है अंदरूनी बदलाव। **जानकारी खबर है, उसे पहचानना समझदारी है, और जीवन में उतारना बुद्धिमत्ता है।**

मंत्र पढ़ना या धोखा देना?

एक पुजारी था, जो दिन भर अपने हाथ जोड़कर कुछ न कुछ मन्त्र पढ़ता रहता था, और उसे यह यकीन था कि वह पवित्रता हासिल कर रहा है। एक दिन बड़ा (senior) पुजारी उसके पास बैठा और दो पत्थरों को आपस में रगड़ने लगा। उस बड़े पुजारी ने यह काम लगातार कई दिनों तक किया। थककर युवा पुजारी ने तंग आकर बड़े पुजारी से पूछा, '*आप यह क्यों कर रहे हैं?*' उस बड़े पुजारी ने कहा, '*मैं इस पत्थर से एक आईना बनाने की कोशिश कर रहा हूं।* युवा पुजारी ने चौंक

कर जवाब दिया, '*मगर यह तो हो नहीं सकता, मुमकिन ही नहीं है। आप पत्थरों से आईना कैसे बना सकते हैं?*' तो बड़े पुजारी ने कहा, '*सही कह रहे हो बेटा! जैसे मैं इन पत्थरों से आईना नहीं बना सकता तो तुम भी मशीन की तरह इन मंत्रों को दोहराते रहने से एक संत तो नहीं बन सकते। तुम्हें अपनी जानकारी को अमल में लाना पड़ेगा!*'

हमारे ज्ञान का नतीजा हमारे पॉज़िटिव् एक्शन में होना चाहिए। **जब तक व्यवहार में बदलाव नहीं आता तब तक सीख हासिल नहीं होती है। ज्ञान के बिना कर्म ऐसा ही है जैसे बिना बीज बोए सिर्फ़ हल जोतते रहना।**

आध्यात्मिकता (Spirituality)

एक बार एक आध्यात्मिक टीचर ने जंगल में एक लकड़हारे को देखा। उसे देखते ही उसके दिमाग में यह आया कि *वाह! अपनी आध्यात्मिक शिक्षा* (spiritual teachings) *देने का कितना अच्छा मौका है।* लकड़हारा लकड़ी काटता रहा और वह आध्यात्मिक टीचर वहीं बैठकर न जाने कितनी ज्ञान की बात सुनाता रहा। जैसे ही उस लकड़हारे ने अपनी कुल्हाड़ी को नीचे रखा और वह कटी हुई लकड़ियों का ढ़ेर बनाने लगा, वैसे ही वह टीचर उसके पास गया और उसने लकड़हारे से पूछा, '*आज मैंने तो आपसे दिन भर आध्यात्मिक बातें सुनाई, उनसे क्या आप एक आध्यात्मिक इंसान बने?*' लकड़हारे ने कहा, '*सुबह से ही आप मुझे सिर्फ़ आध्यात्मिक बातें सुना रहे थे, मगर आपके मन में एक बार भी यह ख़्याल नहीं आया कि आप मेरी मदद के लिए हाथ बढ़ाते। मुझे लगता है आपको ही इन आध्यात्मिक ज्ञान और इन शिक्षाओं की ज़रूरत है।*'

आध्यात्मिक रूप से विकसित हुए आदमी और आध्यात्मिक रूप से विकसित नहीं हुए आदमी में फर्क साफ़ दिखता है। आध्यात्मिक रूप से विकसित हुए इंसान सच्चाई को अपने जीवन में उतारते हैं और वह उनके व्यवहार और कामों में साफ़ दिखने लगता है। वे आध्यात्मिक होने का झूठा दिखावा नहीं करते हैं। **आध्यात्मिकता का असली**

मतलब तीन मूल्यों से मिलकर बनता है जैसे ईमानदारी, ज़िम्मेदारी और आदर (integrity, responsibility and respect)।

सिद्धांतों पर चलने वाले लोग पूरे संसार के सामने अपने आध्यात्मिक व्यवहार का ढिंढ़ोरा नहीं पीटते। उनके बारे में दुनिया अपने आप ही फैसला करती है। एक लाईटहाउस किसी को भी नहीं बुलाता, वह बस चमकता है और पूरी दुनिया उसे पहचान लेती है। इसी तरह आध्यात्मिकता भी हर इंसान के व्यवहार में दिख जाती है।

ईमानदारी और सच्चाई के साथ किया गया कोई भी काम जो आपके जीवन को ऊपर उठाती है उसे आध्यात्मिकता कहते है, जैसे:

- कोई भी पॉलिटीशियन (politician) जो आने वाली पीढ़ी की भलाई के बारे में सोचता है न कि चुनावों के बारे में, वह आध्यात्मिकता को अपनी ज़िन्दगी में उतार रहा है।
- कोई भी आदमी जो अच्छी क्वालिटी का जूता बनाता है, वह आध्यात्मिकता को ही अपनी ज़िन्दगी में अपना रहा है।
- एक डॉक्टर मरीज की जान बचाता है वह भी आध्यात्मिक है।
- एक जज इस आधार पर फैसला देता है, सच क्या है बजाए किसकी क्या हैसियत है।
- आपस में एक-दूसरे के प्रति वफादार पति और पत्नी भी आध्यात्मिक हैं।
- अपने स्टूडेंट का चरित्र निर्माण करने वाला टीचर भी आध्यात्मिक है।
- देश के हित के बारे में सोचने वाला पॉलिटीशियन भी आध्यात्मिक है।

क्या आपने फरिश्ते को साक्षात देखा है?

1953 में, नोबेल प्राइज विजेता डॉ. अलबर्ट श्वेटाईजर का स्वागत करने के लिए कई ऊंचे ओहदों के लोग रेलवे स्टेशन पर इकट्ठा हुए। वह छह फीट और चार इंच लम्बे और अच्छी कदकाठी के थे। भीड़ फूलों के गुलदस्तों के साथ उनका स्वागत करने के लिए तैयार थी। जैसे ही डॉ. अलबर्ट श्वेटाईजर ने एक

बुज़ुर्ग औरत को देखा, जो अपने बड़े-बड़े बक्सों के साथ परेशान हो रही थी। डॉ. अलबर्ट ने भीड़ से माफी मांगी और वे उस बुज़ुर्ग औरत के पास गए और उन्होंने उस बुज़ुर्ग महिला से बक्से लिए और उस औरत को बस तक छोड़ने गए। जब वे वापस लौटे और उन्होंने वहां पर मौजूद लोगों से इंतजार कराने के लिए माफी मांगी। एक पत्रकार ने उसी समय किसी से कहा, '*ज़िन्दगी में पहली बार मैंने इबादत को चलते देखा है।*' क्या संदेश था! इसी को आध्यात्मिकता कहते हैं।

डॉ. अलबर्ट श्वेटाईजर ने कहा, '*सभी की ज़िन्दगी में, कभी-कभी अंतरात्मा मर जाती है। हमें उन लोगों का शुक्रगुज़ार होना चाहिए जो आपकी इस अंतरात्मा को जगाते रहते हैं।*'

जो हाथ लोगों की सेवा करते हैं वो उस मुंह से कहीं अच्छे है जो सिर्फ़ दुआ करते हैं।

अपनी नैतिक प्रतिबद्धताओं को पूरा करना ही आध्यात्मिकता है। पैसे से बढ़कर काम करने के सिद्धान्त को आध्यात्मिकता कहते हैं।

आध्यात्मिकता से समझौता करने के नतीजे

- लोग आप पर भरोसा नहीं करते हैं।
- आपकी विश्वसनीयता कम होती है।
- आप न केवल अपनी नज़रों में गिरते हैं बल्कि आप दूसरों की नज़र में भी गिर जाते हैं।
- आपका आत्मसम्मान भी गिर जाता है।

पैसा बनाना चोरी है; पैसा कमाना आध्यात्मिकता है।

आज के राजनीतिक भ्रम, आतंकवाद, परिवार के टूटने, युवाओं के भटकाव, व्यापार में विश्वासहीनता (corporate distrust) और

धार्मिक भ्रष्टाचार के ज़माने ने एक ग्लोबल (global) अनिश्चितता और अशांति को जन्म दिया है। लोगों ने पैसा बनाने के लिए गलत कदम उठाने शुरू कर दिए हैं, हमारे आज के माहौल में, ज़्यादातर लोग केवल पैसा बनाना चाहते हैं, बहुत ही कम हैं जो पैसा कमाना चाहते हैं। जब भी आप पैसा बनाने की जल्दी में होते हैं, तो आप उलटे-सीधे शॉर्टकट खोजते हैं। रातों-रात अमीर होने के लालच में हम आध्यात्मिकता से दूर हट जाते हैं। जो लोग लालच और शॉर्टकट के चलते अपना एक बड़ा बैंक बैलेंस बना लेते हैं, उनके अन्दर हमेशा ही उसे खोने का डर रहता है। मेरे ख़्याल से, वे हमेशा ही बेचैन रहते हैं और वे आध्यात्मिक नहीं होते हैं। क्यों? क्योंकि वे हमेशा पैसा बनाते हैं, कमाते नहीं हैं। शांति और खुशी उनसे कोसों दूर रहती है जो कि एक इंसान को आध्यात्मिकता से ही मिलती है।

- गैलअप के सर्वे के हिसाब से 'काम पर जाने वाले 63 प्रतिशत लोग काम से जुड़े नहीं होते, इसका मतलब हुआ कि वे अपना काम नहीं करते। इसके अलावा 24 प्रतिशत लोग तो सक्रिय रूप से काम से जुड़े नहीं होते, इसका मतलब हुआ कि वे दूसरों को भी उनका काम नहीं करने देते। इसके बाद आपको मिलते हैं केवल 13 प्रतिशत लोग, जो काम पर जाते हैं, और हक़ीकत में काम करते हैं।[1]

अब तो यह एक बीमारी ही हो गयी है कि काम पर आने वाले लोग तीन से चार घंटों तक सिर्फ़ अपना निजी ईमेल (email) चेक करते हैं, और सोशल मीडिया (social media) पर ही अपना समय बिताते हैं। क्या इसीलिए उन्हें तनख्वाह दी जाती है? जब कोई हमारी जेब से बटुआ चुराता है तो हम उसे क्या कहते हैं? हम उसे एक चोर कहते हैं! जब हम यह सब करते हैं, तो हम क्या हुए?

जब लोगों के पास सही मूल्य नहीं होते तो वे क्या करते हैं?

1. वे अपने इम्प्लोयी (employee) और इम्प्लोयर (employer) से लगातार झूठ बोलते हैं।

---

[1] http://news.gallup.com/poll/165269/worldwide-employees-engaged-work aspx

2. वे अपने ग्राहकों और सहकर्मियों (colleagues) से झूठ बोलते हैं।
3. वे अपने जीवनसाथी और बच्चों से झूठ बोलते हैं।

जब वे काम पर आते हैं, वे दफ्तर पेन और पेन्सिल, सप्लाई (supply), स्टेपलर (stapler), और स्टेशनरी (stationary) को घर ले जाते हैं। वे कम्पनी के समय में निजी काम करते हैं। वे निजी आउटिंग के लिए बाहर जाते हैं और फिर कम्पनी को बिल थमा देते हैं। वे टाइम शीट में हेराफेरी करते हैं। तो क्या सच में इसी बात के लिए उन्हें पैसे मिलते हैं?

हमें समझना होगा कि **काम के बिना पैसा एक चोरी है। पैसा बनाना एक चोरी है और पैसा कमाना आध्यात्मिकता है।**

आध्यात्मिकता एक दांव-पेंच नहीं है। यह तो जीने का एक तरीका है।

एक्शन प्लान

- उन तीन क्षेत्रों को पहचानें जहां पर आप आध्यात्मिकता को आप अपने जीवन में उतार सकते हैं:

1. क्षेत्र 1 ______________________________

   क्या करना है क्या करने के प्रतिबद्ध हूँ

2. क्षेत्र 2 ______________________________

   क्या करना है क्या करने के प्रतिबद्ध हूँ

3. क्षेत्र 3 ______________________________

   क्या करना है क्या करने के प्रतिबद्ध हूँ

अध्याय 5

अपने दिमाग को मापें
Mind Your Mind

दिमाग क्या है? What is Mind?

हमारा दिमाग एनर्जी की तरह है, यह एक अनसुलझा रहस्य है और सबसे ज़्यादा बिना इस्तेमाल के रह जाता है। हमारा दिमाग वह तत्व है जो सोचने के लिए, महसूस करने के लिए और समझने के लिए एक इन्सान को मज़बूती प्रदान करता है। यह मापा नहीं जा सकता, देखा नहीं जा सकता मगर यह हक़ीकत है।

हमारा दिमाग विचारों की एक फैक्ट्री है, जो निगेटिव या पॉज़िटिव् विचार पैदा करता रहता है। हम अपने विचारों की फैक्ट्री से या तो थर्मामीटर (thermometer) के जैसे काम ले सकते हैं या फिर थर्मोस्टेट (thermostat) की तरह। एक थर्मामीटर सिर्फ़ बाहरी टेम्प्रेचर को दिखाता है, उसमें कुछ बदलने की ताकत नहीं होती, एक सीमा से बाहर वह असहाय है। जबकि एक थर्मोस्टेट में पढ़ने और बदलाव लाने दोनों की ही ताकत होती है। यह वातावरण (environment) को नियंत्रित (control) करता है।

हमारा दिमाग कैसा होना चाहिए - एक थर्मामीटर की तरह या एक थर्मोस्टेट की तरह?

एक थर्मामीटर वाला दिमाग कैसे काम करता है?

एक आदमी सुबह उठता है, बाहर की अच्छी धूप देखकर

उसका मन प्रसन्न हो जाता है लेकिन अगले दिन जब वह सुबह उठता है बाहर बादल देखकर वह उदास महसूस करता है।

उसके दिमाग को कौन कंट्रोल कर रहा है? बाहरी मौसम। वह अपने आप को मजबूर महसूस करता है क्योंकि उसका दिमाग एक थर्मामीटर की तरह काम कर रहा है।

एक थर्मोस्टेट वाला दिमाग कैसे काम करता है?

थर्मोस्टेट वाले दिमाग को बाहरी मौसम चाहे जैसा भी हो कोई फर्क नहीं पड़ता, वह खुश रहता है क्योंकि उसका अंदरूनी टेम्परेचर का कंट्रोल उसके हाथ में है। वह अपनी ज़िन्दगी का इंचार्ज (incharge) खुद है।

अगर हम एक महत्वपूर्ण ज़िन्दगी बिताना चाहते हैं तो हमें खुद को एक थर्मोस्टेट बनाना होगा न कि एक थर्मामीटर!

ऑटोपाइलट हो जाएँ

कई साल पहले मैं अपनी छोटी बेटी के साथ अमेरिका जा रहा था। जो तब सिर्फ़ पांच साल की थी। पायलट को मैं जानता था, और वह बहुत ही खुशनुमा इंसान था। उसने मुझे मेरी बेटी के साथ कॉकपिट (cockpit) में बुलाया। उसने फिर कुछ बातें बताई, '*जब एयरक्रॉफ्ट उड़ान* (takeoff) *भरता है तो कई चीज़ें ऐसी होती हैं, जो हमारे बस से बाहर होती हैं। जैसे बादलों का आना-जाना, हवा का रुख और बदलाव, बिजली चमकना, बादल गरजना, और इनके कारण रास्ते से भटक जाता है।*' मेरी छोटी बेटी ने सवाल किया, '*जब एयरक्रॉफ्ट रास्ते से भटक जाता है तो क्या होता है?*' वह पायलट (pilot) बोला, '*एक चीज़ होती है जिसे हम ऑटोपायलट कहते हैं। हर बार जैसे ही एयरक्रॉफ्ट रास्ते से भटकता है, वैसे ही ऑटोपायलट उसे अपने सही रास्ते पर वापस ले आता है।*'

ऑटोपायलट का मतलब है कि हर पॉज़िटिव् व्यवहार (reflex action) **एक स्वाभाविक क्रिया (आदतन) बन जाना चाहिए।**

जो आदमी अपनी ज़िन्दगी का इंचार्ज होता है, वह अपने दिमाग को ऑटोपायलट में रखता है। थर्मोस्टेट भी एक ऑटोपायलट की ही तरह काम करता है।

दिमाग की ताकत

दिमाग की ताकत का यह एक पॉज़िटिव् उदाहरण हैं। कई बार सेमीनार में मैं फौजियों से मिला हूं। वे हमें बताते हैं, कि हिमालय की पहाड़ियों पर जीरो से नीचे के तापमान पर उन्हें कई साधू मिलते हैं, जो बिना कपड़ों के ही ध्यान में बैठे होते हैं। मैं कई बार सोचता हूं कि ऐसे मुश्किल हालातों में भी आख़िर वे बीमार क्यों नहीं पड़ते?

- दलाई लामा के साथ मिलकर 1970 और 1980 में की गयी कई स्टडीज में यह पाया गया कि कई तिब्बती भिक्षु/मोंक अपनी स्किन का तापमान 8.3 डिग्री सेंटीग्रेड तक बढ़ा लेते थे, और उनका कोर टेम्प्रेचर उतना ही रहता है। यह एक ख़ास तरह के ध्यान जिसे *तम्मो* कहते हैं, के कारण है जो इस तापमान पर भी सांस और दिल की धड़कन को नियंत्रित करता है। यह इतना असरदायक होता है कि भिक्षुओं को समुद्र के स्तर से 4,500 मीटर ऊपर पहाड़ियों पर सो सकते हैं और उनके तन पर उनके कपड़ों के अलावा कुछ नहीं होते। इसके साथ ही, वे न ही तो कांपते हैं और न ही ऐसी जगह पर उन्हें सर्दी परेशान करती है जहां पर –17 डिग्री सेंटीग्रेड का तापमान रहता है।[1]

दिमाग की ताकत हमेशा ही एक रहस्य रहा है और आज तो यह और भी रहस्य से भरा हो गयी है। वैज्ञानिक कम्युनिटी भी अब हमारे व्यवहार, सेहत और आपसी रिश्ते के महत्व को पहचान गयी है। हमारे विचार लगातार बदलते रहते हैं। अच्छे और पॉज़िटिव् विचारों का हमारे व्यवहार, माहौल और उपलब्धियों पर अच्छा असर पड़ता है। अगर आदमी का दिमाग अक्लमंदी से सींचा (कल्टीवेट) गया है तो वह जो बोएगा वही काटेगा, मतलब कि अगर वह आदमी सही सोचेगा तो

---

[1] http://www.keepmewarm.com/2016/06/how-tibetan-monks-dealwith-extreme.html

उसके दिमाग में सही विचार आएंगे, और उसके काम भी सही होंगे।

जैसे एक माली जब एक बीज बोता है, वैसे ही हम एक विचार को अपने दिमाग की ज़मीन पर बोते हैं। जब हम अपने दिमाग की ज़मीन पर कोई पौधा उगाते हैं, तो यह बढ़ता है। अब यह तो हमारे द्वारा रोपे गए बीज से ही पता चलेगा न कि वह आम का पेड़ बनेगा, झाड़ी बनेगी, झरबेरी बनेगा, या ज़हरीली झाड़ियां या फिर गुलाब के पौधे। अगर हम एक गुलाब रोपते हैं, तो ज़ाहिर है कि हम एक गुलाब ही पाएंगे। दिमाग में जो विचार हम एक बार रख लेंगे वह दूसरे विचार के लिए एक बीज के रूप में काम करेगा। जो इम्प्रेशन ये विचार हमारे दिमाग में छोड़ देंगे, वह हमारे दिमाग की ज़मीन में कहीं जाकर स्टोर हो जाएगा।

यह एक मल्टीप्लायर (multiplier) असर है – **एक बीज सिर्फ़ एक ही फल नहीं देता बल्कि फसल कई गुना पैदा होती है, फिर चाहे वह निगेटिव हो या पॉज़िटिव्।** यह कुदरत का उसूल है।

दिमाग की ताकत को पहचानें

हमारे दिमाग में इतनी ताकत है कि स्वर्ग को नरक और नरक को स्वर्ग बना दें। एक मकान तभी घर बन पाता है जब वह शरीर, दिमाग और आत्मा को पूरी तरह छाया दे पाए।

जैसे मिट्टी नहीं चुन सकती कि उसमें क्या बीज बोए जा रहे हैं, वैसे ही हमारा अवचेतन (subconscious) दिमाग भी यह फैसला नहीं कर पाता कि उसे किन विचारों को चुनना है। जैसे एक किसान बीज बो देता है, वैसे ही हमारा चेतन दिमाग यह फैसला करता है कि हमारे सबकॉन्शियस दिमाग में क्या विचार डाला जाए। कई तरह की चेतन (conscious) च्वाइस होती हैं, जैसे कौन सी किताबें पढ़ी जाए, कौन सा संगीत सुना जाए, कौन से दोस्त रखें और कौन-सी फिल्में देखी जाएं। जब हम यह तय कर लेते हैं कि कौन सी फिल्म देखनी है, उसके बाद हमारा चेतन दिमाग बंद हो जाता है और अवचेतन खुला रहता है। जब एक भयानक सीन आता है तो हम डर महसूस करते हैं। जैसे ही कोई उत्तेजित (exciting) सीन आता है वैसे ही हम उत्तेजित

हो जाते हैं और उदासीन के दृश्यों में हम रोने लगते हैं। क्या आप सोचते हैं कि कहीं सीट पर कोई जादूई बटन लगा हुआ है? ज़ाहिर है, नहीं! व्याख्या बहुत सरल है – कॉन्शियस दिमाग तय करता है, सबकॉन्शियस दिमाग उसे रिसीव करता है और हमारा शरीर उस पर प्रतिक्रिया देता है, रिएक्शन करता है। हमारा शरीर दिमाग का गुलाम है। यह केवल दिमाग की बात मानता है।

हमारा दिमाग एक तैरते हुए बर्फ का पहाड़ (आइसबर्ग) की तरह है, जिसका सातवां हिस्सा दिखता है और बाकी वह पानी के नीचे होता है। इसी तरह हमारा कॉन्शियस दिमाग भी केवल सातवां ही हिस्सा होता है और बाकी असली ताकत हमारे न दिखाई देने वाले सबकॉन्शियस दिमाग में होती है।

अपने दिमाग को साफ़ करना भी ज़रूरी है। **जैसे एक डेंटिस्ट हमें हमारे दांतों को साफ़ करने के लिए एक 'डेंटल फ्लोस' (दांतों को साफ़ करने वाला धागा) देता है, वैसे ही हमें अपने दिमाग की सफाई के लिए एक मेंटल फ्लोस चाहिए होता है।** मानसिक दर्द किसी भी शारीरिक दर्द से कहीं बढ़कर होता है; तो इसलिए दर्द को कम करना बहुत ज़रूरी है।

दिमाग को साफ़ करने के लिए नीचे दी गयी तकनीक का पालन करें:

1. **अपनी निगेटिव याददाश्त को मिटाने के लिए एक डिलीट बटन तैयार करें:** पुरानी गलतियों से सीखें, सीख को दिमाग में रखें लेकिन गलती को मिटा दें। ज़िन्दगी में सफलता पाने के लिए एक सिलेक्टिव मेमोरी को विकसित करें, जो आपको आगे बढ़ने के लिए प्रेरणा देगी और आपके बीते हुए कल से हर तरह की निगेटिव और गलतियों से बचाएगी।
2. **ज्ञान को बुद्धिमत्ता में बदलें:** ज्ञानी (knowledgeable) होने के लिए हमें अपने दिमाग में रोज़ ही एक पॉज़िटिव् विचार डालना चाहिए, और एक निगेटिव विचार निकालना चाहिए। पॉज़िटिव् को इकट्ठा करना और निगेटिव विचार को हटाना ही वह प्रक्रिया है जहां ज्ञान को बुद्धिमत्ता में बदलने की शुरुआत होती है।

एक किसान को अपने खेत में अच्छे बीज बोने के बाद, हमेशा ही अपने खेत को जंगली पौधों से बचाकर रखना होता है, नहीं तो वे जंगली पौधे उसकी फसल को बर्बाद कर देते है। इसी तरह हमें भी अपने दिमाग की लगातार सफाई करते रहना चाहिए।

एक पवित्र दिमाग और घटिया सोच का कोई तालमेल नहीं होता। इसलिए **एक पवित्र दिमाग में सिर्फ़ अच्छे और पवित्र विचार ही आएंगे और जिससे हमारे कर्म भी पवित्र ही होंगे।**

विजेता अपने दिमाग को ऑटोपायलट मोड में रखते हैं, और सभी पॉज़िटिव् व्यवहार को आदत में बदलते हैं।

एक्शन प्लान

- उन तीन हालातों के बारे में सोचें जब आपका नियंत्रण आप पर से हट जाए। आप कैसे खुद को वापस ट्रैक (track) पर लाने के लिए ऑटोपायलट (autopilot) बटन का इस्तेमाल कर सकते हैं?

    1. स्थिति 1 ____________________
       बदलाव ____________________
    2. स्थिति 1 ____________________
       बदलाव ____________________
    3. स्थिति 1 ____________________
       बदलाव ____________________

- खुद से वादा करें कि अपने दिमाग को कम से कम 5-30 मिनट तक पॉज़िटिव् पढ़ने/सुनने के साथ पॉज़िटिव् खुराक देंगे।

अध्याय 6

खुद में निवेश करें
Invest in Yourself

"अगर आप ज़िन्दगी के आउटपुट (output) से खुश नहीं है, तो आपको अपने इनपुट को देखना होगा। अगर आप साधारण चीज़ें करेंगे तो आपकी साधारण ज़िन्दगी होगी। अगर आप ख़ास काम करते हैं तो ख़ास ज़िन्दगी बिताएंगे।"

हर विचार एक बीज है, अगर आप घटिया बीज डालेंगे, तो आप एक अच्छी फसल की उम्मीद नहीं कर सकते।

हम बिना कुछ सोचे समझे महंगे कपड़े, डिज़ाइनर जींस और फैशनेबल जूते खरीदते हैं; और शायद कभी-कभी तो लाखों रुपए खर्चा करते हैं। हम महंगे रेस्टोरेंट में जाते हैं और कभी-कभी घंटों भर बैठने का इंतजार ही करते रहते हैं। हम हफ्ते में हज़ारों रुपया खर्च कर देते हैं। जितना पैसा हम अपनी गर्दन से नीचे (तन) खर्चते हैं अगर उसका एक छोटा हिस्सा भी हम गर्दन से ऊपर (दिमाग) निवेश करें तो हम एकदम ही एक अलग मुकाम पर होंगे!

इनपुट, आउटपुट का फैसला करता है

हम आज से पांच साल बाद कहां पर होंगे, यह इन तीन ही चीज़ों पर निर्भर करता है:

1. **हम कैसी किताबें पढ़ते हैं।**
2. **हम कैसी फिल्में और शो देखते हैं।**
3. **हमारी संगत कैसी है।**

आज हम जहां पर भी हैं, वह इन तीन चीज़ों का ही नतीजा है क्योंकि वे उन इनपुट को बताती हैं, जिसने हमारे **एटीट्यूड** को बनाया है। इसका फैसला हम करते हैं कि हमें कौन सी किताबें पढ़नी हैं, कौन सी फिल्में देखनी हैं और हमारी संगत कैसी हो।

कूड़ादान न बनें

ज़रा सोचिये कि हम किचन में खाना बना रहे हैं तो हमारा कोई पड़ोसी आता है, अपने घर का कूड़ा हमारे खाने में फेंकता है और हमारी किचन एकदम गंदी कर देता है। ऐसी स्थिति में आप क्या करेंगे? जवाब ज़ाहिर है: हम उसे रोकने की कोशिश करेंगे, हम लड़ने से भी डरेंगे नहीं या फिर हम पुलिस को भी बुला सकते हैं और उसे घर से बाहर निकलवायेंगे।

अगर किसी भी हालात में हम दूसरे को अपना कूड़ा अपने खाने या किचन में नहीं फेंकने देंगे तो हम मीडिया को कैसे यह हक दे देते हैं, कि वह आए और हमारे दिमाग को अपने घटिया और निगेटिव प्रोग्रामों के द्वारा प्रदूषित कर दे? जिन लोगों के साथ हम संगत नहीं रखेंगे और अपने घर नहीं आने देंगे उन्हें टेलीविजन और मीडिया के ज़रिये हमारे दिमाग को प्रदूषित करने में क्यों सफल होने देते हैं?

> ***अपने दिमाग को किसी दूसरे के कचरे के लिए कूड़ेदान न बनायें।***

कई बार वे लोग जो अपने-आप को उदार प्रवृति का कहते हैं और फालतू का तर्क देते हैं, अगर आपको यह लगता है कि टीवी पर

घटिया बातें या कचड़ा दिखाया जा रहा है, तो आपके पास विकल्प है, टेलीविजन बंद कर दीजिए या कोई दूसरा चैनल देख लीजिए! वे कहते हैं कि हमारे पास विकल्प हैं कि हम क्या देखें। मगर सवाल यह है कि क्या हमारे पास वाकई में विकल्प है? किस हद तक हमारे पास विकल्प है? या यह दिमाग को दूषित करते रहने की सफाई पेशगी है? यह तो बस यही कहना है कि *'मैं तो हवा में ज़हर डालूंगा ही, अगर आपको यह पसंद नहीं है, तो आप सांस लेना बंद कर दीजिए। मैं एक फ्री सोसाइटी में रह रहा हूं, मुझे अपने मन का करने की पूरी आज़ादी है।'*

हक़ीकत में ऐसा नहीं होता है। हम सब एक-दूसरे से किसी न किसी तरह से जुड़े होते हैं। मेरे काम आप पर असर डालते हैं और आपके काम मेरे कामों पर असर डालते हैं। जब हम दुनिया के किसी एक हिस्से में जंगल काटते हैं, तो वे दुनिया के दूसरे हिस्से का मौसम बदल देता है। अगर हम प्रकृति के संतुलन के साथ छेड़छाड़ करते हैं तो हम ज़िन्दगी और मौत के बीच समीकरण (equation) बदलते हैं।

क्या यह वाकई में सिर्फ़ मेरी ज़िन्दगी है?

ज़रा सोचिये कि हम एक नाव पर गहरे समुद्र में दस लोगों के साथ सफ़र कर रहे हैं। समुद्र में खूब अन्दर तक आने के बाद, एक आदमी उठता है और नाव में अपनी सीट के नीचे ड्रिल (drill) से छेद करने लगता है। ज़ाहिर है, सभी की ज़िन्दगी पर खतरा होगा, तो हम सब उससे पूछेंगे, *'तुम क्या कर रहे हो?'* ऐसे में वह कहे कि *'मैं तो सिर्फ़ अपनी उसी सीट को ड्रिल कर रहा हूं, जिसके लिए मैंने पैसे दिए हैं, न कि आपकी सीट को कुछ कर रहा हूं, और यह मेरा हक है कि मैं जो चाहूं, वह अपनी सीट के नीचे कर सकता हूं? आपसे क्या? यह मेरी ज़िन्दगी है!'* क्या मज़ाक है! उसका स्वार्थ उसे इतना अंधा कर रहा है कि वह असलियत देख नहीं पा रहा है और अपने साथ दूसरों का भी सर्वनाश कर रहा है।

ऐसा तर्क करना एक आम बात हो गई है। क्या यह पूरी तरह से गैर-ज़िम्मेदाराना और स्वार्थी बर्ताव नहीं है? हर फैसले का आधार

निजी स्वार्थ बन चुका है। ऐसे प्रभाव से कैसे एक समाज अप्रभावित रह सकता है?

दिमाग विचारों की फैक्ट्री है

घटियापन डालेंगे घटिया निकलेगा।
कूड़ा डालेंगे कूड़ा निकलेगा।
अच्छा डालेंगे, अच्छा निकलेगा।

दुर्भाग्य से घटिया डालेंगे घटिया निकलेगा, यह हमेशा सच नहीं है। अक्सर जब हम कूड़ा डालते है तो वह टिक जाता है और जड़ पकड़ कर बढ़ने लगता है, ऐसी बढ़ोतरी खतरनाक और सर्वनाश लाती है। हमारा दिमाग विचारों की एक फैक्ट्री है। हम अपने दिमाग में जो भी इनपुट डालते हैं, वहीं आउटपुट तय करता है। दिमाग के लिए इनपुट है - हम कैसी किताबें पढ़ते हैं, हम कैसे शो देखते हैं और कैसी संगत रखते हैं, यही सब हमारा एटीट्यूड तय करते हैं।

हम जो किताबें पढ़ते हैं

एक रिसर्च के हिसाब से, एक सेल्फ मेड मिलेनियर (self made millionaire), माने एक अपनी मेहनत के दम पर बना हुआ करोड़पति आदमी एक महीने में दो से तीन किताबें पढ़ डालता है, जिसका मतलब हुआ पच्चीस से तीस किताबें एक साल में, तीस साल में यह आंकड़ा एक हज़ार तक पहुंच जाता है। वे हर किस्म की किताब नहीं पढ़ते वे सिर्फ़ ऐसी ही किताबें पढ़ते हैं, जो उन्हें ज़िन्दगी में आगे बढ़ने में मदद करती हैं (self-help books)। हम सभी जानते हैं कि कैसे पढ़ना है, मगर बहुत ही कम लोग हैं जो पढ़ते हैं और उनमें से बहुत कम जानते हैं कि क्या पढ़ना है।

> *एक अच्छी किताब सदियों का ज्ञान एक कैप्सूल के रूप में दे देती है।*

एक किताब को कैसे पढ़ें और उसमें से सबसे ज़्यादा कैसे हासिल करें:

1. मेरा उसूल क्या है – न ही मैं किसी को अपनी किताब देता हूं और न ही किसी और से कोई किताब उधार लेता हूं। इसका कारण यह है कि जब भी मैं कोई किताब पढ़ता हूं तो उन्हें हमेशा ही अंडरलाइन करता हूं, और साइड में नोट्स बनाता हूं। जब भी कोई मुझे किसी किताब को उधार देने की बात करता है तो मैं उन्हें शुक्रिया तो कहता हूं, मगर फिर मैं उनसे नम्रता यह कहता हूं कि या तो मुझे वह यह गिफ्ट में दे दें, या फिर मुझे बेच दें क्योंकि यह मैं साफ़ कह देता हूं, कि भई मैं आपको आपकी किताब वापस नहीं करूंगा, और अगर उन्हें यह नामंजूर है तो मैं उनसे किताब नहीं लेता। मेरी किताबें मेरा खजाना है, मैं उन्हें और किसी के साथ नहीं बांट सकता।
2. जब भी मैं कोई किताब पढ़ता हूं, तो मेरे हाथ में एक पेन्सिल हाईलाइटर (pencil highlighter) होता है। साइड पर नोट बनाता हूं और उन पर निशान लगाता जाता हूं, क्यों? क्योंकि किसी न किसी दिन मैं उसे दुबारा पढूंगा, और फिर मेरे पास इतना टाइम नहीं कि मैं पूरी किताब को पढ़ता रहूं, तो मैं सिर्फ़ उन्हीं बातों को पढूंगा, जो मैंने अंडरलाइन (underline) की हैं। अगर मैंने ज़रूरी बातों को अंडरलाइन नहीं किया है, तो मेरा समय समय ख़राब हो जाएगा।

कंसंट्रेशन (Concentration) और फोकस (Focus) की ताकत पहचानें

किसी धूप वाले दिन अगर हम मैग्नीफाइंग ग्लास को एक कागज के टुकड़े के ऊपर रखे और हिलाते चले जाएं तो कुछ नहीं होता लेकिन जैसे ही हम एक जगह पर ठहरा के सूरज की किरणों को केन्द्रित (focus) करते हैं तो कागज एकदम ही आग पकड़ लेता है। इससे यही सीख मिलती है कि नतीजे हासिल करने हों तो हमें केन्द्रित होकर काम करना होगा।

हम जो शो देखते हैं

आज के कुछ आइटम सॉंग्स या रॉक बैंड पर एक नज़र डालिए - सच बताइयेगा कि क्या हम इन गानों को अपने घर पर सबके सामने गा सकते हैं या वह अश्लील हैं? फिर भी हम खुद को और दूसरों को इन गानों और फिल्मों को देखने देते हैं, हम वह सब कचड़ा अपने दिमाग में डालते हैं, जो हमें मीडिया देता है। इसमें कोई आश्चर्य नहीं कि हमारे बच्चों और हमारा व्यवहार इन दिनों इतना अश्लील और घटिया क्यों हो गया है? क्योंकि अश्लीलता की इनपुट से अश्लीलता की आउटपुट होगी।

मगर सबसे बड़ा सवाल यहां पर यह है कि हम किस चीज़ को अश्लील मानते हैं और क्या अश्लीलता की परिभाषा बदलती रहती है? दिमागी कचरा क्या है और कितनी अश्लीलता को हम अश्लील मानते हैं? क्या थोड़ी बहुत अश्लीलता स्वीकार्य है पर इससे ज़्यादा नहीं? अश्लीलता, अश्लीलता ही है; कैंसर, कैंसर ही है; एड्स (aids), एड्स ही है और यह किसी भी कीमत पर स्वीकार्य नहीं है।

एक स्टडी यह दिखाती है कि 90 प्रतिशत बलात्कारियों को पोर्नोग्राफी (अश्लील मैगजीन) की लत होती है। पोर्नोग्राफी अब एक बीमारी बन गयी है और उसके साथ ही यह ऐसा व्यापार बन गयी है, जिसमें बहुत पैसा लगा हुआ है। सेक्स इंडस्ट्री में लोग फायदा उठा रहे हैं। कुछ लोग पोर्नोग्राफी के एकदम समर्थक हैं और उनके हिसाब से पोर्नोग्राफी और कला एक ही है। क्या अश्लीलता की परिभाषा व्यक्ति विशेष होती है? किसी ने जज से पूछा, '*क्या आप इन दोनों के बीच में फर्क की परिभाषा दे सकते हैं?*' जज ने जवाब दिया, '*मैं इन दोनों के बीच फर्क की परिभाषा तो नहीं दे सकता, लेकिन जब मैं इसे देखूंगा तो मैं तुरंत ही दोनों में फर्क बता सकता हूं।*' पोर्नोग्राफी में महिला को एक वस्तु बनाकर प्रस्तुत किया जाता है जबकि कला एक महिला के सम्मान को बढ़ाती है। अगर आप पोर्नोग्राफी को इंजॉय कर रहे हैं, तो आप कला को पसंद नहीं कर सकते हैं।

पोर्नोग्राफी की लत ड्रग जैसी एक प्रोग्रेसिव बीमारी है। 'पोर्नोग्राफी का एक ही उद्देश्य है कि महिला एक वस्तु है, उसका आप उपयोग करो,

दुरुपयोग करो और फिर उसे फेंक दो।' पोर्नोग्राफी सेक्स को पवित्रता से शोषण की तरफ़ ले जाती है।

धारावाहिकों (Soap Opera) **की दुनिया:** धारावाहिक क्या हैं? ज़्यादातर धारावाहिक और कुछ नहीं बल्कि पार्टनर बदलने और रिश्तों में धोखे की कहानियां हैं। अगर आपके अन्दर ज़रा-सी भी रिश्तों को लेकर ईमानदारी है, तो आपको यही लगेगा कि ये धारावाहिक सिर्फ़ और सिर्फ़ अनैतिक व्यवहार को ही आकर्षित रूप से दिखाते हैं। अगर नैतिकता नाम की कोई चीज़ आपके शब्दकोश में नहीं है तो यह एक अलग बात है। अगर हम इस तरह के अनैतिक व्यवहार को दिन और रात देखते रहते हैं, तो यही व्यवहार हमारे आदर्श बन जाते हैं। इसमें कोई भी आश्चर्य नहीं कि हम उसी तरह से व्यवहार करने लगते हैं। शादी से पहले सेक्स, शादी के बाद एक्स्ट्रा मैरिटल सेक्स और तलाक, ये सभी इन धारावाहिकों के प्रभाव के कारण ही आज ज़्यादा हो रहे हैं।

- एक लेख '*सोप ओपेरा एंड देयर इफेक्ट इन अवर सोसाइटी*' में यह कहा गया है कि 'सफल सोप स्मार्टली (soap smartly) लिखे जाते हैं, जिसमें हर तरह का तड़का हो जैसे प्रेम त्रिकोण और औरतों पर की जा रही घरेलू हिंसा, आदि। फिर इस शो को हिट होने से कोई नहीं रोक सकता, और देखने वाले इन सभी थीम (theme) को अपने जीवन में भी उतारने लगते हैं।'[1]

धारावाहिकों ने हमारे परिवार की इकाई को तोड़ा है और हमारी सोसाइटी को ड्रग्स और अपराध दिए हैं। ये उन्हीं के दुष्ट विचारों का नतीजा है जो हमारे दिमाग में एक निगेटिव माहौल पैदा कर रहे हैं।

हमारे दिमाग में डाला गया ज़हर हमारे आउटपुट को तबाह कर रहा है। हमें सिर्फ़ ज़हरीले विचारों को ही अपने दिमाग से नहीं हटाना है बल्कि इसके साथ ही हमें ज़हर फैलाने वाले लोगों से भी दूर रहना है। हमें अपने दिमाग को समृद्ध (enrich) और पॉज़िटिव् सामग्री से भरना है।

---

[1] http://challenges.openideo.com/challenge/womens-safety/research/soap-operas-and-their-effect-in-our-society

हमारी संगत

यह कहा जाता है कि **ख़राब संगत चरित्र को भ्रष्ट कर देती है।** विजेता, विजेताओं के साथ रहते हैं; जिन्होनें अपनी ज़िन्दगी मूल्यों के हिसाब से जी है, और उनके पास अपने भाग्य को बदलने की ताकत है। अगर हर वीकेंड (weekend) पर हम सिर्फ़ उन्हीं दोस्तों के साथ घिरे रहें, जो यही रोना रोते रहें कि उनके बॉस कितने ख़राब हैं, उनकी नौकरी कितनी ख़राब है और उनकी ज़िन्दगी में कुछ अच्छा नहीं हो रहा।

जब ऐसे लोगों से मिलते हैं तो क्या हम अपने आपको प्रेरित महसूस करते हैं? अगर जवाब है, नहीं! तो समय आ गया है कि आप ऐसे साथियों को अलविदा कह दें। निगेटिव प्रभाव इतनी बारीकियों से आता है कि किसी को यह पता ही नहीं चल पाता कि हर बार जब भी हम बात करते हैं, हम नीचे गिरते चले जाते हैं।

बदलाव बहुत धीरे-धीरे आता है

ज़रा कल्पना करिए कि अगर हम मेंढक को एक उबलते हुए पानी की बाल्टी में डालेंगे तो क्या होगा? वह एक छलांग लगाकर बाहर आ जाएगा, क्योंकि बदलाव बहुत ज़्यादा है और समय बहुत कम है। लेकिन हम एक बाल्टी में बहुत ही सामान्य तापमान (normal temperature) पर मेंढक को रखें और फिर धीरे-धीरे उसे गर्म करते रहें, तो तापमान इतनी आहिस्ता से बदलेगा कि मेंढक को इस बात का अहसास भी नहीं होगा और वह गर्म पानी में उबलकर मर जाएगा।

हममें से कई लोगों को यह अहसास ही नहीं होता कि हमारे कुछ दोस्त जो अच्छी मंशा वाले हैं, मगर हमारी ज़िन्दगी पर उनका बहुत ही निगेटिव प्रभाव होता है। जब तक हमें यह पता चल पाता है और हमें यह लगता है कि यह तो हमारे अन्दर तक समा गया है, तब तक बहुत देर हो चुकी होती है। हमें अपने दोस्तों के बारे में अपने फैसले बहुत जल्द ले लेने चाहिए। हर रिश्ता हम में या तो निगेटिव या पॉज़िटिव् प्रभाव देता है। हमें अपने आसपास ऐसे ही लोग रखने

चाहिए जो या तो हमसे ज़्यादा बुद्धिमान हों, या फिर हम ऐसे लोगों के साथ जुड़ें, जिनका परफोर्मेंस (performance) बहुत शानदार रहा हो। याद करें, एक अच्छे दोस्त की खूबियां आप में आने लगती हैं। वे आपको रिलैक्स (relax) करते हैं, और उनका साथ आत्मा के लिए खुराक होता है। तनाव और शांति दोनों ही फैलते (infection) चले जाते हैं। अगर हम हमेशा ही तनावग्रस्त लोगों से घिरे हुए रहेंगे, तो हमारे तनाव का स्तर ऊपर चला जाएगा। हमें निगेटिव, स्वार्थी, बेइमान और गैर-ज़िम्मेदार लोगों से दूर रहने की ज़रूरत होती है, क्योंकि उनका प्रभाव हमारे चरित्र पर पड़ता है। **उन लोगों और हालातों से बचें जो विवाद लाते हैं।**

इनपुट, आउटपुट को लाता है

एक बाज के अंडे को एक बार किसी और मुर्गी के घोंसले में रख दिया गया। अंडा फूटा और छोटा बाज बाहर आया। उसने खुद को उसी परिवार का हिस्सा समझा। वह वही करता, जो उस मुर्गी के बच्चे करते। वह गंदगी को खरोंचकर अपने लिए खाना लेता। वह रोता और चीखता, मगर वह एक फीट से ज़्यादा कहीं उड़ नहीं सका। एक दिन उसने एक बाज को ऊपर उड़ते हुए देखा। उसने अपने साथी से पूछा, '*यह खूबसूरत चिड़िया कौन है?*' तो उसके साथियों ने कहा, '*यह बाज है, वह बहुत शानदार चिड़िया है, मगर तुम उसके जैसे नहीं उड़ सकते क्योंकि तुम तो हमारे साथी हो।*' तो उस बाज ने कभी दोबारा सोचा भी नहीं और उसने अपने साथी की ही बात को सच मान लिया। वह उसी मुर्गी की ज़िन्दगी जीते हुए मर गया, और उसने कभी यह जानने की भी कोशिश नहीं की कि आख़िर वह किस लायक है। **वह ऊंचा उड़ने के लिए पैदा हुआ था, मगर उसने खुद को सिर्फ़ ज़मीन पर लोटने के लिए बना लिया।** यही बात हममें से न जाने कितने लोगों के साथ होती है, अगर आपको एक बाज की तरह बनना है तो आपको बाज के तौर तरीके जानने ही होंगे। वह बाज उड़ने के लिए पैदा हुआ था, मगर हारने के लिए कंडीशन (condition) हो गया![2]

---

[2] *You Can Win* by Shiv Khera.

कुछ लोग उल्लू प्रवृति के होते हैं। वे दिन की रोशनी में अंधे हो जाते हैं। उन्हें दिन में कुछ दिखता नहीं। उन्हें जितना उजाला दिखाते चले जाए उतना अंधे होते चले जाते हैं। जो लोग उल्लू प्रवृति के होते हैं उन्हें अक्ल की बात समझ में नहीं आती। वे पॉज़िटिव् न देखने के लिए पैदा हुए होते हैं।

क्या हमारे विचार हमें ऊपर की तरफ़ लेकर जा रहे हैं, या फिर हमें नीचे ला रहे हैं? बुरे विचार हमारे लिए मुसीबत लाते हैं। मुसीबत में पड़ा हुआ आदमी सभी को मुसीबत में डालता है। उसकी दुर्दशा का शिकार होने वाले ज़्यादातर लोग उनके परिवार के सदस्य, व्यापारी साथी और समाज होता है। **हमें एक सर्किट ब्रेकर** (circuit breaker) **की ज़रूरत होती है, जो निगेटिव विचारों को काट दें।** एक सर्किट ब्रेकर कोई शॉर्ट सर्किट होने पर नुकसान से बचने के लिए कनेक्टिविटी (connectivity) को रोक देता है और जैसे ही समस्या सही हो जाती है, वह दोबारा काम करने लगता है।

हमारी ज़िन्दगी में हमारा एटीट्यूड बहुत ज़रूरी होता है, जिसके नतीजे की वजह से हम अपना हर कदम उठाते है। हमारे कदम सिर्फ़ भाग्य या मौके के विचार पर छोड़े नहीं जा सकते, हमें उन्हें अपने विचारों के द्वारा ही निर्माण किया जाना चाहिए।

> ***रोज़ाना जो बीज हम बोते हैं, उसकी अहमियत कहीं ज़्यादा है, उस फसल से जो हम काटते हैं।***

अपने विचारों को चुनने में सतर्क रहें, और अपने इनपुट को बहुत जांच-परख कर ही चुनें।

एक मज़बूत दिमाग, दुनिया में सब कुछ हासिल करने की क्षमता रखता है।

एक्शन प्लान

- हम पांच साल बाद कहां होंगे, यह इन तीन चीज़ों पर निर्भर करेगा कि हम कौन-सी किताब पढ़ते हैं, कौन से शो देखते हैं और हमारी संगत क्या है।

  उन तीन किताबों, तीन शोज और तीन लोगों को यहां पर बताएं, जिन्होनें आपकी ज़िन्दगी को और बेहतर किया है।

  1. किताबें ____________________
  2. शोज ____________________
  3. साथ ____________________

- अपने तीन नज़दीकी दोस्तों की एक सूची बनाएं और नीचे दिए गए सवाल पूछें। जब आपके पास जवाब आ जाएं तो सोचिये कि कैसे हर किसी ने आपकी ज़िन्दगी को प्रभावित किया है।

  1. क्या वे पॉज़िटिव् और निगेटिव हैं?
  2. क्या बुराई ढूंढते रहते हैं?
  3. क्या वे अहंकारी हैं?
  4. क्या वे संतुलित हैं?
  5. क्या वे आपके उत्साह (spirits) को नीचे खींचते हैं या आपको ऊपर उठाते हैं?
  6. क्या वे ईमानदारी के उसूलों पर अपनी ज़िन्दगी जीते हैं?

  पहला दोस्त____________________

  दूसरा दोस्त ____________________

  तीसरा दोस्त ____________________

  क्या आने वाले समय में आप उन्हें अपना दोस्त रखना चाहेंगे?

बाहर से विजेता होने
से पहले हमें अंदर से
विजयी होना चाहिए।

अध्याय 7

विजेता बने
Making of a Winner

विजेता हमेशा कुछ कर गुज़रते हैं, और हारने वाले कुछ होने का इंतजार करते हैं

अमेरिका के मशहूर फुटबॉल कोच विंस लोम्बार्डी ने एक बार कहा था '*जीतना कभी-कभार की चीज़ नहीं है और न ही हम सही काम कभी-कभार करने से सफल हो सकते हैं। जीतना एक आदत है। दुर्भाग्य से हारना भी एक आदत ही है। कुछ लोग हमेशा अपने दिमाग से खेलते हैं, मगर आपको अपने दिल से खेलना है। किसी भी फुटबॉल टीम को चलाना किसी संस्थान, फौज (Army), किसी राजनीतिक पार्टी या किसी व्यापार को चलाने से अलग नहीं है। नियम वही है। उद्देश्य है नियमों के दायरे में रहकर ईमानदारी से खेलना, मगर जीतने के लिए खेलना। मेरा यह साफ़ मानना है कि किसी भी आदमी के लिए सबसे अच्छा समय वह है जब वह किसी अच्छे कारण के लिए अपने पूरे दिल से खेलता है और युद्धभूमि में पसीने से लथपथ जब वह गिरे तो जीत के साथ गिरे।*'

जब भी आपके साथ कुछ गलत होता है, तो या तो वह आपको तोड़ देता है, आपकी हक़ीकत बता देता है या आपको मज़बूत कर देता है।

कौन कहता है कि विजेताओं के पास जीत आसानी से आती है? हर व्यक्ति के पास अपनी सच्ची शक्ति को पहचानने की क्षमता होती है। **हां, हम जीतने के लिए ही पैदा हुए हैं, मगर एक विजेता होने के लिए आपको एक पॉज़िटिव् एटीट्यूड के साथ संघर्ष करने की ज़रूरत है।**

एक विजेता कैसे बनता है

1. सेल्फ-एस्टीम (Self-esteem) अपने बारे में अहसास या महसूस करना

सेल्फ-एस्टीम क्या है? सेल्फ-एस्टीम का मतलब है हम अपने बारे में कैसा अहसास या महसूस करते हैं। हवा की तरह सेल्फ-एस्टीम भी हमारी ज़िन्दगी के लिए ज़रूरी है। यह व्यक्ति को सशक्त करती है और यह हमारे हर कदम में दिखाई पड़ती है। यह हमारी उस मनोस्थिति (psyche) की बुनियाद है, जिस पर हमारा व्यवहार टिका हुआ है। यह हमारे अंदरूनी मूल्य को स्वीकारना है।

हम अपने बारे में कैसा महसूस करते हैं, वह है - जब हम खुद के बारे में अच्छा महसूस करते हैं, सारी दुनिया अच्छी लगने लगती है, प्रोडक्टिविटी (productivity) बढ़ती है, और हमारे रिश्ते भी बहुत बेहतर हो जाते हैं, और इसका एकदम उलटा भी सच ही है।

सेल्फ-एस्टीम की बुनियाद खुद को स्वीकारने (self-acceptance) में है। इसका क्या मतलब है? इसका मतलब यह है कि मैं खुद को उसी तरह स्वीकारता हूं, जैसा मैं हूं। खुद को स्वीकारना किसी भी तरह का अहम् या घमंड नहीं है। खुद को स्वीकारने का मतलब यह नहीं होता कि मेरा तो यही तरीका है, और मैं ऐसे ही रहूंगा। अगर आप को पसंद नहीं है, यह आपकी समस्या है, यह कहने में हमारा घमंड झलकता है। सेल्फ-एस्टीम को सही रूप समझना ही विनम्रता का शिखर है।

यह नीचे दिए गए सिद्धांतों पर आधारित होती है-

1. मुझे यह नहीं पता है कि मैं इस संसार में कैसे आया - यह एक रहस्य है, मगर मैं यहां पर हूं और यहीं पर रहने वाला हूं।

2. मैं किसी भी तरह परफेक्ट (perfect) नहीं हूं।
3. **मैंने गलतियां की है, मैं गलती करता हूं, मैं अपनी गलती पर गर्व नहीं करता। मैं अपनी गलती पर सीखता हूं। मैं अपनी गलतियों के लिए क्षमा चाहता हूं। मैं अपनी गलतियां नहीं दोहराऊंगा। मैं अपनी गलतियों का एहसास करता हूं और शर्मिंदा हूं, मगर मैं अपने आप में एक गलती नहीं हूं।**

हम में से कोई भी परफेक्ट नहीं हैं। हम कुछ चीज़ों के साथ पैदा हुए हैं, जैसे हमारी लम्बाई, स्किन का रंग, हमारी शक्ल आदि, वे परफेक्ट नहीं हो सकते हैं। इनमें से कुछ हमारे बस से बाहर की चीज़ें होती हैं, जिसका मतलब है कि न तो हमने उन्हें बनाया और न ही हम उन्हें बदल सकते हैं। हो सकता है हम उन्हें कुछ हद तक सुधार तो सकते हैं, मगर हम उनसे दूर नहीं भाग सकते। ऐसे मामले में या तो हम उन चीज़ों से लड़ सकते हैं जिसे हम नहीं बदल सकते और अपनी ज़िन्दगी में तनाव ला सकते हैं या फिर हम उन्हें विनम्रता से अपनाकर अपनी पहचान बनाकर आगे बढ़ सकते हैं।

अपने आपको न स्वीकार करने की वजह से इंसान अपने लिए एक पहचान का संकट पैदा करता है। पहचान का संकट, सभी समस्याओं की शुरुआत है। जैसे ही हम अपने आप को स्वीकार करने लगते हैं, हम अपने अंदरूनी तनाव पर कंट्रोल हासिल करते हैं और खुद के साथ शांति से रहते हैं। हम सम्पूर्ण और मुकम्मल महसूस करते हैं। हमें इस दुनिया में किसी को भी कुछ भी साबित करने की ज़रूरत नहीं है। यह घमंड नहीं है, क्योंकि हम सीखने और सुधरने के लिए एकदम तैयार हैं। आत्म-स्वीकृति की वजह से हमारी अपनी पहचान है। हम बाहर से कोई सर्टिफिकेट नहीं चाहते हैं, क्योंकि हम अपनी पहचान से संतुष्ट हैं।

हमें अंदर से प्रेरित होना चाहिए न कि बाहर से

हमें अपनी अंतरात्मा की स्वीकृति से ताकत हासिल करनी चाहिए, बजाय बाहरी ताकत के। तो इसका मतलब क्या है? एक दिन अगर कोई एक अच्छे मिज़ाज (mood) में उठता है, मुझे फोन करता है

और कहता है, '*आप बहुत ही महान काम कर रहे हो, और आपको दोस्त के रूप में पाकर मैं बहुत ही गौरव महसूस करता हूं।'*

आपको यह सुनकर कैसा लगेगा? ज़ाहिर है, बहुत अच्छा।

अगले दिन वही आदमी एक ख़राब मूड में उठता है और वह मुझे फोन करता है, और कहता है '*दुष्ट आदमी, धोखेबाज – तुम इस शहर के सबसे बड़े बेईमान हो।'*

तो इससे मुझे कैसा लगेगा? मुझे बहुत ख़राब लगेगा।

इन उदाहरणों में मेरी जिदंगी कौन तय कर रहा है? ज़ाहिर है, कोई बाहरी आदमी। वह आदमी मेरी ज़िन्दगी को नियंत्रित कर रहा है। क्या मैं इसी तरीके से जीना चाहता हूं? ज़ाहिर सी बात है नहीं! मुझे गलत मत समझिये। जब वह कहता है, '*आप एक महान आदमी हैं*', इन शब्दों को सुनना अच्छा लगता है, लेकिन अगर वह आदमी यह नहीं कहता तो भी मैं अच्छा महसूस करता हूं, क्यों? क्योंकि मैं अपनी खुद की नज़रों में एक अच्छा इंसान हूं। अगले दिन जब वह मुझे गाली देता है, तो भी वह मेरा मनोबल तोड़ नहीं सकता क्योंकि मैं अपनी नज़र में अभी भी एक अच्छा इंसान हूं। **मैं अपनी पहचान बाहर के बजाय अपनी अंतरात्मा से हासिल कर रहा हूं।**

आत्म-स्वीकार्यता एक पहचान देती है!

दुनिया के सबसे महान कॉमेडियन (commidian) में से एक चार्ली चैपलिन एक यूरोपीय देश से होकर गुज़र रहे थे, जहां पर उन्होंने एक चार्ली-चैपलिन के दिखने जैसी प्रतियोगिता का विज्ञापन देखा। उत्सुकता में उन्होंने उसमें भाग लेने का फैसला किया। उस प्रतियोगिता में लगभग 500 लोगों ने भाग लिया। उन्हें बहुत हैरानी हुई जब वे सातवें स्थान पर आए। उन्होंने लिखा था '*हम एक ऐसे संसार में रहते हैं, जहां पर एक शोमैन (नकली) सफल होता है और एक असली आदमी फेल होता है। कुछ देर के लिए तो मैं भी कन्फ्यूज हो गया था कि आख़िर मैं असली चार्ली चैपलिन हूं, या मुझसे पहले जो छह आए वे असली चार्ली चैपलिन हैं। फिर मुझे अहसास हुआ कि बाकी छह मेरी शक्ल सूरत और मेरी एक्टिंग की नकल कर सकते हैं, मगर*

कोई भी मेरे दिमाग और एटीट्यूड को मैच नहीं कर सकता।' चार्ली चैपलिन का एटीट्यूड उनके सेल्फ-एस्टीम के साथ जुड़ा था, जो आत्म-स्वीकार्यता से आई थी और जिसने उन्हें पहचान दी थी।

वे फिर लिखते हैं, '*मैं अपनी ज़िन्दगी पर हंसा। मुझे अपनी हार पर ज़्यादा मज़ा आया, बजाय उनके जो जीते, क्योंकि मैं जानता हूं कि मैं ही असली चार्ली चैपलिन हूं।*'

जब व्यक्ति अपनी खुद की पहचान जान लेता है, समझ लेता है, तब उसे हारने से डर नहीं लगता। चार्ली चैपलिन को भी डर नहीं लगा क्योंकि उन्हें किसी को कुछ भी साबित नहीं करना था। वे आगे लिखते हैं, '*मेरी शक्ल-सूरत से कहीं हटकर मेरा दिमाग और मेरा एटीट्यूड है जो मुझे मेरी पहचान देता है।*'

वे अपनी पहचान जानते थे, तो इससे कुछ भी फर्क नहीं पड़ता कि कौन जीता। जो लोग खुद को स्वीकार करके जीते हैं, उनका सेल्फ-एस्टीम बहुत ही मज़बूत होता है, वे स्थिर और संतुलित (balanced) होते हैं। वे आत्मशांति का अनुभव करते हैं।

2. निरंतरता (Consistency)

आप जीतने या हारने को कैसे परिभाषित करते हैं?

एक सफल या विफल होना आसान है मगर इतना भी आसान नहीं। आसान का मतलब है उसे समझना और अमल में लाना, जबकि इतना भी आसान नहीं है कि उसका महत्व कम हो।

सफल होने का तरीका

कुछ पॉज़िटिव् कदमों को बार-बार दोहराने से हम सफलता हासिल करते हैं और रोज़ाना कुछ न कुछ गलतियां बार-बार दोहराते रहने से हम विफल होते हैं। यहां पर दो महत्वपूर्ण शब्द हैं - **दोहराना** या **बार-बार**। सही अभ्यास ही निपुणता की जननी होती है। हमें दोहराते रहने की इस असाधारण ताकत को जानना होगा। यही दोहराते रहने से ही हमारे जीवन का आकार बनता है।

जीतना और हारना कोई **घटनाएं** नहीं हैं बल्कि ये **प्रक्रियाएं** (Processes) हैं। वे **सफ़र** हैं, न कि **मंजिल**। वे रातों रात नहीं होती हैं।

कोई कभी-कभी सकारात्मक काम करके सफल नहीं होता। उदाहरण स्वरुप, कुछ मल्टीनेशनल कम्पनियों को देखें, उन्होंने ग्लोबल बड़ी कंपनी बनने से पहले निरंतर अनुशासन का पालन किया और एक बहुत ही छोटी और साधारण शुरुआत की थी। अगर हम मार्शल आर्ट के स्टूडेंट्स के सफ़र को देखें, तो एक व्हाईट बेल्ट से लेकर ब्लैक बेल्ट तक हम सीखते हैं कि यह उनके बरसों के लगातार अभ्यास का नतीजा है।

आत्म-अनुशासन और निरंतरता

इसी प्रकार कोई कभी-कभी गलती करने से विफल नहीं होता बल्कि बार-बार किसी गलती को दोहराने से निगेटिविटी घर कर जाती है और पहाड़ बन जाता है।

उदाहरण के लिए, हम हर समय सुनते हैं 'दिन में एक सेब खाने से डॉक्टर आपसे कोसों दूर रहता है।' अगर यह सच है तो समस्या क्या है? जो आसानी से दिखता है, आसानी से नज़रंदाज हो जाता है। यह ज़ाहिर है यह तो नहीं कहता, 'एक आइसक्रीम रोज़ खाने से डॉक्टर आपसे दूर रहेगा।' अगर हम इन दोनों को बदल भी देते हैं और हम सेब के बजाय एक आइसक्रीम खाने लगते हैं, तो हम यकीनन ही परेशानियों को बुलावा दे रहे हैं। जब हम पहली बार कोई गलत काम करते हैं और कोई नेगेटिव असर नहीं दिखाई देता तो हम यह कहते हुए सफाई पेश करते हैं '*देखो, मुझे तो कुछ नहीं हुआ।*' लेकिन अगर एक दिन नहीं हुआ, तो इसका मतलब यह नहीं कि इस बात में सच्चाई नहीं है कि 'दिन में एक सेब, डॉक्टर को आपसे कोसों दूर रखता है।' अब ज़रा सेब के बदले एक आइसक्रीम रोज़ खाने की आदत को कुछ दिन जारी रखिये। आपको क्या लगता है नतीजे क्या होंगे? आपकी कैलोरी (calorie) बढ़ जाएगी, आप मोटे हो सकते हैं और आप बीमारियों को भी बुलावा दे सकते हैं।

हम यह हमेशा से सुनते हैं कि 'सिर्फ़ तीस मिनट की कसरत हमें डॉक्टर से दूर रखती है।' फिर से यह कहना बहुत आसान है, मगर इसे अनदेखा करना और आसान है। यह तो नहीं कहा जाता कि तीन घंटे तक टीवी देखने से हम डॉक्टर को दूर रख सकते हैं।' अगर हम एक दिन कसरत नहीं करते हैं तो हम सफाई पेश करते हैं कि '*मैं तो बहुत ही अच्छी सेहत में हूं, और मुझे कुछ नहीं होगा!*' चूंकि मुझे उस दिन कुछ नहीं हुआ है तो इसका मतलब यह नहीं कि इस बात में सच्चाई नहीं है कि 'तीस मिनट की कसरत हमें डॉक्टर से बचा सकती है'। अगर हम यही गलती बार-बार करते हैं, तो क्या इसके बुरे नतीजों का पहाड़ नहीं बनेगा? आप इसके सेहत (health) और आर्थिक (financial) नुकसान का अंदाजा लगा सकते हैं।

नतीजे भुगतने के लिए तैयार रहें!

एक जेलीफिश (Jellyfish) कभी-कभी एक घोंघे (snail) को निगल जाती है। वह घोंघा अपने कड़े कवच के साथ जेलीफिश के अन्दर भी एकदम सुरक्षित और जिंदा रहता है। जिंदा रहने के लिए वह रोज़ थोड़ा-थोड़ा जेलीफिश को अंदर से खाता रहता है और तब तक बढ़ता रहता है जब तक वह पूरी जेलीफिश को नहीं खा लेता और जेलीफिश का अंत नहीं हो जाता। **जैसे जेलीफिश घोंघे को निगलकर खुद को नष्ट कर लेती है, वैसे ही एक निगेटिव एटीट्यूड हमें अन्दर तक तब तक खाता रहता है जब तक हम खुद ही नष्ट नहीं हो जाते।** सवाल यह है कि क्या जेलीफिश ने जानबूझकर अपना विनाश चुना था? शायद नहीं। उसने जान-बूझकर चुना था या नहीं इससे कोई फर्क नहीं पड़ता। नतीजा भुगतना ही होगा। क्या यही सिद्धांत हम सबकी ज़िन्दगी में लागू नहीं होता? जेलीफिश का नष्ट होना कोई घटना नहीं है बल्कि यह एक निरंतर प्रक्रिया है।

हमारे द्वारा किए गए लगातार गलत फैसले हमें सर्वनाश की तरफ़ लेकर जाते हैं। इससे कोई फर्क नहीं पड़ता कि क्या वे गलतियां सेहत, पैसे या रिश्तों को लेकर हैं, नुकसान तो होना ही है।

हर क्षेत्र में हमारा एटीट्यूड ही हमारे नतीजे का फैसला करता है। वे

लोग जो अपनी सेहत को लेकर बहुत लापरवाह होते हैं, वे बाकी क्षेत्रों में भी उतने ही लापरवाह होते हैं। लोग जो अपने रिश्तों को लेकर लापरवाह होते हैं, उनके रिश्ते हमेशा टूटते हैं। जो लोग अपने पैसे को लेकर लापरवाह होते हैं, उन्हें पैसे का नुकसान होता है। इसलिए एक अच्छा एटीट्यूड हमें ऊपर की तरफ़ ले जाता है तो वहीं एक बुरा एटीट्यूड हमें नीचे गिराता है।

'हमें फर्क पता होना चाहिए कि क्या लाभदायक (profitable) है और क्या आनंददायक (pleasureable) है।'

असलियत यह है कि ज़्यादातर लोगों को सही या गलत, अच्छा या बुरे में फर्क की जानकारी हैं। उदाहरण के लिए ये सभी जानते हैं कि नियमित रूप से कसरत करना सेहत के लिए बहुत अच्छा है, मगर कितने लोग यह करते हैं? ज़्यादा नहीं! आख़िर वे कसरत क्यों नहीं करते? क्योंकि रोज़ कसरत करने के लिए अनुशासन चाहिए, जो आनंददायक नहीं है।

हम इनके बीच विकल्प चुनते है:

- कसरत या बिस्तर
- पैसे बचाना या फिजूलखर्ची
- पौष्टिक भोजन या जंक फूड

ज़िन्दगी हमेशा ही अच्छे और बुरे, सही और गलत, धर्म और अधर्म के बीच एक फैसला है।

लगातार पॉज़िटिव् फैसलों को सफलता कहते हैं और लगातार निगेटिव फैसले लेते जाने को विफलता कहते हैं।

- अगर आप एक सेब रोज़ तीस दिनों तक नहीं खाते और फिर तीस सेब एक ही दिन में खा लेते हैं, तो क्या यह एक ही बात है? या क्या मैं वाकई एक दिन में तीस सेब खा सकता हूं? ज़ाहिर है नहीं!

- अगर मैं छह महीनों तक कसरत नहीं करता। क्या मैं छह महीनों की कसरत एक दिन में कर सकता हूं? अगर मैंने दस सालों तक अपने शरीर के साथ दुर्व्यवहार किया है तो क्या मैं दस दिनों में इसे ठीक कर सकता हूं? क्या सारे दुष्परिणामों को पलटना मुमकिन है? नहीं, कभी नहीं!

हमें यह भी अहसास है कि रोज़ एक चॉकलेट का टुकड़ा खाने से हम सैकड़ों गुना कैलोरी बढ़ा सकते हैं, और यह सेहत के लिए अच्छी है भी नहीं, हम फिर भी इसे खाते रहते हैं। क्यों? क्योंकि हमें इसमें आनंद आता है, हम इसका लुत्फ उठाते हैं। मज़ेदार बात तो यह है कि इसे खाने के बाद हम खुद पछताते भी हैं। हमें यह समझने की ज़रूरत है कि हर लाभदायक चीज़ हमें आनंद नहीं देती और हर आनंददायक चीज़ हमेशा लाभदायक नहीं होती।

सर्वनाश की विधि

मेरे एक लीडरशिप प्रोग्राम में तकरीबन सौ लोग आए थे। मैंने पूछा, '*आप में से जितने भी लोग यह सोचते हैं कि हर रोज़ कसरत करना हमारी सेहत के लिए ज़रूरी है, प्लीज़ वे सभी अपना दायां हाथ उठाएं।*' सभी ने अपने हाथ ऊपर उठाए। फिर मैंने पूछा, '*अब वे लोग अपना बायां हाथ उठाएं, जो लोग रोज़ कसरत करते हैं।*'

अंदाजा लगाइए, कितने हाथ ऊपर गए होंगे? सिर्फ़ दस!

यह सवाल पैदा करता है – लोग यह जानते हैं कि क्या करना है और क्या उनके लिए सबसे ज़्यादा फायदेमंद है, मगर फिर भी वे नहीं करते। यह किस चीज़ की कमी है? **यह है आत्म-अनुशासन और लगातार अभ्यास करने की।**

अगर हम रोज़ कसरत करेंगे जो हमें करनी चाहिए और जो हम कर सकते हैं, तो हम अच्छी सेहत को बुलावा देंगे। अगर हम कसरत नहीं करना चाहते हैं या ये कहते हैं कि मैं नहीं करूंगा, तो इसका मतलब है कि या तो हम लापरवाह हैं और हमारा एटीट्यूड ख़राब है। और अगर ये कहते हैं कि मैं नहीं करूंगा तो इसका मतलब है कि हम अड़ियल हैं। कुछ ही समय के बाद हमें यह पता चलेगा कि सेहत

के साथ की गयी यह लापरवाही हमारे लिए कितनी बड़ी मुसीबतें ला सकती है। जो किया जा सकता है उसे अनदेखा करना या उसकी उपेक्षा करना एक जानबूझकर उठाया गया गलत कदम है।

'कर सकता था' और करना चाहिए, मगर 'नहीं किया' या नहीं करूंगा, सर्वनाश लाता है। सफलता हासिल करने का निचोड़ यह है कि हमें अनुशासन को अपनाना होगा और कमियों को दूर करना होगा। हमारा एटीट्यूड ही यह तय करेगा कि हम लम्बी दूरी का सफ़र तय करेंगे या फिर गड्ढे में गिरेंगे।

ऊपर दिए गए उदाहरणों से यह साफ़ है कि ज़िन्दगी में हमेशा कुछ ऐसी बातें हैं जिन्हें किया जाना चाहिए और कुछ ऐसी होती हैं जिन्हें नहीं किया जाना चाहिए। ये सभी व्यवहार सभी पर लागू होते हैं और यूनिवर्सल होते हैं। इनके प्रभाव जमा होकर इकट्ठे हो जाते हैं।

एक विद्वान् ने एक बार कहा था, '*हमारे हर एक गलत कदम या हमारे द्वारा की गयी किसी भी गलती को पलटने के लिए या उसका असर कम करने के लिए सुधार के कम से कम बारह कदम उठाने की ज़रूरत होती है। कभी-कभी तो इन सुधारात्मक कदमों के बावजूद भी गलती सही नहीं हो पाती।*' क्या आप इनसे होने वाले बुरे प्रभावों का अंदाजा लगा सकते हैं?

3. आत्म-नियंत्रण (Self-Control)

आत्मनियंत्रण स्वाभिमान का निचोड़ है

आत्म-नियंत्रण से जुड़ी एक कहानी है। एक बार एक बदतमीज इंसान ने एक संत को बहुत गालियां दीं। वह संत एकदम शांत रहा और वह आराम से सुनता रहा। जब वह आदमी संत को गाली देना बंद कर चुका तो वहां से गुज़रते हुए एक आदमी ने उस संत से पूछा कि '*उस आदमी ने आपको इतनी गालियां दीं, मगर फिर भी आपने उसे कुछ नहीं कहा और अपना दिमाग शांत रखा?*' संत ने जवाब दिया, '*मान लीजिए आप किसी को कोई तोहफा देते हैं और वे उसे लेने से मना कर देता है, तो वह तोहफा किसका हुआ?*' उस आदमी

ने कहा, '*देने वाले का*' संत ने फिर बहुत शांति से कहा, '*मैंने यह तोहफा लेने से मना कर दिया है।*' अब गाली देने वाले को अहसास हुआ कि संत को गाली देने का मतलब था खुद को गाली देना। उस संत ने आत्म-नियंत्रण का कितना बड़ा उदाहरण दिया!

अस्थायी दुःख (temporary upset) की वजह से परमानेंट नुकसान करना बेवकूफी है।

आत्म-नियंत्रण के एक और उदाहरण को देखें। एक बार एक टीचर ने एक बच्चे से पूछा, '*दुनिया में सबसे ताकतवर इन्सान कौन है?*' उस बच्चे ने खूब टीवी देख रखा था, तो उसने बड़े मन से कहा, '*बैटमैन (batman)!*' टीचर ने फिर कहा, '*नहीं, कुछ और सोचो!*' बच्चे ने फिर से सोचा और कहा, '*स्पाइडरमैन (Spiderman)*!' फिर से टीचर ने कहा, '*नहीं, एक बार और सोचो!*' उस बच्चे को लगा इस बार तो वह गलत नहीं हो सकता तो उसने कहा, 'सुपरमैन *(Superman)*।' टीचर ने कहा, '*बेटा बस एक बार और!*' बच्चे ने हथियार डाल दिए और उसने टीचर से ही पूछा, '*आप ही मुझे दुनिया के सबसे ताकतवर आदमी का नाम क्यों नहीं बता देते?*' टीचर ने कहा, '*बेटा, दुनिया में सबसे ताकतवर वह इंसान है, जिसका अपने विचारों और भावनाओं पर नियंत्रण हो।*' दूसरे शब्दों में, जिसके पास आत्मनियंत्रण है, उसके पास सच्ची ताकत है।

संतुलन और स्थिरता को हासिल करने के लिए, व्यक्ति को अपनी ज़िन्दगी में आत्म-नियंत्रण का अभ्यास करने की ज़रूरत है। इसे रातोंरात नहीं हासिल किया जा सकता, मगर कोई भी व्यक्ति एक समय में एक कदम उठाकर अपने उद्देश्य को हासिल करने की दिशा में कदम बढ़ा सकता है।

गुस्से के समय में किया गया आत्म-नियंत्रण हमेशा ही ज़िन्दगी में दुःख और पछतावे से बचा सकता है।

आत्म-नियंत्रण निपुणता है और शांत रहना शक्ति। जितने कम हम बाहरी चीज़ों से प्रभावित होंगे उतना ही आप अपने नियंत्रण में और शांतिपूर्ण रहेंगे।

4. आत्म-अनुशासन (Self-Discipline)

सफलता के लिए सबसे ज़रूरी चीज़ है, आत्म-अनुशासन। **अनुशासन का सबसे बड़ा फायदा यह नहीं कि यह हमारे लिए क्या कर सकता है बल्कि यह हमें क्या बना सकता है।** हमें क्या मिलता है उससे ज़्यादा ज़रूरी है कि हम क्या बनते हैं। विफलता का एक बड़ा कारण है, अनुशासन का अभाव। अनुशासन वह बुनियाद है जिस पर हमारी जीत की पूरी इमारत बनती है।

ज़िन्दगी में सिर्फ़ दो ही तरह के दर्द होते हैं - अनुशासन का दर्द और पछतावे का दर्द। अंदाजा लगाइए कि इनमें से कौन-सा दर्द ज़्यादा दुखदाई है? ज़ाहिर है, पछतावे का दर्द। एक यूनिवर्सल सच यह है कि **अनुशासन पछतावे का इलाज है।**

आत्म-अनुशासन और आत्म-नियंत्रण एक विजयी कॉम्बिनेशन है।

आत्म-अनुशासन के बिना कोई कुछ भी हासिल नहीं कर सकता

दुनिया के सबसे महान प्रोफेशनल बॉक्सर में से एक मैनी पैक्वाओ ने बॉक्सिंग के ग्यारह मुख्य वर्ल्ड टाइटिल जीते। अपनी एक चैम्पियनशिप फाईट में जाने से पहले उन्होंने कहा था, '*मुझे भरोसा है कि मैं जीत सकता हूं। विश्वास मेरे जीतने की प्रेरणा है।*' आपको क्या लगता है कि इस न डिगने वाले भरोसे के पीछे क्या कारण रहा होगा? जीतने में उनके भरोसे को उनके कड़े कदम और निरंतर अभ्यास (practice)

ने सहारा दिया। उन्होंने कहा, '*अगर आप बहुत ही कड़ी प्रैक्टिस करते हैं तो आप हर लड़ाई जीत सकते हैं।*' आपको क्या लगता है कि वे अपने खानपान और प्रैक्टिस में अनुशासन के बिना जीत सकते थे? नहीं, कभी नहीं! बरसों तक अनुशासन के साथ किया गया अभ्यास ही आपको युद्ध जिताता है। पैक्वाओ ने एक बार कहा था, '*ज़िन्दगी चुनौती होने के लिए है, क्योंकि चुनौतियां ही हैं जो आपको आगे बढ़ाती हैं।*' अगर ज़िन्दगी है तो चुनौतियां होंगी ही। उन्होंने कहा था, '*सिर्फ़ मौत ही मुझे और मेरी बेल्ट (belt) को अलग कर सकती है।*'

हम चुनौतियों पर विजय हासिल कर निपुण होते हैं। चैम्पियन बॉक्सर अनुशासन के रास्ते ही खुद को शारीरिक और मानसिक रूप से मज़बूत करता है।

अनुशासन आज़ादी देता है

यह बहुत ही गलत धारणा है कि अनुशासन आज़ादी छीनता है। जबकि हक़ीकत है कि इसका विपरीत ही सच है, यह हक़ीकत में आज़ादी देता है। मैं अपने तीन या चार साल के बच्चे के लिए एक चॉकलेट (chocolate) का बड़ा डिब्बा ले जाता हूं, अगर उसे अच्छा लगे तो ऐसा हो सकता है कि वह एक ही बार में सारी चॉकलेट खाना चाहे, क्योंकि वह एक बच्चा ही है। अगर मैं अपने बच्चे को एक ही बार में सारी चॉकलेट खाने दूंगा तो क्या होगा? वह बीमार पड़ जाएगा। अगर हम बच्चे को अनुशासित करें और सिर्फ़ रोज़ दो या तीन ही चॉकलेट खाने दें, तो वह लम्बे समय तक उसका आनन्द उठाएगा और उसकी सेहत भी अच्छी रहेगी। अब क्या अनुशासन ने आज़ादी छीनी या दी? जवाब ज़ाहिर है – आज़ादी दी।

महान यूनानी दार्शनिक अरिस्टोटल ने बहुत ही आसान शब्दों में कहा था, '*अनुशासन से ही आज़ादी आती है।*'

अनुशासन के बिना इच्छा सिर्फ़ खोखला सपना है।

- क्या एक संगीतकार आत्म-अनुशासन के बिना एक अच्छा संगीतकार बन सकता है?
- क्या एक खिलाड़ी (athlete) बिना आत्म-अनुशासन के अच्छा एथलीट बन सकता है?
- क्या एक अच्छा डॉक्टर बिना आत्म-अनुशासन के एक अच्छा डॉक्टर बन सकता है?

जवाब हम सभी को पता है। सफल लोगों की जीवनियां पढ़कर हम पाते हैं कि उन्होंने अपने जीवन में जो भी ज़रूरी था उसे करने के लिए आत्म-अनुशासन का पालन किया। फिर चाहे उन्हें वह रास्ता पसंद था या नहीं। डिक्शनरी भी आत्म-अनुशासन को उस क्षमता के रूप में बताती है जो हमें रास्ते पर बनाए रख सके और सही काम करने के लिए नियंत्रित और प्रेरित कर सके।' आत्म-अनुशासन न होना ही विफलता का कारण है। आत्म-अनुशासन आसान नहीं है, मगर यह हमें रास्ते के लालचों को अनदेखा कर हमारे लक्ष्यों को हासिल करने में मदद करता है।

5. जुनून (Passion)

जुनून क्या है? जुनून एक मज़बूत भावना है - भावना एनर्जी है जो हमें खुद के लिए प्रतिबद्ध (commit) होने के लिए प्रेरित करती है। अगर हमें कुछ हासिल करना है, या ज़िन्दगी को पहचानना है तो हमें एक लक्ष्य पर ध्यान केन्द्रित करना होगा और उसे हासिल करने के लिए पूरी ताकत झोंकनी होगी। जो भी हम करते हैं, हमें उसे पूरे दिल से करना होगा। अगर हम उसे पूरे दिल से करते हैं, तभी यह नए अवसरों के रास्ते खोलेगा। लोग कहते हैं कि '*अगर मेरे पास बेहतर नौकरी होती तो मैं उसे पूरे जुनून से करता।*' यह एक तरह का भ्रम है। यही कारण है कि **लोग आधे दिन काम करते हैं और पूरे दिन की तनख्वाह लेते हैं।** इसमें कोई हैरानी की बात नहीं कि वे कहीं भी आगे नहीं जाते। किसी ऐसे इंसान को प्रेरित करना जिसमें कोई जुनून ही नहीं है, वह ऐसा है जैसे किसी मरे हुए को जिंदा करना। अपनी पूरी की पूरी ताकत उस गुब्बारे को फुलाने में लगाना, जिसमें पहले से ही एक छेद है। इससे कोई फर्क नहीं पड़ता कि उसे फुलाने में आप कितना

पसीना-पसीना होते हैं, वह फूलेगा नहीं। ***आप हवा भरते हैं, हवा निकल जाती है, फिर आप हवा भरते हैं, हवा निकल जाती है।***

जीतने वाले कोई अलग काम नहीं करते, वे हर काम अलग ढंग से करते हैं

कई साल पहले हाई जम्प का दुनिया का रिकॉर्ड 7 फीट चार इंच था। पोल वाल्ट (pole walt) नहीं बल्कि हाई जम्प माने ऊंची कूद का यह रिकॉर्ड था। अब सवाल यह है कि एक इंसान 7 फीट 4 इंच ऊंचा डंडा कैसे पार कर सकता है? यहां तक कि 4 फीट 7 इंच ही बहुत मुश्किल है। किसी ने चैम्पियन से पूछा, '*तुम 7 फीट 4 इंच का डंडा कैसे पार करते हो?*' उसने जवाब दिया, '*मैं अपना दिल उस डंडे से ऊपर फेंकता हूं और जिस्म अपने आप चला आता है।*' क्या जवाब था! क्या कोई संयोग था कि वह एक चैम्पियन बना? हक़ीकत में, अपने दिल में इतना जुनून लिए वह कैसे चैम्पियन नहीं हो सकता था?

एक मज़दूर, कारीगर और कलाकार में क्या फर्क है?

जो आदमी सिर्फ़ अपने हाथों से काम करता है उसे मज़दूर कहते हैं। '*जो आदमी सिर्फ़ अपने हाथों और अपने दिमाग से काम करता है उसे कारीगर कहते हैं। लेकिन जो आदमी अपने हाथ, दिमाग और दिल से काम करता है, उसे एक कलाकार कहते है।*' अगर हमें अपनी ज़िन्दगी में कुछ भी काम निपुणता से करना चाहते हैं तो जब तक हम हर चीज़ को एक कला का रूप नहीं देंगे हम निपुणता से नहीं कर पायेंगे। हम में एक कलाकार जैसा जुनून होना चाहिए।

एक विजेता का बनना

अंदरूनी कशमकश वह बदसूरत लड़ाई है जो हम अपने अंदर लड़ते हैं। जैसे ही हमें पता चलेगा कि इन लड़ाइयों का कारण बाहरी न होकर अंदरूनी है, तो हमें यह अहसास होता है कि इनको हम एक-एक कर मिटा सकते हैं।

हम सब दुनिया को बदलने की कोशिश करते हैं, लेकिन विजेता लगातार खुद को बदलते रहते हैं।

एक्शन प्लान

- उन तीन चीज़ों को लिखें जो आप अपने सेल्फ-एस्टीम को बढ़ाने के लिए करेंगे?

  1. ______________________
  2. ______________________
  3. ______________________

- उन तीन क्षेत्रों को लिखें जहां आपको और ज़्यादा हासिल करने के लिए आत्म-नियंत्रण का अभ्यास करने की ज़रूरत है?

  1. ______________________
  2. ______________________
  3. ______________________

अध्याय 8

आगे बढ़ते रहो
Keep It Up

**"जीतने वाले जीतते ही हैं,
चाहे कुछ भी हो!"**

सफलता की तरफ़ जाने वाली सड़क आसान नहीं है। यह बाधाओं और गड्ढ़ों से भरी हुई है। विजेता अपने दिमाग को लगातार सही काम करने के लिए ही तैयार करते हैं।

समस्या यह नहीं है कि हमें सही और गलत में फर्क नहीं मालूम, समस्या यह है कि जो सही है, उसे जीवन में कैसे उतारें।

दिमाग को तैयार (Condition) करना

एक टीचर ने दो स्टूडेंटस को बुलाया। दोनों ही दिशा खोज रहे थे - एक असभ्य था और दूसरा सभ्य। टीचर ने दोनों को दिशाएं बताई, सभ्य स्टूडेंट ने टीचर की बात को सुना, समझा और अपने टीचर की बात का आदर करते हुए उनके विचारों पर अमल किया। टीचर से असभ्य बच्चे ने कहा, '*मुझे कन्फ्यूजन नहीं है कि क्या सही है और क्या गलत। मैं जानता हूं कि सही क्या है, लेकिन मैं सही करने के लिए आकर्षित नहीं हूं। जबकि दूसरी तरफ़ मैं जानता हूं, कि क्या गलत है, मगर मैं इसके प्रति आकर्षण महसूस करता हूं। मेरी सबसे बड़ी समस्या यही है कि मुझे अच्छा करना पसंद*

नहीं है और मैं खुद को बुरा करने से रोक नहीं सकता। मेरी समस्या एकदम अलग है।'

तो असभ्य बच्चे को समस्या क्यों हो रही थी?

इस कहानी का निचोड़ क्या है?

कहानी का निचोड़ एकदम साफ़ है, दिमाग की कंडिशनिंग (conditioning) इच्छा शक्ति से कहीं महत्वपूर्ण है, इसलिए हमें सही काम करने के लिए कंडीशन होना चाहिए।

निगेटिव कंडिशनिंग के उदाहरण:

- एक डॉक्टर सिगरेट पीने के नुकसान जानते हुए भी खुद सिगरेट पीता है।
- एक पुलिस वाला जो शराब पीकर गाड़ी चलाता है, उसे सब कुछ जानकारी है और वह इसके नतीजों को भी समझता है, फिर भी वह शराब पी कर गाड़ी चलाता है।
- एक एथलीट जो ड्रग (drug) लेता है, उसे भी ड्रग लेने के नतीजों की जानकारी है, और उसे नुकसान के बारे में भी पता है, लेकिन फिर भी वह ड्रग लेता है।

साफ़ उद्देश्यों और लक्ष्यों वाले लोग अपनी मंजिल जानते हैं और उनके पास साफ़ दिशा होती है।

कमज़ोरियों पर जीत हासिल करना

कोई भी इंसान न तो पूरी तरह पॉज़िटिव् होता है और न ही पूरी तरह से निगेटिव। हम सभी में थोड़ी-थोड़ी ये दोनों चीज़ें होती हैं। अपनी विचार प्रक्रियाओं के माध्यम से जीतने वाले अपनी कमज़ोरियों को दूर करते हैं और वे अपनी ताकत को मज़बूत करते हैं जबकि हारने वाले अपनी ताकत पहचानते हैं, मगर वे अपनी कमज़ोरियों पर ही टिके रहते हैं। एक बड़ी कमज़ोरी को अगर हम काबू नहीं कर पाते हैं तो हमारी ताकत को वह बेकार कर देती है।

हमें पीछे कौन खींचता है?

वे ग्यारह गलतियां जो हमें जीवन में पीछे खींचती हैं-

1. **आप दूसरों को कुचलकर अपना निर्माण नहीं कर सकते** - अगर आप दूसरों को कुचलकर अपना निर्माण करते हैं तो आप भी उसी तरह कुचले जाएंगे। यह बहुत ही अदूरदर्शिता भरा कदम है जो खुद को बर्बाद करता है। शहर में सबसे ऊंची इमारत बनाने के दो ही तरीके हैं या तो एक मज़बूत बुनियाद बनाएं जिसके ऊपर सबसे ऊंची इमारत खड़ी कर दें या बाकी इमारतों को तोड़ दें तब आपकी ही इमारत बचेगी वही सबसे ऊंची इमारत रह जाएगी। लेकिन अगर आप दूसरों को कुचलते हैं, तो वे आपको चैन से जीने नहीं देगें। खुद को न उठाकर बस दूसरों को कुचलकर आगे बढ़ना सिद्धांतिक नहीं है बल्कि यह खुद का विनाश भी करने वाला कदम है।
2. **उन चीज़ों के बारे में चिंता करना, जिन्हें बदला नहीं जा सकता है** - चिंता करना दो दिनों को बर्बाद करने के समान है, आज और कल। कई चिंताएं सिर्फ़ काल्पनिक होती है जो सिर्फ़ समस्या के भ्रम को बताती हैं।
3. **चूंकि हम कुछ करने में असमर्थ हैं तो इसका मतलब यह नहीं कि यह असंभव है** - हम काम को नामुमकिन समझते हुए काल्पनिक बाधाएं बनाते हैं। कुछ चीज़ों को न करने की हमारी अक्षमता का मतलब यह नहीं है कि उन्हें किया नहीं जा सकता है। आपको जो कोई भी ये कहता है कि 'ये काम आप इसे नहीं कर सकते', वह इसलिए कह रहा है कि क्योंकि वह खुद नहीं कर पाया।
4. **बात का बतंगड़ बनाना** - हम छोटी-छोटी समस्याओं को बड़ा बनाकर अपनी ज़िन्दगी को बेकार चीज़ों में बर्बाद करते हैं। हमें इन छोटे-मोटे मुद्दों से ऊपर उठकर आगे बढ़ने की ज़रूरत होती है।
5. **आत्म-विकास को अनदेखा करना** - जिस तरह हमारे शरीर को रोज़ ही खाना खाने की ज़रूरत होती है उसी तरह से हमारे दिमाग को भी रोज़ ही पॉज़िटिव् विचारों की ज़रूरत होती है। आत्म-विकास या व्यक्तिगत विकास को अनदेखा कर हम अपने विनाश की तरफ़ बढ़ते हैं।

6. **दूसरों को अपने हिसाब से सोचने और ज़िन्दगी जीने के लिए मजबूर करना** - अपने विचारों को दूसरों पर थोपना, न मानने पर सजा देना और दूसरों को मजबूर करना आपकी तंगदिमागी और अहंकार को दर्शाता है। ऐसा व्यवहार असुरक्षा से पैदा होता है।
7. **झूठा श्रेय लेना** - दूसरों की कोशिशों को न मानना और उनके द्वारा किए गए कामों का झूठा श्रेय लेना स्वार्थ है और ईमानदारी की कमी दिखाता है।
8. **अपने फर्जों को अनदेखा करना** - उन कामों को करना जो आनंददायक हैं बजाए उनके जो ज़रूरी और महत्वपूर्ण हैं, यह ईमानदारी की कमी और गैर ज़िम्मेदार व्यवहार है।
9. **पक्षपात** - पक्षपात को अनदेखा करना तरक्की में बाधा है। यह आपके व्यक्तित्व को दर्शाता है - पक्षपात निजी स्वार्थ से भरा होता है।
10. **ज़िम्मेदारी से भागना** - ज़िम्मेदारी से भागना, दूसरों पर आरोप लगाना और बहानों के पीछे छिपना गैर ज़िम्मेदार लोगों का व्यवहार है।
11. **जबरदस्ती हथियाना जो आपका नहीं है** - दूसरों की परवाह किए बिना उन चीज़ों को हथियाना जो आपकी है ही नहीं, क्रूरता है।

ये कई गलतियों में से सिर्फ़ ग्यारह गलतियां हैं। इन गलतियों को पहचानने का उद्देश्य है - इन्हें बताना और इनसे सीखना और फिर उन्हें हटाना। कौन कहता है कि बुद्धि उम्र के साथ आती है?

बुद्धि सिर्फ़ पिछली गलतियों को जानने और उनसे सीखने से आती है। कुछ लोगों की सिर्फ़ उम्र बढ़ती है मगर वे कभी सीखते नहीं हैं।

खुद को ऊंचा उठने की चुनौती दें

यह कहा जाता है कि प्रोफेसर अब्राहम मासलो अपने स्टूडेंट्स को नीचे दिए गए सवाल पूछकर चुनौती दिया करते थे। जैसे-

1. आप में से कौन अगली किताब लिखने जा रहा है?
2. कौन डॉ. अल्बर्ट श्वेतजर जैसा बनने जा रहा है?

इन सवालों को सुनकर स्टूडेंट्स या तो हंसने लगते थे या फिर शरमा जाते थे। तभी डॉ. मासलो फिर अपना सवाल एक बार पूछते थे और क्लियर करते थे कि आख़िर उनका मतलब क्या है? वे फिर पूछते थे, *'अगर आप नहीं तो कौन?'*

क्या हमें यह सवाल खुद से नहीं पूछना चाहिए?

- अगर हम नहीं तो कौन?
- अगर अभी नहीं तो फिर कब?
- अगर यहां नहीं तो कहां?

उपलब्धि छोटी-छोटी बातों में निपुणता (एक्सीलेंस) का अभ्यास करने से हासिल होती है।

हमें छोटी और ज़रूरी तथा बेकार और तुच्छ चीज़ों के बीच अंतर करना होगा।

छोटी और ज़रूरी

मैं एक अरबपति को जानता हूं, जिसके पास बहुत दौलत है। एक दिन जब वह अपनी फैक्ट्री से होकर गुज़र रहा था तो उसने फर्श पर पड़े हुए कुछ फालतू कागज देखे। वह उन्हें उठाने के लिए रुका। उसे किसी ने इन कागजों को उठाने के लिए तो नहीं कहा था लेकिन उसने खुद यह किया। उसके व्यवहार को देखें। उसके इस व्यवहार से उसके स्टॉफ को क्या सन्देश मिला? छोटी-छोटी बातें भी बहुत ज़रूरी होती हैं। उन्होंने लीडरशिप का उदाहरण देखा, उनके इस एक्शन ने सबको छोटी-छोटी बातों पर ध्यान देने के लिए प्रेरित किया।

याद रखें, **छोटी-छोटी बातें हमेशा ही छोटी नहीं होती हैं।**

- **अच्छे से अच्छे सिपाहियों और आधुनिक (latest) हथियारों के साथ कोई फौज जंग नहीं जीत सकती है अगर उसके पैरों में जूते नहीं हैं।**

- **छोटे-से-छोटा छेद जहाज को डुबो देता है।**
- **छोटी-सी चिंगारी पूरे जंगल को जला देती है।**

क्या आपको किसी हाथी ने कभी काटा है? शायद नहीं! क्या आपको किसी मच्छर ने काटा है? जवाब हम सभी को पता है कि हम सभी को कभी न कभी मच्छर ने काटा है। छोटी-छोटी चीज़ें बड़े-बड़े फर्क लाती हैं। अगर ये सभी इतना फर्क ला सकती हैं, तो वे छोटी कैसे हुईं? क्या विरोधाभास है!

सबसे महत्वपूर्ण चीज़ को आप अनदेखा नहीं कर सकते हैं, चाहे कितनी भी छोटी क्यों न हो। हमें **छोटी और महत्वपूर्ण** तथा **बेकार और तुच्छ** चीज़ों के बीच फर्क करना चाहिए।

एक बार हमारे ऑफिस के एक कंप्यूटर में एक यू पी एस काम नहीं कर रहा था तो हमने संबंधित व्यक्ति से कहा कि उसे सही कर दे। लेकिन समस्या को सुलझाने और यू पी एस को ठीक करने के बजाय उसने कंप्यूटर को सीधे ही पावर के साथ कनेक्ट कर दिया। उसने अपनी ज़िम्मेदारी से यह कहते हुए पल्ला झाड़ लिया कि '*यह कोई बड़ी बात नहीं है, यह बहुत ही छोटी बात है।*' सवाल यह है कि यह कब बड़ी चीज़ बनता है? जब कंप्यूटर किसी वोल्टेज फ्लक्चुएशन (voltage flactuation) के कारण जलता है और जब हमारा ज़रूरी डेटा गायब हो जाता है? क्या एक्सीडेंट होने से पहले आपको बताकर आता है? और अगर एक्सीडेंट होता है तो उसके नुकसान के बारे में सोचकर देखें।

क्या हम उसका इंतजार कर रहे हैं? यह कितनी छोटी सोच है? यह कैसा बेपरवाह एटीट्यूड है!

यहां पर कुछ सवाल खड़े होते हैं-

- अगर कोई नुकसान होता है तो कौन ज़िम्मेदार होता?
- पैसे और प्रोडक्टिविटी का नुकसान कौन भरेगा?
- क्या ऐसी गैर ज़िम्मेदार स्थिति में सिर्फ़ माफी से काम चलेगा?

ऑफिस में वह आदमी जिसको **बेकार और तुच्छ** समझ रहा था वह **बहुत छोटी और महत्वपूर्ण** थी।

ये स्थितियां ज़्यादातार ऑफिस में होती है, छोटी-मोटी मगर ज़रूरी बातों को नकारना सिर्फ़ लापरवाही है और ऐसा करना मुसीबत को बुलावा देना है।

सही काम को सही करना पहली बार हर बार कहीं आसान है, बजाय सफाई देने और पश्चाताप करने के। ईमानदार लोग इस सिद्धांत के साथ जीते हैं कि '***मरम्मत और पछतावे के बजाए तैयारी और बचाव ज़्यादा ज़रूरी है।***'

बेकार और तुच्छ

कुछ लोग बातों का बतंगड़ बनाते हैं। हमें यह देखने की ज़रूरत है कि क्या देखना है और क्या अनदेखा करना है। हम उन बेकार चीज़ों में इतना उलझ जाते हैं कि अंत में हम उन्हें सम्भाल ही नहीं पाते और भावनात्मक रूप से डिस्टर्ब हो जाते हैं। ऐसा इसलिए होता है क्योंकि हम सक्रिय (proactive) न होकर सिर्फ़ निष्क्रिय (reactive) हो जाते हैं, मतलब हम पहले से कोई कदम न उठाकर सिर्फ़ हालातों का जवाब देते हैं। कभी-कभी आप लोगों को गैर ज़िम्मेदार व्यवहार करता हुआ भी पाते हैं। इसका आम उदाहरण है कि लोग मिलने का अपोइन्टमेंट लेते हैं मगर कई बार न तो समय पर आते हैं और न ही वे फोन करके बताते हैं। अक्सर छोटी-छोटी ऐसी चीज़ें होती हैं, जो हमें परेशान करती हैं, उन्हें खुद को रास्ते से भटकने का कारण न बनने दें।

तितलियों को बंदूकों से मारने की कोशिश न करें। कुत्ते भौंकते रहते हैं, मगर कारवां चलता रहता है। हमें हर छोटी-मोटी चीज़ से खुद को परेशान नहीं करना चाहिए। छोटी चीज़ों को छोटा ही रखें। हम छोटी-मोटी असुविधाओं जैसे सेटबैक या रुकावटों से खुद को तो परेशान नहीं कर सकते।

ज़िन्दगी में छोटे-मोटे झटके लगते ही रहते हैं। अगर आप उन्हें अपनी ज़िन्दगी में ज़रूरत से ज़्यादा महत्व देंगे तो वे न सिर्फ़ आपके तनाव को बढ़ाएंगे बल्कि आपकी ज़िन्दगी भी छोटी करेंगे - वे न सिर्फ़ आपकी परेशानी बढ़ाएंगे बल्कि स्थिरता को भी कम करेंगे। हर इन्सान को हमेशा ही इनके लिए गुंजाइश छोड़नी चाहिए।

जब हम समस्या और असुविधा के बीच फर्क करना सीख जाते हैं, तो हम छोटी और महत्वपूर्ण तथा बेकार और तुच्छ जैसी चीज़ों के बीच फर्क समझ जाते हैं।

खुद के द्वारा लगाई गयी सीमाओं से उभरना

जब हम अपनी सीमाओं में बंध जाते है तो ऊपर नहीं उठ पाते। ज़्यादातर रिकॉर्ड उन्हीं लोगों ने बनाए हैं जिन्हें अपनी सीमाओं की जानकारी नहीं थी। **जब हम खुद पर यह सीमा लगा देते हैं कि हम क्या कर सकते हैं, तो हम यह भी सीमा बना लेते हैं कि हम क्या करेंगे।** प्रकृति में कई ऐसे उदाहरण हैं, जो इस विचार को सही साबित करते हैं। वैज्ञानिकों के अनुसार भंवरे का शरीर बहुत ही भारी होता है और उसके उड़ने का दायरा (wingspan) उड़ने के लिए बहुत ही छोटे - वैज्ञानिक रूप से वह नहीं उड़ सकता लेकिन भंवरा यह नहीं जानता और आराम से उड़ता रहता है।

जब हमें अपनी सीमाओं की जानकारी नहीं होती, तो हम बाहर निकल कर कुछ असाधारण करते हैं और फिर आश्चर्य होता है कि क्या कुछ सीमाएं भी थीं? खैर दुनिया में कुछ ऐसे लोग हैं, जो किसी न किसी कमी के साथ पैदा हुए, जो उनकी सीमाएं तय कर सकता था। फिर भी उन्होंने अपनी सीमाओं से आगे बढ़कर काम किया और नई ऊंचाइयां हासिल करके इतिहास बनाया। यह कहना आसान है, करना मुश्किल, मगर फिर भी यह किया गया है और किया जा सकता है। स्टीव वंडर अंधे पैदा हुए थे, मगर उन्हें अपने समय का सबसे महान गायक बनने से कोई नहीं रोक पाया। इंसान के सामने सिर्फ़ वही सीमाएं हैं, जो उसने खुद के लिए बनाई हैं। खुद के द्वारा लगाई गयी सीमाएं आत्म-सम्मान के साथ जुड़ी हुई हैं। जितना कम अपनी नज़र में आपका मूल्य होगा, उतनी ही कम आप खुद की अपेक्षाएं तय करेंगे।

खुद के द्वारा लगाई सीमाएं कई चीज़ों का नतीजा हो सकती हैं जैसे गलत शिक्षा, हमारी गलत संगत आदि। मानसिक सीमा भी भविष्य में

हमें कई काम करने से रोक सकती हैं। खुद में भरोसा रखना और अपने लिए ऊंचे लक्ष्य तय करना हमें खुद के द्वारा तय की गई कई सीमाओं को तोड़ने में मदद करेगा।

जिन्होनें ऊंची उपलब्धियां हासिल कीं, उन्होंने हम लोगों से कहीं ज़्यादा मुसीबतों और समस्याओं का सामना किया जो हम ज़िन्दगी में सोच नहीं सकते।

- एपल कम्पनी के फाउंडर स्टीव जॉब्स एक कॉलेज ड्रापआउट (collage dropout) थे और फिर भी उन्होंने इतिहास रचा।
- माइक्रोसॉफ्ट के सह-संस्थापक बिल गेट्स भी एक कॉलेज ड्रापआउट थे और फिर भी उन्होंने इतिहास रचा।
- महान भौतिक विज्ञानी अलबर्ट आइन्स्टीन को डिस्लेक्सिया (dyslexia) था लेकिन फिर भी उन्होंने इतिहास रचा।
- महान पेंटर लियोनार्डो द विन्सी को भी डिस्लेक्सिया था लेकिन फिर भी उन्होंने इतिहास रचा।
- माइकल फेल्प्स, एक अमरीकी चैम्पियन स्विमर, जिसका ओलम्पिक से पहले हाथ फैक्चर हो गया था, उन्होंने भी इतिहास रचा। उसने कहा था, '*अगर तुम बड़े से बड़ा सपना देख सकते हो, तो कुछ भी मुमकिन है।*'

अच्छे और महान के बीच में यही फर्क हैं कि आप छोटे और महत्वपूर्ण को कितना ध्यान देते हैं!

एक्शन प्लान

- 0 से 10 के बीच खुद की और खुद के व्यक्तित्व की रेटिंग करें। 5 से नीचे कुछ भी ख़राब है और जो यह बताएगा आपको काफ़ी सुधार की ज़रूरत है।

    1. क्या आप उन लोगों की मदद करते हैं, जो आपसे कम भाग्यशाली हैं? [1 | 2 | 3 | 4 | 5 | 6 | 7 | 8 | 9 | 10]
    2. आप कितनी बार अपने कर्तव्यों को अनदेखा करते हैं? [1 | 2 | 3 | 4 | 5 | 6 | 7 | 8 | 9 | 10]
    3. क्या आप पक्षपात करते हैं? [1 | 2 | 3 | 4 | 5 | 6 | 7 | 8 | 9 | 10]
    4. क्या आप उन लोगों को श्रेय देते हैं जो हकदार हैं? [1 | 2 | 3 | 4 | 5 | 6 | 7 | 8 | 9 | 10]

- ऊपर दिए गए जवाबों के आधार पर तीन कदमों के बारे में अपनी प्रतिबद्धता बताएं, जो आप आने वाले 31 दिनों में करने जा रहे हैं।

    1. ______________________________
    2. ______________________________
    3. ______________________________

अध्याय 9

मूल्यांकन बदलता है, मूल्य नहीं
Valuations Change, Values Don't

" सिर्फ़ बहुमत हासिल करने से सही गलत और गलत सही नहीं हो जाता। "

एक बार किसी एकाउटेंट (accountant) को ज़्यादा पैसे वाला कांट्रेक्ट मिल रहा था, जिसने उसे उलझन में डाल दिया। हालांकि यह गैर कानूनी नहीं था लेकिन सिद्धांत पर टिक नहीं रहा था। इस कांट्रेक्ट (contract) ने उसे सोच में डाल दिया तो उसने अपने क्लाइंट (client) से एक दिन सोचने का समय मांगा। उस दिन जब वह घर गया तो उसने अपनी मां को उन शर्तों के बारे में बताया और कहा कि इसमें बहुत ही बड़ी रकम जुड़ी हुई है। उसकी मां दो घंटे तक अपने बेटे की पूरी बात सुनती रही और फिर उसने कहा कि '*बेटा जो भी तुमने मुझसे कहा वह मुझे कुछ भी समझ में नहीं आया, आख़िरी फैसला तुम्हारा है। मैं बस यही कह सकती हूं, कि हर सुबह जब मैं तुम्हारे कमरे में आती हूं तो मैं तुम्हें हमेशा ही गहरी नींद सोया पाती हूं और तुम्हें जगाने में बहुत मुश्किल होती है। मैं कभी वह दिन नहीं देखना चाहूंगी कि जब मैं आऊं और तुम मुझे जागते हुए मिलो।*' इन शब्दों के साथ ही उसकी मां कमरे से चली गयी। मां के जाने के बाद उस एकाउटेंट ने अपनी मां की कही बात को दोबारा से सोचा। कुछ ही समय के बाद, वह अपनी मां के पास गया और कहा, '*मां, मुझे जवाब मिल गया।*'

मूल्य हमारी ज़िन्दगी के लिए ज़रूरी हैं, वे हमारे चरित्र में ताकत देते हैं। मूल्य वे सिद्धांत हैं जो हमारे कर्मों का मार्गदर्शन करते हैं। पॉज़िटिव् मूल्यों का नतीजा होता है – पॉज़िटिव् व्यवहार, जिसके पॉज़िटिव् नतीजे मिलते हैं। ये सभी एक पॉज़िटिव् समाज का निर्माण करते हैं। निगेटिव विशेषताएं जैसे धोखा, बेईमानी, और स्वार्थ का नतीजा निगेटिव व्यवहार होता, जिससे हमें निगेटिव नतीजे मिलते हैं।

मूल्यवान चीज़ें आती-जाती हैं, मगर मूल्य नहीं

सभी मूल्यवान चीज़ों जैसे स्टॉक, बांड्स, रियल एस्टेट, कमोडिटी आदि का मूल्य समय के साथ बदलता रहता है, कुछ तो घंटों के हिसाब से ही बदल जाते हैं। सदियों के तजुर्बे से कुछ मूल्य उभर कर आए हैं, जो बुनियादी रूप से रास्ता दिखाते हैं कि क्या करें और क्या न करें। दोस्तों जब भी हम मूल्यों की बात करते हैं, तो हम **यूनिवर्सल और एटरनल** (सर्वव्यापी और शाश्वत) मूल्यों की बात करते हैं जो समय या कैलेण्डर के साथ नहीं बदलते।

यूनिवर्सल का मतलब है 'वे हर देश, धर्म और संस्कृति में एक समान रूप से अपनी जगह बनाए रखते हैं।'

एटरनल का मतलब है कि 'ये हमारे आने से पहले थे, और हमारे जाने के बाद भी रहेंगे।' सिद्धांत कोई नए नहीं हैं, लेकिन कई बार हमें उन्हें दोहराते रहने की ज़रूरत है।

बेंचमार्क/ मापदंड

विज्ञान में हम सिद्धांतों और नियमों को देखते हैं। हम किसी भी व्यापार या व्यवसाय में क्यों न हो, जब तक हमारे पास साफ़ गुणवत्ता मापदंड और बेंचमार्क (Quality standard and Benchmark) नहीं है, हम कैसे उन्हें हासिल कर सकते हैं? इसी प्रकार, जब तक हमारे पास मूल्य और नैतिकताओं के यूनिवर्सल बेंचमार्क नहीं हैं, तो हम उनकी पूर्ति कैसे कर सकते हैं? सवाल यह है कि हम कैसे उन **यूनिवर्सल बेंचमार्क** को तय

कर सकते हैं? मैंने एक कहानी सुनी थी, जो इन्हें स्पष्ट करती है -

एक बार एक बुज़ुर्ग महिला बस का इंतजार कर रही थी और उसके हाथ में राशन के दो बड़े-बड़े थैले थे। उसके एकदम पीछे एक बड़ा लड़का खड़ा था, जो खुद भी बस का इंतजार कर रहा था। बस आई और वे दोनों उसमें चढ़े। वह बस पूरी की पूरी भरी हुई थी, मगर कुछ दूरी पर एक सीट खाली थी तो बुज़ुर्ग महिला धीरे-धीरे उस सीट की तरफ़ जाने लगी, तभी वह लड़का आया और उसने उस महिला को जोर से धकेलते हुए एक बड़ा कदम लेकर सीट पर बैठ गया। वह बुज़ुर्ग महिला बस में बेबस होकर गिर पड़ी। राशन से भरा उसका थैला एकदम फैल गया। उस बस में बहुत सारे लोग थे। एक ऊंचे तबके की औरत ने सोचा, '*वह लड़का कितना असभ्य था।*' वह लड़के को सभ्यता के नज़रिए से देख रही थी। वहीं बस में एक वकील था, उसने सोचा '*इस तरह के व्यवहार के लिए एक ज़रूर एक कानून होगा।*' तो वहीं बस में एक सर्जन था, उसने सोचा '*इस औरत की एक या दो पसलियां तो ज़रूर टूट ही गयी होंगी।*' वहीं चौथा आदमी बस में एक मनोवैज्ञानिक था, उसने सोचा '*यह लड़का दिमाग से अस्थिर है, और इसे मानसिक मदद चाहिए।*' वह मनोवैज्ञानिक नज़रिए से देख रहा था। ये चारों लोग अलग-अलग तरीकों से सोच रहे थे - सभ्यता, कानूनी, सर्जिकल और मानसिक।

उनमें से किसी ने भी यह नहीं पूछा कि 'क्या इस तरह का व्यवहार सही था या गलत?' हम ये सवाल क्यों नहीं पूछते? क्योंकि जैसे ही हम यह सवाल पूछते हैं, हम निर्णायक (judgemental) बन जाते हैं। अगर हमारे सिद्धांत सही है, तो जजमेंटल होने में क्या हर्ज है?

इस कहानी से दो सवाल पैदा होते हैं -

एक - क्या उस लड़के को उस महिला के साथ इस तरह का व्यवहार करना चाहिए था? नहीं!

दो - क्या किसी को भी किसी के साथ ऐसा व्यवहार करना चाहिए? जवाब है नहीं!

अगर दोनों ही सवालों के जवाब नहीं में हैं, तो हमें यूनिवर्सल मापदंड

मिल गए। यही सिद्धांत ज़िन्दगी के हर क्षेत्र में लागू होते है। तो इसमें भ्रम कहां पर है? मूल्यों को स्पष्ट करना मुश्किल नहीं है, बस मुश्किल है उनका सामना करना और यही कारण है कि हम स्पष्ट नहीं करना चाहते।

क्या आप जानते हैं कि दुनिया का हर डॉक्टर जो डॉक्टरी पास करता है उसे एक सेवा की शपथ लेनी होती है, जो लगभग दो हज़ार साल पुरानी है, जिसे हिपोक्रेटिक ओथ (oath of hipocratic) कहा जाता है। यह शपथ कितनी लम्बी है? सिर्फ़ एक पन्ने की। अगर हम उस शपथ को पढ़ते हैं तो क्या हमें किसी और मूल्य की ज़रूरत होगी?

हर वकील व्यवहार के उसूलों (code-of-conduct) की शपथ लेता है। यह शपथ कितनी लम्बी है? सिर्फ़ एक या दो पन्ने की। अगर हम उस शपथ को लेते हैं, तो क्या उसके अलावा हमें किसी और मूल्य की ज़रूरत होगी?

व्यक्तिगत मूल्य

लोगों के पास व्यक्तिगत मूल्य होते हैं और फिर वे दावा करते हैं, कि जजमेंटल होना बुरा है। वे कहते हैं, '*मैं यह तय करने वाला कौन होता हूं?*'

वह कहते हैं – क्या हर चीज़ के दो पहलू नहीं होते हैं? जो एक के लिए सही होता है वह दूसरे के लिए गलत हो सकता है। ऊपर दिए गए बहानों में बेपरवाही और उपेक्षा की झलक है, न कि निष्पक्षता की। निष्पक्ष रहना मेरे हिसाब से ईमानदारी की कमी है। कोई हमसे पूछता है कि झूठ बोलने, चोरी करने और धोखा देने के बुरे नतीजे क्या हैं? हम क्या जवाब देंगे? क्या हम इसका फायदा या नुकसान मापते हैं? उसूलों को नज़रअंदाज करते हुए क्या हम सबसे फायदेमंद चीज़ चुनते हैं?

बिलकुल नहीं! यदि हम ऐसा करते हैं, और यही हमारी ज़िन्दगी के मूल्य हैं तो हम यह कैसे उम्मीद करते हैं कि आने वाली पीढ़ी कुछ बेहतर जानेगी? सच तो ये है कि व्यक्ति को उपेक्षा और बेपरवाही के खोल से बाहर आना ही होगा।

> ***अगर आप अन्याय की स्थिति को जानते हुए भी निष्पक्ष रहते हो, तो आप शोषक का साथ देना चुनते हैं। अगर आप एक हाथी को चूहे पर पांव रखते हुए देख रहे हो और फिर आप कहते हो कि आप एकदम निष्पक्ष हो तो चूहे को आपकी निष्पक्षता स्वीकार नहीं होगी।***
>
> – डेसमंड टूटू

मूल्यों के मुद्दे पर, अगर एक इंसान एकदम निष्पक्ष रहता है तो यह सरासर कायरता है। अगर कुछ सिद्धांतों में एकदम सफाई नहीं है तो बहुतों में है भी। उन साफ़ क्षेत्रों को पहचानने के लिए हमें कुछ मापदंड बनाने चाहिए।

जैसे मौसम के हिसाब से सच नहीं बदल जाता, वैसे अनदेखा करने से तथ्य गायब नहीं हो जाते। यही अच्छे मूल्यों के साथ भी होता है। सफलता-विफलता आती-जाती रहती हैं, मगर मूल्य टिके रहते हैं। आज के मूल्य कहते हैं, 'सब कुछ चलता है। ज़रूरी नहीं कि जो मेरे लिए सही है वह आपके लिए भी सही हो।' अगर मूल्य व्यक्तिगत हैं और वे लोगों और परिस्थितियों के हिसाब से बदलते रहते हैं, तो इसका मतलब है कि हमारे मूल्य हैं ही नहीं!

यूनिवर्सल और एटरनल मूल्य व्यक्तिगत नहीं हैं

बोस्टन कॉलेज में प्रोफेसर पीटर क्रीफ्त ने अपनी किताब *मेकिंग च्वाइसेस* में लिखा है कि 'आम सोच के विपरीत कुछ मान्यताएं होती ही हैं।' उस बिंदु को स्पष्ट करने के लिए उन्होंने अपनी क्लास को कहा, '*मेरी क्लास में सभी लड़कियां फेल हैं।*' एकदम से सभी ने विरोध किया और कहा '*यह उचित नहीं है।*' उन्होंनें कहा, '*उचित और अनुचित को कौन परिभाषित करता है।*' अब पूरी की पूरी क्लास ही भ्रमित हो गयी।

अगर सही और उचित व्यक्तिगत है, तो कोई यूनिवर्सल मूल्य हो ही नहीं सकता। इस मामले में स्टूडेंट्स के पास टीचर पर अपने विचार लादने का कोई अधिकार नहीं और न ही टीचर अपने विचार स्टूडेंट्स पर थोप सकता है। यदि न्याय और निष्पक्षता की कोई परिभाषा है, तो टीचर यकीनन ही गलत है। यूनिवर्सल ऑब्जेक्टिव मूल्य के अभाव में, स्टूडेंट टीचर के नियम के खिलाफ़ सिर्फ़ विरोध ही कर सकते, क्योंकि उनके व्यक्तिगत स्टैण्डर्ड टीचर के व्यक्तिगत स्टैण्डर्ड से एकदम अलग हैं। इस उदाहरण में, सवाल नियम को पसंद या नापसंद करने का नहीं है, बल्कि उचित और सही का है। उचित मूल्य व्यक्तिगत मंशा से परे इटरनल या शाश्वत रहते हैं। वे सभी के लिए एक समान होते है। हत्या, बलात्कार, अत्याचार और शोषण को अपराध कौन बनाता है? असलियत यह है कि वह यूनिवर्सल मूल्यों - निष्पक्षता और न्याय के यूनिवर्सल मापदंड में विफल रहे।

गिरे हुए मूल्यों का पैसे से समाधान नहीं किया जा सकता।

आज के समय में लोग थोड़े फायदे के लिए और छोटे-मोटे हितों के लिए मूल्यों को छोड़ने से नहीं हिचकते। इसलिए वे मूल्यों के खिलाफ़ भी काम करने के लिए तैयार हैं। ऐसा लगता है जैसे कई सी ई ओ (CEO) जो बहुत दबाव में होते हैं, वे कम समय के फायदे के लिए मूल्यों को आसानी के साथ समझौता कर लेते हैं।

मैकडोनाल्ड चेन के फाउंडर रे क्रोक ने मूल्यों का एक सुन्दर उदाहरण दिया है।

यह कहा जाता है कि एक बार रे क्रोक अपनी एक फ्रैंचाइज में गए और उन्होंने फर्श पर एक मरी हुई मक्खी देखी। इसके बाद उन्होंने तुरंत ही वह फ्रैंचाइज कैंसल कर दी - वजह एक मरी हुई मक्खी।[1]

[1] http://ffbsccn.wordpress.com/2010/06/20/ray-kroc-and-the-parable-of-the-dead-fly-a-lesson-too-late-for-bp%E2%80%99s-tony-hayward-to-now-learn/

इस एक्शन का मैं यही निचोड़ निकालूंगा कि रे क्रोक के अनकहे शब्द हैं, '*पूरी दुनिया में मैकडोनाल्ड में लोग इसलिए आते हैं क्योंकि उन्हें भरोसा है कि यहां पर अच्छा और साफ़ खाना मिलेगा, अगर इस फ्रैंचाइज का मालिक इन मूल्यों पर ख़रा नहीं उतरता, तो वह मैकडोनाल्ड का नाम लेने के लायक ही नहीं है।*' दूसरे शब्दों में वह कहते हैं, '*मुझे अपने नाम को हटा लेने दो, फिर देखो उसके रेस्टोरेंट में कितने लोग आते हैं।*'

> ***अगर आप ज़िन्दगी में किसी को कोई भी चीज़ उधार देना चाहते हैं तो अपना पैसा बेशक दे दें, मगर अपना नाम कभी नहीं। क्योंकि पैसा दोबारा हासिल किया जा सकता है लेकिन नाम दोबारा हासिल करना बहुत मुश्किल है।***

ऊपर दिए गए उदाहरण से सन्देश एकदम साफ़ है कि गुणवत्ता और मूल्यों में कोई समझौता नहीं हो सकता है। रे ने भरोसा कमाया है और उस पर भरोसा किया जाता है, क्योंकि वह मूल्यों पर दृढ़ता से कायम है। दुर्भाग्य से आज कई लोगों के पास उसी की कमी है जो रे क्रोक के पास थी और वह है - मूल्य और सिद्धांत।

मूल्य, मूल्यवान चीज़ों से कहीं ज़्यादा महत्त्वपूर्ण हैं।

एक्शन प्लान

- उन तीन मूल्यों की पहचान करें, जिनके साथ जीना चाहते हैं:

  1. ____________________
  2. ____________________
  3. ____________________

- उन तीन घटनाओं के बारे में सोचें जहां आपने मूल्यों से समझौता किया? बताइए आने वाले समय में आप उन्हीं हालातों का कैसे सामना करेंगे?

  1. ____________________
  2. ____________________
  3. ____________________

- उन तीन प्रतिबद्धताओं को बताएं जहां आप मूल्यों को जीवन में उतारेंगे।

  1. ____________________
  2. ____________________
  3. ____________________

अध्याय 10

चरित्र चुनें
Choose Character

एक बार एक टीचर ने एक स्टूडेंट से पूछा, '*कोई भी देश कैसे बर्बाद होता है?*' स्टूडेंट ने जवाब दिया, '*जब भी कोई दुश्मन बाहर से आकर बम फेंकता है।*' टीचर ने कहा, '*नहीं, एक बार और सोचो।*' स्टूडेंट ने कहा, '*जब बाहर से आकर कोई दुश्मन हम पर मिसाइल से हमला करता है।*' टीचर ने कहा, '*नहीं एक बार फिर सोचो।*' स्टूडेंट ने कहा, '*मैं अब हार मानता हूं सर।*' टीचर ने कहा, '*बम और मिसाइल तो विनाश के हिंसक तरीके हैं, मगर देश को नष्ट करने का एक बहुत आसान तरीका है। बेईमानी को ज़िन्दगी का तरीका बना दें, भ्रष्टाचार और धोखाधड़ी को कानूनी कपड़े पहना दें। जब हम अपने स्टूडेंट्स को बेईमानी करने देते हैं, तो वे भ्रष्ट हो जाते हैं।*'

ऐसे सिस्टम में नीचे दिए गए उदाहरण तब हक़ीकत बन जाते हैं -

1. भ्रष्ट डॉक्टर के हाथों में एक बीमार आदमी शिकार बनता है, मरीज नहीं।
2. भ्रष्ट इंजीनियर के हाथों से बनी इमारत गिर जाती है।
3. भ्रष्ट जजों के हाथों से सिर्फ़ फैसले मिलते हैं, न्याय नहीं।
4. भ्रष्ट विद्वानों के हाथों में धर्म बिकता है।
5. भ्रष्ट पुलिस अधिकारियों के हाथों में अपराधी पनपते हैं, फलते-फूलते हैं।
6. भ्रष्ट राजनेताओं के हाथों में देश बर्बाद होता है और बिक जाता है।

चरित्र निर्माण की सबसे बड़ी दुश्मन है, भ्रष्ट शिक्षा प्रणाली - **जब राष्ट्र का चरित्र भ्रष्ट हो जाता है, तो देश अपने आप बर्बाद हो जाता है।**

एक पुरानी कहावत है, **'जब पैसा खो जाता है तो कुछ भी नहीं जाता, मगर जब सेहत जाती है तो कुछ चला जाता है, मगर जब चरित्र जाता है तो सब कुछ चला जाता है।'**

चरित्र की मज़बूती ही सभी उपलब्धियों की बुनियाद है।

चरित्र निर्माण चरित्र कोई तोहफा नहीं है। यह एक उपलब्धि है। इसे कड़ी मेहनत से हासिल किया जाता है। एक बार एक महिला अपने पांच साल के बच्चे को स्कूल में दाखिला (admission) के लिए लेकर गयी। उसने प्रिंसिपल से पूछा, '*मेरे बेटे के चरित्र का निर्माण करने का सबसे सही समय क्या है?*' प्रिंसिपल ने पूछा, '*आपके बेटे की उम्र क्या है?*' उसने कहा, '*पांच साल।*' प्रिंसिपल ने कहा, '*माफ करना महोदया, आप पहले ही पांच साल लेट हैं।*'

चरित्रवान लोग मूल्य और नैतिक मूल्यों के आधार पर अपनी ज़िन्दगी जीते हैं। वे सही और गलत के बीच अंतर करने के लिए अपने अंदरूनी मूल्यों पर भरोसा करते हैं। मूल्यों के प्रति उनकी स्पष्टता उनकी ज़िन्दगी के सभी पहलुओं में उनके फैसलों में दिखाई देती है।

चरित्र आत्म-सम्मान बनाता है, जो बदले में आपका सेल्फ-एस्टीम ऊंचा करता है। चरित्र कई विशेषताओं से मिलकर बना है - जैसे ईमानदारी, सच्चाई, चेतनता, वफादारी, मानसिक शक्ति, साहस (Integrity, honesty, ethics, conscience, loyalty, mental strength, grit, courage) और भी कई विशेषताएं।

चरित्र को बनाए रखना उसे खोकर दोबारा हासिल करने से कहीं आसान है।

चरित्र भरोसे की तरह होता है, एक बार टूटने पर बहुत मुश्किल से दोबारा बनता है।

यह विश्वसनीयता की तरह होता है - जैसे ही आपने एक बार इसे खोया, तो उसे दोबारा हासिल करना बहुत ही मुश्किल है।

इंसान अपनी विश्वसनीयता एक बार खोने पर वापस हासिल करने की कोशिश कर सकता है लेकिन वह भी आसान नहीं है। चरित्र एक बार गया तो वह फिर हमेशा के लिए चला गया।

चरित्र - कुदरती या निर्माण

चरित्र कुछ ऐसा नहीं है, जिसके साथ हम पैदा हुए हैं, यह सीखा हुआ व्यवहार है। चरित्र हमारे मूल्यों पर आधारित होता है। हमारे मूल्य तब हमारी मदद के लिए आते हैं, जब हमें इस दुनिया की असलियत का सामना करना होता है।

ज़िन्दगी एक नैतिक और आध्यात्मिक सफ़र है। एक मज़बूत चरित्र का निर्माण करने के लिए हमारे दिल और दिमाग दोनों को पूरी ट्रेनिंग की ज़रूरत होती है। यह उम्मीद करना बेवकूफी है कि हमें इत्तेफाक से कुछ ऐसा मिल जाएगा जिसकी वजह से हम अपने मूल्यों पर टिके रहेंगे। एक अच्छा और मज़बूत चरित्र अनुशासन के साथ लगातार अच्छे व्यवहार के अभ्यास का नतीजा होता है।

जब हम खुद को एक अपरिचित ज़मीन पर पाते हैं, तो यह हमारा चरित्र ही है जो हमें अपनी और दूसरे लोगों की शक्ति और कमज़ोरी को पहचानने में मदद करता है। यह हमें सही गलत की पहचान करने का ज्ञान देता है और हमें यह बताता है कि किस पर ध्यान दिया जाए और किसे अनदेखा किया जाए, कब लड़ा जाए और कब उसे अनदेखा करके आगे बढ़ा जाए, कब सलाह ली जाए और कब अपने खुद के फैसले लिए जाएं।

चरित्र आदर्शों पर भरोसा करने से बनता है।
- रिचर्ड बाख

भ्रम - विपत्ति (Adversity) चरित्र बनाती है

हम अक्सर सुनते हैं कि विपत्ति चरित्र बनाती है। इस वाक्य में बहुत ही कम सच्चाई है। विपत्ति चरित्र को बनाने से ज़्यादा इसे दर्शाती है। एक खिलाड़ी (athlete) कम्पीटीशन के समय तैयारी नहीं करता, वह उस समय सिर्फ़ अपनी तैयारी दिखाता है। वह अभ्यास करता रहता है और अपनी पूरी ज़िन्दगी तैयारी करता है और अपने लिए एक भंडार बना लेता है। जब वह कम्पीटीशन में भाग लेता है तो वह अपने भंडार का इस्तेमाल करता है और अपनी तैयारी को दिखाता है।

चरित्र सिर्फ़ विपत्ति के समय ही नहीं बनता, यह इंसान की पूरी ज़िन्दगी में बनता रहता है। जब भी कोई विपत्ति आती है तो हमारे पास चरित्र का भंडार होगा तभी हम विपत्ति पर जीत हासिल कर पाएंगे नहीं तो विपत्ति हम पर जीत हासिल कर लेगी। एक जनरल युद्ध के टाइम पर तैयारी नहीं करता, बल्कि वह तो सारी ज़िन्दगी तैयारी करता रहता है। तैयारी हमेशा ही शांतिकाल में की जाती है।

चरित्र हमें उन लालचों से भी बचाता है जो हमें रास्ते से डिगाते हैं। चरित्र को इस रूप में दिखाया जा सकता है कि एक इंसान तब क्या करेगा और क्या नहीं, जब वह जानता है कि वह पकड़ा नहीं जाएगा।

चरित्र का निर्माण रातों-रात नहीं होता।

इसमें समय, काफ़ी मदद और प्रयास लगता है। यह आसान नहीं है, मगर इसके नतीजे अनमोल हैं। किसी भी अच्छे समाज में लम्बे समय के लिए मूल्य सिर्फ़ तभी बने रह सकते हैं, जब वहां प्रभावी चरित्र शिक्षा मूल्य लागू हों। **चरित्र के तीन मुख्य स्तम्भ हैं - ईमानदारी, आदर, और ज़िम्मेदारी।** ये बुनियादी मूल्य हैं। बुनियादी मूल्य ज़िन्दगी जीने के सिद्धांत हैं - वे वह बुनियाद है जिस पर हर तरह का व्यवहार टिका रहता है और जिसके परिणामस्वरूप हमें नतीजे मिलते हैं। इसके कुछ उदाहरण हैं-

ईमानदारी: एक ईमानदार इंसान की ज़िन्दगी हमेशा ही सच्चाई और वफादारी पर टिकी होती है। वह हमेशा ही सच बोलेगा। वह जो कहता

है वह करता है और उसके अन्दर शुद्धता होती है। इसका नतीजा होता है कि लोग उस पर भरोसा करते हैं और उसकी विश्वसनीयता बढ़ती है। यह उसूल हर जगह पर लागू होता है।

आदरः एक व्यक्ति जो आदर के सिद्धांत के साथ जीता है, खुद का आदर करता है, दूसरों का आदर करता है और पर्यावरण का आदर करता है आदि। आदर के साथ समानुभूति का भाव पैदा होता है। इसके नतीजे यह होते हैं कि वह एक अच्छा इंसान होता है और वह समाज के लिए एक पूंजी बन जाता है। उसके साथ जीना आसान होगा और उसके रिश्ते भी बेहतर होंगे।

ज़िम्मेदारीः ज़िम्मेदारी के साथ जिन्दा रहने वाला इंसान, अपनी प्रतिबद्धता को पूरा करता है। वह भरोसेमंद बन जाता है। इसका नतीजा यह होता है कि आप उस पर भरोसा कर सकते हैं।

इन मूल मूल्यों और सिद्धांतों के साथ जिंदा रहने वाला कोई भी इंसान वह मज़बूत खम्भा बन जाता है जिस पर रिश्ते टिकते हैं और यह आपको सुरक्षित बनाता है। अगर आपको कोई रिश्ता सुरक्षित नहीं बना रहा तो आख़िर ऐसे रिश्ते का फायदा क्या है? यह एकदम खोखला है!

चरित्र चुनें

हमारी ज़िन्दगी का एटीट्यूड और सिद्धांत, सोच और भावनाओं में इस हद तक मिल जाते हैं कि वे हमारा विश्वास बन जाते हैं। हम जानवर नहीं जिनमें सिर्फ़ चेतना ही होती है, हम इंसान हैं जो अपने विचार चुन सकते हैं और अपना चरित्र बना सकते हैं। हर दिन आचरण-व्यवहार के ऊंचे स्तर तक पहुंचने के लिए अपने जीवन को देख सकते हैं, समीक्षा कर सकते हैं और बेहतर कर सकते हैं। चरित्र हमारे विचारों और भावनाओं से मिलकर बना होता है, जो हमारे कर्मों में बदलता है।

अगर हम तजुर्बे से किसी इंसान का चरित्र पहचान पाते हैं तो हम यह पहले बता सकते हैं कि यह इंसान अलग हालातों में किस तरह का व्यवहार करेगा। जितनी काबलियत से हम दूसरे के चरित्र को परख लेंगे उतना ही हमारे लिए यह फैसला करना आसान हो जाएगा कि

हम पर्सनली, प्रोफेशनली और सामाजिक रूप से कैसे लोगों के साथ संगत रखना चाहते हैं। पर्सनली से मेरा मतलब है वे लोग जिनके साथ हम लोग रिश्ते बनाना चाहते हैं, जिनमें शादी करना भी शामिल है। प्रोफेशनली से मेरा मतलब है कि हम जिन लोगों के साथ काम करना चाहते हैं, और सामाजिक से मेरा मतलब है कि हम जिन लोगों को अपना नेता चुनना चाहते हैं।

मैं ऐसे किसी भी इन्सान को नहीं जानता हूं जिसमें नैतिक कमियां न हों। हम सभी में हैं। ऐसा कोई इंसान नहीं है जिसने जाने-अनजाने कोई गलत काम कभी भी न किया हो। क्या ऐसी कोई एक गलती या बुराई उस इन्सान को हमेशा के लिए असम्माननीय बना दे सकती है?

कई लोग जाने-अनजाने में कुछ गलत कदम उठा लेते हैं। यह कमज़ोरी होती तो कुछ ही लम्हों की, मगर इसके नतीजे स्थाई होते हैं। सिर्फ़ पहली गलती ही मुश्किल होती है, उसके बाद गलती आसान हो जाती है और एक आदत-सी बन जाती है फिर हम सफाई पेश करने लगते हैं। इसलिए आदर्शों को हासिल करने के लिए निरंतर कोशिश होती रहनी चाहिए। हम आदर्शों या उसूलों के जितना नज़दीक होंगे हम उतने ही सम्माननीय होते जाएंगे।

नैतिक मूल्यों का पालन करने वाली कम्पनियों ने समय-समय पर नीतिगत और परोपकारी मूल्यों को दिखाया है, जैसे-

1. *रीडर्स डाइजेस्ट* ने सिगरेट के विज्ञापन को तुरंत ही हटा दिया था, जैसे ही डॉक्टर्स ने यह चेतावनी दी कि सिगरेट पीने से कैंसर होता है। *रीडर्स डाइजेस्ट* को लाखों रुपए का घाटा हुआ, मगर वे अपने पाठकों की सेहत को लेकर फिक्रमंद थे और समर्पित थे।
2. यूएस स्टील के फाउंडर एंड्रू कार्नेजी ने 1900 में अपने रिटायरमेंट में अपने आधे बिलियन डॉलर स्कूल, कॉलेज और यूनिवर्सिटी की इमारतें बनाने के लिए दान कर दिया था। उन्होंने शिक्षा को समर्थन देने के लिए और स्टूडेंट्स के उज्जवल भविष्य के लिए दान दिया।

> ***ईमानदारी का इम्तिहान लालच के सामने होता है, तब तक यह सिर्फ़ एक अनुमान है।***

मैं एक फाइव स्टार होटल 'द ललित' में रुका हुआ था, जो इंटरकॉन्टिनेंटल मुम्बई से एक समय में जुड़ा हुआ था। मेरे कमरे के अंदर, बेड के बगल में एक साइड टेबल थी। इस पर एक डिजिटल घड़ी थी, जो देखने में सुन्दर थी, मुझे लगा कि यह पचास-सौ रुपये की ही रही होगी। घड़ी के बगल में ही एक बड़ा-सा साइन था, जिस पर लिखा था यह घड़ी होटल की संपत्ति है। मुझे बहुत ही हैरानी हुई कि आख़िर उन्हें यह लिखने की ज़रूरत क्यों पड़ी होगी।

मैंने यह सवाल अपने पार्टिसिपेंट्स (प्रतिभागी) से पूछा। मुझे हर तरह के जवाब मिले और असली बात पर कोई भी नहीं आया। फिर एक आदमी उठा उसने कहा कि लोग चुरा लेते हैं। अब सवाल यह है कि जो आदमी वहां रह रहा है वह एक रात के 15-20 हज़ार रुपये दे रहा है क्या वह गरीब है? '*वे शायद करोड़पति, अरबपति, खरबपति हो सकते हैं। वे शायद होटल को ही खरीद सकते हैं लेकिन फिर भी होटलों से क्रोकरी, कटलेरी या तौलिये चुरा ले जाते हैं। वे इस घड़ी जैसी चीज़ों को भी उठाकर ले जाने से परहेज नहीं करते, जिसकी कीमत कुछ ही रुपये है।*' कई लोग तो अपने परिवार के सामने बहुत गर्व से कहते हैं कि '*मैं हर होटल की निशानियां इकट्ठा कर रहा हूं।*' वे अपने आप को बहुत चतुर समझते हैं जिनको शायद जेल में होना चाहिए। वे आख़िर किस तरह के रोल मॉडल हैं? ये लोग समाज में किस तरह का ज़हर फैला रहे हैं?

अनैतिक व्यवहार के लिए सफाई

हमने अक्सर लोगों को यह कहते हुए सुना है कि '*जब तक यह कानूनी है, तब तक क्या फर्क पड़ता है? या हमें व्यापारिक फैसले लेने हैं, नैतिकता नहीं करनी।*' लोग यह कहते सफाई (justify) पेश करते हैं, '*मैं दूसरों की तुलना में तो अच्छा ही हूं। जहां पूरी सभ्यता*

ही बेईमानी की हो तो कभी-कभी झूठ बोलने वालों को तो ईमानदार कहा जाता है लेकिन यह सच्चाई नहीं है।'

किसी भी व्यक्ति के अनैतिक व्यवहार की सफाई और कुछ नहीं बल्कि एटीट्यूड दर्शाती है। इसे सही ठहराकर व्यक्ति अपने गलत आचरण को एक सही आचरण दिखाने की कोशिश करता है और अपनी ज़िम्मेदारी टाल देता है।

यह कहा जाता है कि मैं बुनियादी (basically) तौर से तो ईमानदार हूं, मगर जब खतरा कम हो और मुनाफ़ा ज़बरदस्त तो ऐसे हालात में कभी-कभी झूठ बोलना मुनासिब है।

सवाल यह है कि क्या यह सही है?

सच्चा चरित्र

कुछ लोगों में चरित्र की कमी उनकी मूल पहचान बन जाती है, जैसे एक गधा हमेशा एक गधा ही रहता है, गधे की ज़िन्दगी जीता है और वह गधे के रूप में ही मर जाता है।

एक गधा, एक गधा ही है, इससे कोई फर्क नहीं पड़ता कि वह पीठ पर क्या ढो रहा है।

- सोने को अपनी पीठ पर ढोने वाला गधा एक सोने का गधा तो नहीं बन जाता।
- इसी तरह से अपनी पीठ पर डिप्लोमा और सर्टिफिकेट ढोने वाला गधा एक पढ़ा-लिखा गधा तो नहीं हो जाता।
- एक धार्मिक स्थान के चारों ओर चक्कर लगाने वाला और अपनी पीठ पर धार्मिक किताबें ले जाने वाला गधा कभी आध्यात्मिक गधा नहीं बन जाता।

वॉरेन बफे ने कहा था, '*मैं जितने अरबपतियों को जानता हूं, जो अरबपति होने से पहले गधे थे, वे अरबपति बनने के बाद भी गधे ही रहे।'*

हताश समय क्यों आज के समय में भरोसा और ईमानदारी मुख्य विषय बन गए हैं? हम एक हताश समय में जी रहे हैं – हमें हर क्षेत्र में बहुत ही जल्दी चरित्रवान लोग चाहिए क्योंकि ऐसे लोगों की बहुत कमी है। हमें ऐसे लोग चाहिए जो खरीदे नहीं जा सकते या वे आकर्षक ऑफर के लिए अपनी अंतरआत्मा नहीं बेचते।

- वे लोग जो अपनी जुबान पर अडिग रहते है उनकी कथनी और करनी में अंतर नहीं होता।
- वे लोग जो चरित्र को पैसे से ऊपर रखते हैं, जिनकी ईमनादारी को दुनिया की कोई भी दौलत नहीं खरीद सकती।
- वे लोग जो गलत के साथ कभी समझौता नहीं करते, जिसकी अपेक्षाएं उन्हें स्वार्थ की तरफ़ नहीं धकेलती, वह गलत काम को यह कहकर सफाई नहीं देते कि 'सभी तो कर रहे हैं'।
- वे लोग जो यह नहीं मानते कि सफलता के लिए धोखा और छल ज़रूरी हैं।
- वे लोग जिनके अन्दर उस समय न कहने की हिम्मत हो, जब पूरी दुनिया हां कह रही है।
- वे लोग जो स्वार्थ के बजाय रिश्तों को ज़्यादा अहमियत देते हैं और जिनका व्यवहार गरीबी या अमीरी के साथ नहीं बदलता है।

दूसरे शब्दों में, हमें वे लोग चाहिए, **जिनमें चरित्र की ताकत हो।**

विजेता चरित्र की शक्ति का निर्माण करते हैं।

एक्शन प्लान

- अपने जीवन को परखें। वे कौन से तीन तरीके हैं, जिन पर आप अपना चरित्र का और ज़्यादा निर्माण कर सकते हैं?

    1. ______________________________
    2. ______________________________
    3. ______________________________

अध्याय 11

ईमानदारी - जीने का एक तरीका

Integrity—A Way of Life

"ईमानदारी में एक व्यक्तिगत नैतिक कोड का पालन करना होता है, चाहे नतीजा कुछ भी हो।"

ईमानदारी का मतलब यह हुआ कि हम भ्रष्ट नहीं हैं और हम शुद्ध हैं। ईमानदार लोग बहुरूपिये नहीं होते, उनके काम और शब्द एक से होते हैं। जब हमारी तबियत ख़राब होती है तो हम अस्पताल जाते हैं, तो डॉक्टर्स के पास यह तो असहमति हो सकती है कि हमें क्या बीमारी है मगर वे एक बात पर एकदम सहमत होते हैं कि एक स्वस्थ शरीर को कैसा दिखना चाहिए। डॉक्टर हमें एक अंग के बिना तो भेज सकता है, मगर वह हमें कभी भी एक फालतू व एक्स्ट्रा अंग के साथ कभी नहीं भेज सकता।

ईमानदारी महत्वपूर्ण है। यह हमारी ज़िन्दगी के हर क्षेत्र को प्रभावित करती है। यह हमारे सभी रिश्तों को प्रभावित करती है। हमारे दोस्त इसलिए हमारे दोस्त हैं क्योंकि हम एक–दूसरे पर भरोसा करते हैं। वे हमारे दोस्त नहीं रह जाते जब भरोसा नहीं रहता। जैसे ही ईमानदारी चली जाती है, वैसे ही भरोसा चला जाता है।

मूल्य अनमोल हैं ईमानदारी पैसे से बिकाऊ नहीं है।

हमारे एक प्रोग्राम में दाखिला (client enrolled) लिया, जिसने हमें

लगभग 79,000 रुपये देने थे। गलती से हमारे खाते में एक करोड़ दस लाख रुपए (लगभग 300000 डॉलर) जमा हो गए। हमारे एकाउंटेट ने सुबह इस गलती को देखा, बैलेंस को देखने के बाद वह मेरे पास आया और कहा '*हम अमीर हो गए।*' मैंने पूछा, '*कैसे?*' उसने कहा, '*हमारे एक क्लाइंट ने हमें गलती से एक करोड़ दस लाख रुपए भेजे हैं। मैंने खातों को दोबारा चेक किया और मुझे इसमें कोई भी गलती नज़र नहीं आ रही है। यह उन्हीं के तरफ़ की गलती है।*' उसने मुझसे पूछा कि इस पैसे का क्या करना चाहिए? वह मुझसे क्यों पूछ रहा है, क्या वह नहीं जानता था कि इस पैसे का क्या करना है? वह मेरी ईमानदारी का इम्तिहान ले रहा था।

मैंने उससे पूछा, '*आपको मालूम है मैं बहुत ट्रेवल करता हूं, अगर मैं यहां नहीं होता और आपका मुझसे संपर्क नहीं हो पाता तो आप क्या करते?*' अब इस सवाल से मैं उसकी ईमानदारी का इम्तिहान ले रहा था। उसने कहा, '*मैं पहले अपना अकाउंट दुबारा चेक करता और यह सुनिश्चित करता कि कहीं गलती हमारी तरफ़ से तो नहीं है, नहीं तो यह बड़ी समस्या बन जाती। फिर क्लाइंट को सूचित करता और फिर बैंक से अनुरोध करता कि वह पैसा वापस किया जाए।*' हमने मस्कट में अपने क्लाइंट को सूचित किया, जो भारत से ढाई घंटे के समय से पीछे है और जब उन्होंने यह सुना तो वहां पर अफरातफरी मच गयी। हमारे पास बेचैनी और घबराहट के कॉल आने लगे। हमारे बिजनेस हेड ने उनसे पूछा, '*आख़िर आप इतना घबराए हुए क्यों हैं? हम ही ने तो आपको बताया, नहीं तो आपको तो इस बारे में पता ही नहीं था, और दूसरी बात, हमें हमारे बैंक को लिखित में निर्देश देने के लिए कुछ समय तो चाहिए ही।*' जब उनका पैसा उन्हें मिल गया तो हमने उनसे पूछा, '*आख़िर आपको इतनी घबराहट क्यों हो रही थी?*' उन्होंने कहा, '*दुनिया के इस कोने में कानूनी प्रणाली काम नहीं करती है, हक़ीकत में कुछ भी काम नहीं करता है। हमें चिंता थी, कि क्या हमें कभी अपना पैसा वापस मिलेगा। अगर मिलेगा तो कब मिलेगा? आप इसे सालों तक अपने पास रोक सकते थे क्योंकि कानूनी व्यवस्था (system) काम नहीं करता, और हम कुछ ख़ास नहीं कर सकते थे। रकम बहुत ज़्यादा थी, इस वजह से परेशानी भी ज़्यादा थी।*' हमने

उन्हें बताया कि हमारे सब प्रोग्राम ईमानदारी पर आधारित हैं, और जो हम सिखाते हैं वह अपने ऑफिस में प्रैक्टिस में लाते हैं। हमने एक चीज़ सीखी है - ईमानदारी रकम से नहीं बदलती है। अगर ईमानदारी रकम से बिक जाती है तो इसका मतलब यह है कि हम में ईमानदारी है ही नहीं, हमारे बिकने की कीमत अलग है। यह नकली ईमानदारी है, जो ऊंची बोली पर बिकाऊ हो जाती है। जबकि दूसरी तरफ़ हमारे बिजनेस हेड ने उन्हें बताया कि हम कभी-कभी बेवकूफ तो हो सकते हैं, मगर बेईमान नहीं। हमें उनसे एक जवाब मिला -

> हम यह बताना चाहते हैं कि हमें हमारा वह पैसा वापस मिल गया है, जो हमारी ही गलती से आपके खाते में चला गया था और मि. शिव खेडा की पूरी टीम का इतने तेज़ एक्शन के लिए शुक्रिया।
>
> हम एक बार फिर से आपकी तेज़ कार्यवाही के लिए शुक्रिया कहना चाहेंगे।
>
> धन्यवाद,
>
> शेखर सुब्रमण्यम
> मैनेजर - फाइनेंस एंड सिस्टम
> अल हशर, फार्मेसी, एलएलसी मस्कट ओमान

नैतिकता/ नैतिक मूल्य

यह एक झूठ है जो व्यापार जगत में ज़्यादातर लोग कहते हैं कि 'हमें हक़ीकत की दुनिया से वास्ता रखना चाहिए और यह सिर्फ़ मुनाफ़ा और संख्याएं ही हैं जो मायने रखती हैं। ईमानदारी कभी भी काम नहीं आती।' जबकि हक़ीकत में यह सच नहीं है। नैतिक मूल्य वाले व्यापारी जो अपनी विश्वसनीयता का मूल्य समझते हैं, वे ईमानदारी के आधार पर फैसले लेते हैं। वे उन लोगों के साथ व्यापार नहीं कर सकते, जिन पर भरोसा न किया जा सके।

9/11 में अमेरिका पर हुए आतंकी हमले के बाद, स्टॉक मार्केट एकदम से गिर गया था। हालांकि 2002 में उसमें सुधार हुआ, मगर कुछ बड़े कॉर्पोरेट जैसे एनरोन (Enron) और वर्ल्डकॉम (Worldcom) व्यापार से सिर्फ़ अनैतिक कारणों की वजह से बाहर हो गईं। हक़ीकत

में कुछ अनैतिक कारणों की वजह से ही एक बार फिर से स्टॉक मार्केट गिरा, और इस बार आतंकवादी हमले के बाद से कहीं ज़्यादा गिरा। यह हमें बताता है कि स्टॉक मार्केट को आतंकवादी हमलों की तुलना में बेईमानी से ज़्यादा डर लगता है और बेईमानी उनके लिए कहीं ज़्यादा घातक है।

एक आतंकवादी हमले की तुलना में नैतिक पतन ज़्यादा खतरनाक है। जब नैतिकता गिरती है तो आदमी का नाश होता है।

एक सही उसूल पर खड़े रहने वाला इंसान कभी एकदम फेलियर नहीं हो सकता चाहे कुछ भी काम करे।

अच्छे नेता ईमानदारी को जीवन शैली के रूप में बनाने में यकीन रखते हैं

एब्राहम लिंकन एक बहुत ही सफल वकील थे। एक दिन किसी ने उनसे एक मुकदमा लड़ने का अनुरोध किया। उस केस के बारे में जानकर लिंकन ने कहा, '*मुझे तुम्हारा मुकदमा समझ में आ गया। यह तकनीकी रूप से मज़बूत है, मगर नैतिक रूप से कमज़ोर है। मैं तुम्हारे मुकदमे को नहीं ले सकता।*' फिर उस आदमी ने कहा, '*मैं आपकी पूरी फ़ीस देने के लिए तैयार हूं।*' लिंकन ने कहा, '*फ़ीस की समस्या नहीं है, समस्या यह है कि सभी तथ्यों को जानने के बाद जब मैं जज के सामने तुम्हारे हक में बहस कर रहा हूंगा, तो उस समय मेरे दिमाग में कहीं पीछे यही चल रहा होगा कि लिंकन तुम झूठे हो, तुम झूठे हो।*' मैं अपने आप के साथ जी नहीं पाऊंगा।

मैं लिंकन के व्यवहार को इस रूप में कहता हूं कि **'मैं अपना प्रोफेशनल (professional) समय तो बेच सकता हूं, मगर अपनी अंतरात्मा नहीं।'** मेरा सिद्धांत है – **हम उत्पाद और सेवाएं बेचते**

हैं, हम अपना प्रोफेशनल समय बेचते हैं, मगर हम अपना जमीर या अंतरात्मा नहीं बेचते।

ईमानदारी सुरक्षा और भरोसे की भावना देती है। जमीर के साथ हम सबसे सुकून भरी नींद सोते हैं और यह नींद ईमानदारी भरी ज़िन्दगी से ही मिलती है। जब कोई इंसान एक मुश्किल परिस्थिति में किसी बेईमानी या गलत रास्तों से निकलने की कोशिश करता है, तो वह नासमझी की वजह से तब तक अपनी समस्याएं बढ़ाता चला जाता है जब तक उसके लिए वापसी के सारे रास्ते बंद न हो जाएं।

ईमानदारी के मामले में चुप रहना भी कमज़ोरी और कायरता का एक हिस्सा है। जहां हमें बोलना चाहिए, वहां पर चुप रहकर हम न जाने कितने झूठ बोलते हैं। चुप्पी और ईमानदारी दो अलग-अलग बातें हैं, एक इंसान चुप है, इसका मतलब यह नहीं है कि वह ईमानदार है।

> ***कमज़ोर इंसान कभी भी सच्चाई का साथ नहीं दे सकता, और कायर इन्सान कभी उसूलों को निभा नहीं सकता।***

ईमानदारी और सच्चाई में क्या फर्क है?

ईमानदारी का मतलब है - नैतिक सिद्धांतों का होना। यह हमारे चरित्र और व्यवहार में झलकती है।

सच्चाई का मतलब है - असलियत, सच बोलना और छल-कपट से दूर रहना। सच्चाई एक आदत है।

क्या कोई इंसान बिना ईमानदार हुए सच्चा हो सकता है?

ईमानदारी एक उसूल है जबकि सच्चाई या बेईमानी एक आदत है। जो लोग हमेशा सच बोलते हैं, वे जब भी पहली बार झूठ बोलते हैं तभी पकड़े जाते हैं। इसके विपरीत, जो लोग हमेशा झूठ बोलते हैं, वे पहली बार सच बोलते ही पकड़े जाते हैं। क्या कोई इंसान बिना ईमानदारी के सच्चा हो सकता है, तो इसका जवाब हैं, हां!

उदाहरण के लिए एक बार एक टीचर ने एक स्टूडेंट से पूछा, '*बेटा, अगर तुम्हें रुपयों से भरा हुआ बटुआ मिले तो तुम क्या करोगे?*' स्टूडेंट ने कहा, '*अगर मुझे कोई देख नहीं रहा है, तो मैं रख लूंगा।*' टीचर ने कहा, '*बेटा तुमने सच बोला, मगर तुम्हारे अंदर ईमानदारी की कमी है।*'

क्या इसका उलटा भी सच हो सकता है?

क्या कोई इंसान बिना सच के ईमानदार हो सकता है? कभी-कभी जातीय दंगे होते हैं, भीड़ मासूम लोगों को मारने के लिए आती है। अगर हम किसी मासूम इंसान को अपने घर पर शरण देंगे, और भीड़ से झूठ बोलेंगे कि वह यहां नहीं हैं तो यह हमारी ईमानदारी को दर्शाता है। मैंने सच नहीं बोला लेकिन मैंने ईमानदारी दिखाई।

मान लीजिये, मैं एक सौ लोगों के लिए कॉन्फ्रेंस करने जा रहा हूं और रास्ते में ओसामाबिन लादेन मुझसे टकरा जाता है। ओसामा मुझसे पूछता है, '*मेरे पास कुछ एक्स्ट्रा आरडीएक्स है जो कि सौ लोगों को मार देगा। मुझे मालूम हुआ कि आप यहां एक कॉन्फ्रेंस कर रहे हैं। क्या आप मुझे बता सकते हैं कहां और कितने बजे करने जा रहे हैं?*'

अब क्या मुझे उसे सच बताना चाहिए?

ध्यान दीजिए! निस्संदेह यह एक्सट्रीम केस है। ओसामाबिन लादेन से मेरी मुलाकात कभी हो भी नहीं सकती थी। ईमानदारी को बनाए रखते हुए झूठ बोलना बहुत ही दुर्लभ है। कुछ लोग आदतन ही झूठे होते हैं और अपने बेईमानी वाले व्यवहार को यह कहते हुए सही साबित करते हैं कि भाई मैं व्यवहार कुशल हूं, डिप्लोमैटिक (Diplomatic) हूं!

ईमानदारी को बनाए रखना

हमारा ज्ञान कहता है कि 'जो भी सामान खरीदा और बेचा जाता है उसमें तब तक कोई अहमियत नहीं होती जब तक उसमें कोई सीक्रेट और अनमोल चीज़ न हो जो बिकाऊ नहीं होती।' यह क्या है? यह उस आदमी की विश्वसनीयता और ईमानदारी है जो उस चीज़ को बनाता है। यह कोई सीक्रेट नहीं है, मगर यह अनमोल है। जब उत्पाद बनता है उसमें बनाने वाले की ईमानदारी झलकती है, जिसने अपना दिल और दिमाग दोनों ही इसे बनाने में लगा दिया है।

अब ईमानदारी की कमी का एक और उदाहरण देखते हैं।

तीन अधिकारी (executives) जो बचपन के दोस्त थे, वे एक दिन निजी लंच पर गए और वे लंच का बिल चुकाने के लिए आपस में लड़ रहे थे। एक ने कहा, '*मैं बिल दूंगा, मुझे टैक्स बच जायेगा।*' दूसरे ने कहा, '*मुझे चुकाने दो, मुझे मेरी कम्पनी से इसका पैसा मिल जाएगा।*' तभी तीसरे ने कहा, '*मुझे देने दो, क्योंकि मैं अगले हफ्ते दिवालिया फाइल करने जा रहा हूं।*'

ईमानदारी हमसे तीन चीज़ों की मांग करती है-

1. धोखे को न कहने के लिए
2. सच का सामना करने के लिए
3. सही बात कहने के लिए साहस, क्योंकि वह सही है।

ईमानदारी और मूल्य

सच्चाई और बेईमानी दोनों ही सीखी जातीं हैं, ये न ही तो अमीरों की संपत्ति हैं और न ही गरीबों की। दोनों ही सच्चे हो सकते हैं और दोनों ही झूठे। आत्मसम्मान (सेल्फ-एस्टीम) की कमी वाले लोगों को अपने स्वार्थ के लिए अपने मूल्यों के साथ समझौता करने में कोई समस्या नहीं होती है। ईमानदार लोगों में सही करने की भावना ज़्यादा तेज़ होती है, बजाय इसके कि वे पकड़े न जाएं। सच्ची ईमानदारी को किसी बनावटी रूप से दिखाने की ज़रूरत नहीं होती।

जिन लोगों में ईमानदारी का अभाव होता है, उन्हें ऐसा लगता है सच्चाई उन्हें रोकती है। जबकि इसका उलटा ही हक़ीकत है। सच्चाई लोगों को पकड़े जाने के डर से मुक्ति दिलाती है। यह एक भरोसे का माहौल बनाने में मदद करती है।

ईमानदारी और सच्चाई दोनों का पालन करें

उच्च आत्मसम्मान वाला इंसान कभी भी किसी रिश्ते में झूठ बोलकर कोई फायदा नहीं उठाएगा, क्योंकि उसके लिए उसकी विश्वसनीयता उस लेनदेन से कहीं ज़्यादा महत्वपूर्ण है। वह अपनी विश्वसनीयता को खरीदता बेचता नहीं है। ईमानदारी का प्रमाणपत्र उसे अपने अंदर से ही मिलता है।

जबरदस्ती कराई गई ईमानदारी कोई ईमानदारी नहीं है।

गलत को सही ठहराने की कोशिश करना

कुछ बेईमान लोग यह सोचते हैं कि अगर चोरी पकड़ी न जाए तो उसे चोरी नहीं कहते या किसी के पास बहुत कुछ फालतू पड़ा हो तो उसके हथियाने को भी चोरी नहीं मानते। बिना इजाजत के कुछ भी लेना जो हमारी नहीं हैं, चोरी ही है या फिर पता लगने से पहले ही उसे वापस कर देने के इरादे से चीज़ों को उठाना भी चोरी ही है। ये सब चोरियों के उदाहरण हैं।

यह बहुत ही आम बात है कि लोग उस चीज़ को ले तो लेते हैं, और रखे रहते हैं, जो उनकी नहीं है। यह कहकर अपने व्यवहार को सही ठहराते हैं कि मैं तो वापस करने ही वाला था।

एक बार मैंने ग्रोसरी स्टोर से एक डिस्पोजेबल रेजर खरीदा जिसका दाम 7.95 डॉलर लिखा हुआ था। जब मैं कैश काउन्टर पर पहुंचा तो क्लर्क ने रेजर को स्कैन किया और मुझे बताया कि स्क्रीन पर रेजर का दाम 11.95 डॉलर आ रहा है। चूंकि मैंने बहुत ध्यान से रेजर के दाम नोट किया था, और मैंने कहा कि यह दाम 7.95 डॉलर ही होना चाहिए। उसने फिर से रिकॉर्ड की जांच की और कहा, '*सही दाम 11.95 डॉलर ही है।*' इस समस्या को हल करने के लिए उसने अपने मैनेजर को बुलाया और सारी बात बताई। उन्होंने पूछा कि मैंने यह रेजर कहां से लिया? यह देखने के बाद कि जहां रेजर का पैक रखा हुआ था तो वहां पर टैग 7.95 डॉलर का ही था, उन लोगों ने अपना रिकॉर्ड जांचा और कहा कि यह गलती से गलत रैक पर रखा गया। इसकी असली कीमत 11.95 डॉलर ही है। जब मैं वहां से जा रहा था, तो मैंने नोटिस किया कि उन लोगों ने हमसे रेजर पैक का पैसा नहीं लिया है। मैंने पूछा, '*सर, इस बिल में एक गलती है, आपने रेजर के मुझसे पैसे नहीं लिए हैं।*' मैनेजर ने कहा कि '*इसमें कोई गलती नहीं है। यह हमारी स्टोर की पॉलिसी है, कि अगर गलती स्टोर से हुई*

है, तो हम इसे मुफ्त (कंप्लीमेंट्री) में देते हैं।' मैंने कहा, '*यह एक ईमानदार गलती है, और यह किसी से भी हो सकती है।'* मैं फिर भी उसके पैसे देना चाहता था, '*इतना विनम्र होने के लिए शुक्रिया लेकिन कम से कम जितना रैक पर दाम लिखा गया है, 7.95 डॉलर,* उतना *तो ले लीजिए।'* उसने उस दाम को लेने से मना कर दिया। उन्होंने कहा, '*यह हमारे स्टोर की पॉलिसी है अगर गलती हमारी तरफ़ से हुई है, तो हम उसे गिफ्ट में देते हैं। कृपया स्वीकार करें।'*

मैंने उन्हें शुक्रिया कहा और वहां से निकल आया। मैंने इस घटना को ऐसे ही कुछ लोगों को बताया, और मुझे बहुत निराशा और तकलीफ हुई जब मुझसे उन लोगों ने कहा कि '*अगली बार मैं उस स्टोर पर जाऊंगा और मैं ज़्यादा दाम वाली रैक पर रखा सामान उठाकर कम दाम वाली रैक पर रखूंगा और शायद मुझे भी पैसे न देने पड़े।'* ये पैसे वाले लोग थे। उनकी बात सुनकर मुझे शर्मिंदगी महसूस हुई कि ये कैसे घटिया लोग हैं।

मैं इस बात से इस नतीजे पर पहुंचा कि एक धूर्त को टेढ़ा रास्ता ही सीधा दिखाई देता है।

मुझे यकीन है कि ऐसा व्यवहार आपको जाना-पहचाना लग रहा होगा।

यह **सिद्धांतों की गिरावट** है।

कुछ लोग किसी चीज़ को जबरन अपने पास हथियाने को अपनी मिलकियत मान बैठते हैं। यह मेरे पास है, इसका मतलब यह नहीं है कि यह मेरा ही है। अगर गलती से किसी कैशियर ने कुछ ज़्यादा पैसे लौटा दिए हों या फिर किसी वेटर ने आपको डिश तो दी है और वह बिल में जोड़ना भूल गया, इसके बारे में शर्मिंदा होने की बात तो छोड़ ही दीजिए। बेईमान लोग तो इस प्रकार की चोरी पर गर्व महसूस करते हैं।

एक ऐसा और उदाहरण मेरे दिमाग में आता है कि एक लड़की ने अपने दोस्तों को बताया कि उसे शॉर्ट्स का एक पेयर ज़्यादा मिल गया है क्योंकि गलती से कैशियर उसके लिए पैसे लेना भूल गया है। उसके मन में उसका पैसा देने की कोई भावना भी नहीं थी। उसकी सोच थी, '*यह तो कैशियर की गलती, मेरा फायदा!'*

अब हम उसके व्यवहार के दुष्परिणाम को देखते हैं। इस व्यवहार से उसे कोई तकलीफ नहीं हुई थी, उसे तकलीफ तब होती जब उसकी अंतरात्मा उसे बेचैन करती और उससे यह सवाल करती –

1. अगर वह स्टोर में कैशियर होती तो क्या होता?
   जवाबः शायद उसे उसके लिए पैसे देने होते या फिर उसकी नौकरी भी जा सकती थी।
2. अगर वह स्टोर की मालकिन होती?
   जवाबः उसे ही नुकसान उठाना पड़ता।
3. इस बात की क्या गारंटी है कि जब वह इस स्टोर में इस छोटी सी बेईमानी का साथ दे सकती है, तो बाद में और बड़ी बेईमानी नहीं करेगी? सिर्फ़ पहली चोरी ही मुश्किल होती है उसके बाद बाकी चोरियां तो आसान हो जाती हैं और तब तक एक आदत-सी बन जाती है।
4. उसने जो किया क्या वह अब अपनी नज़रों में नहीं गिर गई? क्या उसकी आत्मा पर एक्स्ट्रा बोझ नहीं होगा?

इससे कोई फर्क नहीं पड़ता कि हम इसे कैसे देखते हैं, चोरी करना और धोखा देना बेईमानी ही है। यह स्थिति किसी भी सफाई को पेश करने से मिट नहीं जाती। जवाब मुश्किल नहीं है। एक सच्चा और ईमानदार इंसान वापस जाता और शॉर्ट्स को वापस करता या उसके लिए पैसे देता।

बेईमानी की कीमत

यह बहुत ही आम बात है कि किसी भी संस्थान में चोरी करने से उसके मुनाफ़े को नुकसान होता है। चुराये हुए सामान के घाटे की पूर्ति की लागत भी बिकने वाले सामान की कीमत को बढ़ाती है, जिसका भुगतान सिर्फ़ और सिर्फ़ ग्राहक को ही करना होता है। इसके साथ ही चोरी को रोकने वाले प्रबंधन की लागत की वजह से सामान की लागत बढ़ती है।

- नेशनल एसोसिएशन ऑफ शॉप लिफ्टिंग (National Association of Shop Lifting) के द्वारा किए गए एक सर्वे के अनुसार, हर साल दुकानों से सामान की चोरी से अमेरिका में 13 बिलियन

डॉलर का नुकसान होता है।[1] इसका मतलब है कि इसका नुकसान 35 मिलियन डॉलर रोज़ाना होता है।

चोरी, बेईमानी के कुछ और उदाहरण हैं-

- चोरी का मतलब सिर्फ़ सामानों को उठाना ही नहीं है बल्कि अगर किसी कम्पनी का कोई कर्मचारी अपने इम्प्लोयर (employer) की जानकारी किसी कम्पिटीटर (Competitor) को देता है, वह भी एक तरह की चोरी ही है।
- झूठे विज्ञापन भी एक तरह की चोरी ही है।
- दफ्तर से पेन, पेन्सिल, स्टेशनरी आदि को अपने इम्प्लोयर की जानकारी के बिना घर ले जाना भी एक तरह की चोरी है।
- कम्पनी के समय में निजी काम करना भी एक तरह की चोरी है।
- काम के घंटों के दौरान इधर-उधर समय बर्बाद करना भी एक तरह की चोरी है।
- लोगों को समय पर उनका भुगतान न करना भी चोरी है। अगर चोर गुप्त है तो इसका मतलब यह नहीं कि वह हर ज़िम्मेदारी से छूट गया।
- मासूम बच्चों को ऐसी फिल्में दिखाना जिनसे उनकी मासूमियत खो जाए, वह भी चोरी है।
- ऑफिस में झूठे दस्तावेज बनाना, टाइम शीट में हेरा-फेरी करना, वकीलों, डॉक्टरों और एकाउंटस के झूठे बिल दिखाना भी एक तरह की चोरी है।
- ऑफिस के ज़रूरी कागज़ (document) लेना या डेटा (data) को पेन ड्राइव में चुराना भी चोरी है।
- एक डॉक्टर द्वारा फालतू टेस्ट करवाना और ऑपरेशन/सर्जरी करना और कराना भी चोरी है।

---

[1] http://smallbusiness.chron.com/stealing-affect-store-profit-37180.html

बेईमानी के कई अनोखे चेहरे बेईमान चोरी करने के नये-नये तरीके ढूंढ़ता है।

एक बार एक फैक्ट्री जिसमें बैग सहित कई चीज़ें बनती थी, उसमें चोरी की समस्या हुई। मैनेजटमेंट ने सभी कर्मचारियों के बैग चैक करने शुरू किए लेकिन उन्हें कुछ नहीं मिला और फिर भी चोरी चालू रही। सवाल है कि कर्मचारी क्या चुरा रहे थे? वे बैग ही चुरा रहे थे। उदाहरण थोड़ा काल्पनिक दिख सकता है। गार्ड चोरी हुए सामानों के लिए अंदर के सामानों की जांच करने में इतने मशगूल थे, कि उन्हें पता ही नहीं चला कि ये बैग ही लोग चोरी कर रहे थे।

भगवान के द्वार पर एक वकील सिर्फ़ पैंतीस साल में मर गया था। ऊपर पहुंचा तो वह भगवान पर बहुत गुस्सा हुआ, क्योंकि उसकी उम्र बहुत कम थी और वह अंधाधुंध पैसा बना रहा था। उसे लगता था कि अभी तो उसे धरती पर बहुत जीना है, तो उसने भगवान से पूछा, '*मैं सिर्फ़ पैंतीस साल का हूं! मुझे आप इतना जल्दी कैसे बुला सकते हैं? मेरी अभी मरने की उम्र तो थी ही नहीं!*' भगवान ने जवाब दिया, '*हमने अपने एकाउंटिंग विभाग को चेक किया है और तुमने जिस तरह अपने क्लाइंटों को घंटों के हिसाब से बिलिंग की है, उस हिसाब से तो लगता है कि तुमने सौ साल से ज़्यादा की उम्र जी ली है।*' यह हालांकि थोड़ा मज़ाक लग सकता है, मगर ऐसी चीज़ें इस दुनिया में होती हैं। उस वकील ने यह कहावत सही साबित की - **एक बेईमान वकील अपने ब्रीफकेस के साथ हज़ारों हथियारबंद डाकुओं से भी ज़्यादा लूट सकता है।**

विजेता ईमानदारी को जीने का तरीका बनाने में भरोसा करते हैं।

एक्शन प्लान

- उन तीन क्षेत्रों को लिखें, जिन्हें आप स्वार्थ से हटकर ईमानदारी का पालन करने के लिए प्रतिबद्ध हैं?

  1. ______________________
  2. ______________________
  3. ______________________

- ईमानदारी का पालन करने से ज़िन्दगी में क्या फायदे हैं?

  1. ______________________
  2. ______________________
  3. ______________________

ईमानदारी के बिना सफलता,
विफलता के समान है।

अध्याय 12

संतुलन पाना
Finding Balance

"धरती पर हर चीज़ का हर
काम का समय और मौसम होता है:
पैदा होने का समय और मरने का समय,
पौधा लगाने का समय और हटाने का समय,
मारने का समय और सहलाने का समय,
नष्ट करने का समय और निर्माण करने का समय,
रोने का समय और हंसने का समय,
शोक का समय और खुशी का समय,
संभालने का समय और फेंकने का समय,
तोड़फोड़ और बनाने का समय,
चुप रहने का समय और बोलने का समय,
प्रेम का समय और नफरत का समय,
युद्ध का समय और शान्ति का समय।"

– बाइबल, Ecclesiastes 3

लेडी इसोबल बार्नेट, लेंसेस्टर के लार्ड मेयर की पत्नी बहुत ही सफल थी और उनका बहुत आदर था। एक दिन वे कुछ चीज़ों को लेने के लिए एक डिपार्टमेंटल स्टोर गईं। उसने वहां से खाने की एक चीज़ चुराई। उसने ऐसा इसलिए किया क्योंकि वह बिना इजाज़त

के सामान उठाने की अपनी आदत से मजबूर थी। वह चोरी करने से खुद को रोक नहीं पाई और चोरी करते हुए पकड़ी गई। अगले दिन यह बहुत ही बड़ी खबर बन गई। उसकी छवि नष्ट हो गयी और उसे जो शर्मिंदगी झेलनी पड़ी वह बहुत ही भयानक थी। शर्म के कारण उसने आत्महत्या कर ली। उस जैसी एक महिला के लिए, छोटी-छोटी चीज़ों के लिए चोरी करना कल्पना से बाहर था। मगर उसकी निगेटिव कंडिशनिंग उसके सभी सिद्धांतों पर हावी हो गयी। वह न ही तो अज्ञानी थीं और न ही मासूम थीं, उसे यह भी पता था कि वह जो भी कर रही है गलत कर रही है। मेडिकल टर्म के अनुसार, चोरी की इस आदत को क्लेप्टोमेनिया (kleptomania) कहते हैं। मगर मेरे ख़्याल से, यह हमारे अवचेतन दिमाग (subconcious mind) की निगेटिव कंडिशनिंग है। हम झूठी छवि बनाकर रखते है अगर इसे समय से पहले ही ठीक नहीं किया गया तो यह आदत बन जाती हैं।

लेडी बार्नेट अमीर और इज्जतदार महिला थीं लेकिन फिर भी उसने शर्मिंदगी के कारण आत्महत्या कर ली। यह बहुत ही कठोर कदम था। उसने अपना संतुलन खो दिया था। किसी लालच के प्रति आकर्षित होना तो आसान है, मगर **एक संतुलन बनाए रखना** बहुत ही मुश्किल है।

आज के समय में, हम देखते हैं कि सभी कुछ तेज़ी से भाग रहा है। अनगिनत सामाजिक धाराओं (countless social streams) के बीच, हम सिद्धांतों से हट जाते हैं। हमें अपने सिद्धांतों को खोजने की ज़रूरत है, मगर कैसे? **एक संतुलन बनाकर।**

संतुलन बनाना

अगर हम घास पर रखी रस्सी पर चलते हुए गिरते हैं तो कुछ नहीं होता है, लेकिन अगर हम रस्सी पर चलते हुए बाईसवीं मंजिल से गिरते हैं, तो यकीन मानिए हमारा खेल खत्म है। जिसका मतलब यह हुआ कि हम जितनी भी ऊंचाई पर जाते हैं उतनी ही हमारी ज़िम्मेदारी बढ़ती है, और संतुलन बनाए रखना बहुत मुश्किल होता है। हम जितना ऊंचा अपनी ज़िन्दगी में जाएंगे उतना ही सावधान होने की ज़रूरत है।

दुनिया में तीन तरह के लोग होते हैं:

1. **सिर्फ़ बोलने वाले** - ये लोग बोलने वाले होते हैं, न कि काम करने वाले। ये हर समय बोलते रहते हैं और सिर्फ़ बेवकूफी वाली बातें करते हैं। अधिकतर समय उनकी बातें निगेटिव होती है और लोगों को नीचे खींचती है।
2. **सिर्फ़ सपने देखने वाले** - ये सपने देखने वाले होते हैं, न कि काम करने वाले। ये लोग हमेशा इच्छा करते रहते हैं कि दूसरे उनके लिए काम करें। ये अपनी ज़िम्मेदारी कभी इस पर तो कभी उस पर डालते रहते हैं। ये हमेशा हर चीज़ के होने का इंतजार करते हैं, मगर ये कभी खुद काम नहीं करते हैं।
3. **काम करने वाले** - ये काम करने वाले होते हैं। इनके अन्दर जोखिम लेने का साहस होता है। ये वे होते हैं, जो आगे बढ़कर काम को करते हैं और एक संतुलन बनाए रखते हैं।

हमें परिवार और दोस्तों, घर और काम, आमदनी और खर्च के बीच यहां तक कि अपने शरीर में शुगर के लेवल के बीच का भी संतुलन बनाए रखना होता है, क्योंकि बहुत कम और बहुत ज़्यादा दोनों ही नुकसानदायक है। अगर हमारे दो बच्चे हैं, तो हमें इन दोनों के बीच संतुलन स्थापित करना होता है। यहां तक कि हम जब छुट्टियों पर जाते हैं तो वहां भी हमें संतुलन करना होता है। ज़िन्दगी में चीज़ों के बीच संतुलन बनाना आसान है, मगर नीचे दी गयी चीज़ों के बीच संतुलन पाना थोड़ा मुश्किल हो सकता है-

- भावनाएं और तर्क (Emotion and logic)
- रिश्ते और कमिटमेंट (Relations and commitments)
- नम्रता और शक्ति (Gentleness and strength)

कई चीज़ें हैं, जो हम स्कूल और कॉलेज में अपनी किताबों में नहीं सीखते। भावनाओं का नियम (law of emotions), घनत्व के नियम (law of gravity) के समान नहीं होता। एक और एक मिलकर भावनाओं में कभी भी हमेशा दो नहीं होते हैं - वे कभी तीन, चार, पांच, या दस या फिर कभी-कभी निगेटिव में भी जा सकती है।

भावनाओं में उतार-चढ़ाव आता है। यही कारण है कि हमें अपने परिवार, व्यवसाय, समाज, भावनाओं और रिश्तों के बीच संतुलन बनाना चाहिए।

हमारी सेहत हमारे शरीर के संतुलन पर निर्भर करती है। एक इमारत को मज़बूती से खड़े होने के लिए संतुलन की ज़रूरत होती है। हमें अपनी अपेक्षाओं (aspiration) और प्रेरणाओं (inspiration) के बीच संतुलन बनाने की ज़रूरत होती है। कभी-कभी लोग ज़्यादा ही महत्वाकांक्षी (ambitious) हो जाते हैं और अपना ही विनाश करने लगते हैं। हक़ीकत में, सृष्टि में संतुलन के बिना हर चीज़ अपना विनाश करती है। आप इसे हमारे सोलर सिस्टम से समझ सकते हैं, धरती अपनी धुरी पर चक्कर लगाती रहती है जिसके कारण हमें चौबीस घंटों में एक दिन और रात मिलती है। अगर इसके घूमने की गति में ज़रा सा भी बदलाव आ जाए तो दुनिया तहस-नहस हो जाएगीं। प्रकृति में संतुलन हमें सही से काम करने देता है। जलवायु संतुलन को देखें - ग्लेशियर ग्लोबल वार्मिंग के कारण पिघलते हैं और इसके कारण समुद्र के किनारे बसे देशों में बाढ़ लोगों को बहा ले जाती है।

एक संतुलित दिमाग

एक असंतुलित दिमाग (disordered mind) तबाही ला सकता है। ज़रा कल्पना करें कि हमें दिमाग की सर्जरी करानी है तो हम यह सर्जरी किससे कराएंगे? ज़ाहिर है, शहर के सबसे बढ़िया सर्जन से ही, न कि दूसरे या तीसरे से, जब तक कि हमारे पास विकल्प हैं। हमें कैसे पता चलेगा कि सबसे अच्छा सर्जन कौन है? हम उसकी विशेषताओं को जांचते हैं। हम देखते हैं कि उसकी डिग्री क्या है, और उसे कितने सम्मान, पुरस्कार आदि मिले हैं, और उसने आज तक किन नामी लोगों की सर्जरी की है। हम जानते हैं कि उसकी विश्वसनीयता उन सब सर्जरी के कारण है, जो उन्होंने कई लोगों पर की है, जिसके कारण उन्हें शहर का सबसे अच्छा सर्जन माना जाता है। मान लीजिए, ऑपरेशन थिएटर में जाने से पहले नर्स आती है और आपके कानों में फुसफुसाती है, '*डॉक्टर की पत्नी का देहांत कल रात हो गया है। सुबह से ही हम देख रहे हैं कि डॉक्टर का संतुलन कुछ खो सा गया है और वह आपे में नहीं दिख रहे हैं।*'

अब क्या हम उससे अपनी सर्जरी कराएंगे? शायद नहीं! इतनी देर में ही क्या बदल गया है?

- उसकी योग्यता नहीं बदली
- उसकी क्वालिफिकेशन नहीं बदली
- उसका ट्रैक रिकॉर्ड नहीं बदला
- उसका अनुभव नहीं बदला
- उसकी विश्वसनीयता नहीं बदली

लेकिन अब हम उससे ऑपरेशन नहीं कराना चाहते हैं, क्योंकि हमें अब उसके मानसिक और भावनात्मक संतुलन के बारे में भरोसा नहीं हैं। एक संतुलित दिमाग (balanced mind) हर तरह की डिग्री, योग्यता, ज्ञान और अनुभव से ज़्यादा महत्वपूर्ण है। यह कहानी काल्पनिक हो सकती है, मगर संदेश असली है। हमें ज़िन्दगी में सफल होने के लिए **मानसिक और भावनात्मक संतुलन** की ज़रूरत होती है।

आंखों की दृष्टि से ज़्यादा अंत:दृष्टि (Insight) महत्वपूर्ण

हम ट्रैफिक में फंसते हैं, तो हमारा दिमाग ख़राब हो जाता है। हमें कौन नियंत्रित कर रहा है? हमारा दिमाग ही, मगर उसका संतुलन अब बिगड़ चुका है। जब बाहर का मौसम बदलता है, तो हम आंतरिक और भावनात्मक रूप से परेशान हो जाते हैं। हमारा संतुलन बिगड़ जाता है, हमें अपने आसपास की चीज़ें दिखती तो हैं लेकिन अपनी अंत:दृष्टि लुप्त हो जाती है।

हम रिमोट कंट्रोल के संसार में रह रहे हैं–

- जब कोई आदमी हमारी कार के सामने उलटे-सीधे तरीके से गाड़ी चलाकर अपनी गाड़ी ले आता है तो हम अपना मानसिक संतुलन खो देते हैं। किसके पास रिमोट है? दूसरे आदमी के पास। अगर दिन में बीस बार ऐसी हरकतें होती हैं, तो बीस बार हम अपना रिमोट कंट्रोल किसी और को देते हैं।
- हम कुछ खरीदने जाते हैं और दुकान पर कैशियर (cashier) कुछ गलत करता है, तो हम गुस्से में आग बबूला हो जाते हैं। हम अपना रिमोट कंट्रोल उस कैशियर को दे देते हैं।

- हमें कुछ समय तक इंतजार करना पड़ता है तो हम आग बबूला हो जाते हैं, और अपना रिमोट कंट्रोल एक बार फिर दूसरे के हाथ में दे देते हैं।
- धोबी हमारा ट्राउजर (pant) ख़राब कर देता है और हम गुस्से में पागल हो जाते हैं और अपना रिमोट हम उस धोबी के हाथों में दे देते हैं।
- हम किसी पार्टी में जाते हैं, और कोई हमसे अपशब्द कहता है तो हम अपना रिमोट कंट्रोल उसके हाथों में दे देते हैं।

ऊपर दिए गए उदाहरण मानसिक संतुलन (mantal balance) के हैं।

इन सभी का निचोड़ एकदम साफ़ है - ये सभी असली ज़िन्दगी की समस्याएं हैं और हम इन सबको अनदेखा नहीं कर सकते हैं, मगर हम अपना रिमोट कंट्रोल दूसरे लोगों के हाथों में नहीं दे सकते। हम दूसरों को यह अनुमति नहीं देते कि वे हम पर काबू पाएं, या उस सीमा तक प्रभावित करें कि हमारा खुद पर से ही नियंत्रण खो जाए और वे हमारी ज़िन्दगी तहस-नहस कर दें। हमें अपनी सेना का जनरल खुद बनना है। अगर हम अपनी मानसिक ताकत जांचना चाहते हैं, तो हमें नीचे दी गयी बातों को गिनना होगा-

- हम दिन में कितनी बार मानसिक रूप से परेशान (disturb) होते हैं?
- कितने लोग हमें रोज़ डिस्टर्ब करते हैं?
- किस तरह की चीज़ें ऐसी होती हैं जो हमें रोज़ तकलीफ देती हैं?

जितना ज़्यादा चीज़ें हमें डिस्टर्ब करती हैं, उतनी ही बार हम अपना रिमोट किसी और के हाथ में दे देते हैं और कमज़ोर पड़ जाते हैं। इसका मतलब यह है कि हमें अपने बारे में जागरूक होना होगा और अपने मानसिक और भावनात्मक संतुलन को बैलेंस करना होगा।

***हमें न सिर्फ़ एक सचेत ड्राइवर होना चाहिए,
बल्कि हमें लापरवाह ड्राइवर से खुद
को बचाना चाहिए।***

हम शराब पीकर गाड़ी नहीं चलाते, मगर हमें खुद को तो शराबी ड्राइवर से बचाना ही होगा। इसी तरह हम खुद को भावनात्मक प्रभाव से बचा सकते हैं।

कोर्स से बाहर

ज़िन्दगी में सभी असंतुलन अपने आप नहीं बनते हैं। कई बार स्टूडेंट्स अपने एग्जाम में कोर्स से बाहर के सवाल आने की शिकायत करते हैं। जब स्टूडेंट ऐसी चीज़ों की शिकायत करते हैं तो वे इस बात की सफाई पेश करते हैं कि उन्हें फेल होने का अधिकार है। याद रखें, हमारी असली ज़िन्दगी में भी कई बार ऐसा होता है कि हालात कोर्स से बाहर के हो जाते हैं। हमें नैतिक सिद्धांतों से दिशा लेनी चाहिए जिसका सिलेबस से कोई लेना-देना नहीं है। जैसे ही हम अपनी एकेडमिक (acadamic) शिक्षा पूरी कर लेते हैं, तो हमारे सामने जो कुछ भी आता है वह आउट ऑफ सिलेबस ही होता है।

जब हमारी शादी होती है, तो क्या हमारे पास एक चेकलिस्ट या सिलेबस होता है? ज़ाहिर है नहीं! जब हमारी शादी होती है तो दूसरे परिवार के लोग एक-दूसरे से जुड़ते हैं। कई बार हमें उनके साथ बात करने की ज़रूरत होती है, तो क्या यह सिलेबस के साथ आते हैं? किस सिलेबस के साथ आदमी काम कर सकता है? कोई भी नहीं! कुल मिलाकर ज़्यादातर वही इंसान आउट ऑफ सिलेबस के सवाल की शिकायत सबसे ज़्यादा करता है, जिसकी तैयारी नहीं होती है।

कभी-कभी, सबसे बेहतर संतुलन के साथ भी चीज़ें गलत हो सकती हैं और हमारा इम्तेहान लिया जाता है। पूरा दिन काम कर के जब थके हारे आप घर पहुंचते हैं और आप अपने पड़ोस में कुछ गलत पाते हैं। आप देखते हैं, कि उसने अपना भरा हुआ कूड़ेदान आपके घर के बाहर रख दिया है और उसकी बदबू से आपकी नाक सड़ रही है और इसके साथ ही इसके आसपास मक्खियां और कीड़े-मकोड़े भी आने लगे हैं। अब आपके संतुलन का इम्तिहान आपके इंतजार में है। आपको क्या करना चाहिए? क्या आप झगड़ा करेंगे या पूरी समस्या को इस तरह सोचेंगे कि आपकी मानसिक शान्ति को भंग किए बिना

बदबू और संक्रमण की समस्या समाप्त हो जाए? इसका सही तरीका है कि आप अपने पड़ोसी को उन जोखिमों के बारे में बताएं जो उस कचड़े से आप दोनों के परिवारों को हो सकते हैं। दूसरा तरीका है, अधिकारियों को बुलाएं और उन्हें पूरी समस्या के बारे में बताएं। उनसे बीच बचाव करने के लिए कहें न कि खुद ही अपने पड़ोसी के साथ टकराव करें। अब एक और कदम आगे बढ़कर सोचते है, क्या होगा अगर अधिकारी भी इस समस्या को हल करने में विफल रहते हैं? तो कई ऐसी बातें हो सकती है, जो आपके नियंत्रण से एकदम बाहर है। आप फिर क्या करेंगे? अक्सर हमें इन दोनों में से चुनना होता है कि क्या हमें एक संतुलन बनाये रखा जाना चाहिए या फिर हमें अपना आपा खो देना चाहिए? संतुलन बनाए रखने से हम इंचार्ज रहते हैं, हम नियंत्रण में रहते हैं, और फिर चाहे कुछ भी हो जाए हमारा अच्छा फैसला लेने की क्षमता बढ़ जाती है। जबकि अगर हम अपना आपा खोते हैं, तो हम मानसिक रूप से डिस्टर्ब हो जाते हैं और हमारी सही फैसला लेने की क्षमता डगमगा जाती है। इससे कोई फर्क नहीं पड़ता कि ज़िन्दगी में क्या स्थिति है - हमें हर हाल में अपना आंतरिक संतुलन बनाए रखना है।

और ज़्यादा हासिल करने के लिए न सिर्फ़ संतुलन की ज़रूरत होती है, बल्कि हमें असंतुलन से भी उभरने की ज़रूरत होती है।

ज़िन्दगी स्थिरता और संतुलन का मामला है!

हमारी ज़िन्दगी की सभी उपलब्धियां हमारे दिमाग की सेहत पर निर्भर करती हैं।

एक अमीर आदमी था, उसके पास सैकड़ों एकड़ ज़मीन, एक बड़ा महल और अनमोल चीज़ें थीं। एक दिन उसने एक आध्यात्मिक टीचर (spritual teacher) को बुलाया और अपना खूबसूरत बड़ा महल दिखाया।

जब वह महल दिखा चुका था तो वह टीचर को अपने आख़िरी कमरे

में ले गया जहां पर एक युवक को पिंजरे में कैद करके रखा गया था। टीचर को बहुत ही हैरानी हुई और एक धक्का लगा, उसने उस अमीर आदमी से पूछा, '*तुमने इसे जंगली जानवर की तरह पिंजरे में क्यों रखा है? यह कौन है?*' उस आदमी ने जवाब दिया, '*यह मेरा इकलौता बेटा है और जो कुछ भी मेरा है, यह उसका वारिस है। मगर यह मानसिक रूप से स्थिर नहीं है। हमने पूरी दुनिया में इसका सबसे अच्छा इलाज कराया, लेकिन उसका कोई फायदा नहीं हुआ।*' टीचर ने कहा, '*मगर यह तो तुम्हारा इकलौता बेटा है!*' आदमी ने कहा, '*हां, मैं यह जानता हूं मगर इस बात को यह नहीं जानता कि यह मेरा इकलौता बेटा है।*' फिर उस टीचर ने जो देखा और महसूस किया था, उसके बारे में बताया, '*इस घर में सारी दौलत का आनंद आपके बच्चे के बजाय नौकर-चाकर उठा रहे हैं।*'

इससे हमें समझ में आता है कि **दिमाग की ताकत दौलत और पैसे से ज़्यादा महत्वपूर्ण है।**

दिमाग की स्थिरता, शिक्षा, दौलत और यहां तक कि आपके स्टेट्स से ज़्यादा महत्वपूर्ण है।

एक और उदाहरण देखते हैं।

प्लेटो ने सही ही कहा था, 'खुद पर विजय हासिल करना सबसे महान विजय है।'

क्या हम सार्वजनिक सफलता और निजी विफलता से पीड़ित है?

एक आदमी एक बार एक मनोवैज्ञानिक के पास गया और कहा, '*मेरे अन्दर एक आत्महत्या करने वाली प्रवृत्ति है। मैं हमेशा ही दुख (depress) महसूस करता रहता हूं। मैं जीना नहीं चाहता, मैं आत्महत्या करना चाहता हूं।*' डॉक्टर ने उसकी जांच की, सारे टेस्ट किए और कहा, '*मुझे आपमें कोई गलत या बीमारी नहीं दिखती। मैं आपको*

एक सलाह देता हूं, इसे आप डॉक्टरी सलाह मान लीजिए। शहर में एक सर्कस चल रहा है, आप दिन में दो बार वहां क्यों नहीं जाते? मुझे लगता है कि आपको वाकई में काफ़ी मज़ा आएगा क्योंकि उसमें एक जोकर है, जो बहुत हंसाता है। आप हंसते हुए बाहर आएंगे और आपको बहुत हल्का और खुशी महसूस होगी। जब भी मैं थोड़ा निराश महसूस करता हूं तो मैं खुद वहीं चला जाता हूं और बहुत सारी ऊर्जा और उत्साह के साथ बाहर आता हूं।' उस आदमी ने जवाब दिया, *'डॉक्टर, मेरी समस्या थोड़ी अलग है। मैं ही वह जोकर हूं!'* यह सार्वजनिक सफलता पाने मगर निजी रूप से विफल होने का एक नमूना है।

कई बार, हम ऐसे लाइफस्टाइल को बनाए रखने के जाल में फंस जाते हैं, जो हमें सार्वजनिक सफलता देती है मगर निजी विफलता देती है। यही कारण है कि अंदर की जांच करना और खुद को जानना बहुत ज़रूरी है। कई किताबें इस बात को कहती हैं, हमें बाहरी दुनिया जीतने से पहले अंदर की दुनिया जीतने की ज़रूरत है।

जब हमारे दिमाग में अंदरूनी संतोष नहीं होता है, तो बाहरी सफलता का कोई मोल नहीं होता। सफलता एक अनुभव है, यह एक अहसास है। हम किसी को सफल महसूस नहीं करा सकते हैं। यही कारण है कि कई बार जो लोग बाहर से सफल दिखाई देते हैं, वे अंदर से एकदम खोखले हो सकते हैं। इसमें कोई हैरानी नहीं कि सेलेब्रिटीज़ और अरबपति, जिन्हें बहुत सफल माना जाता है, जैसे एल्विस प्रेस्ली (Elvis Presley), मर्लिन मुनरो (Marilyn Monroe) और माइकल जैक्सन (Michael Jackson) या तो ड्रग्स लेने लगे और आत्महत्या कर ली। उनकी बाहरी दुनिया बहुत सफल थी मगर अंदर से वे खोखले थे। सार्वजनिक सफलता और निजी विफलता के कुछ उदाहरण हैं। बिना संतुष्टि के सफलता खोखली है। यह वैसे है, जैसे गुण के बिना सिर्फ़ शक्ल सूरत का अच्छा होना। हमें दिखावे से ज़्यादा अंदरूनी संतोष पर ध्यान देना चाहिए।

अब एक सवाल करते हैं - हमारे लिए सफलता की पहचान क्या है? क्या हम सिर्फ़ कोई चेयरमैन, देश का मुखिया, या किसी बड़ी कम्पनी

के अध्यक्ष बनना चाहते हैं। बुद्ध के जीवन का उदाहरण लीजिए, वे एक राजकुमार के रूप में पैदा हुए। उनके पास दुनिया की सारी दौलत थी लेकिन फिर भी उन्हें ऐसा क्या महसूस हुआ कि वे सब कुछ छोड़कर दुनिया में सबका दिल जीतने के लिए चले गए। आज कितने लोगों ने दुनिया पर ऐसा प्रभाव डाला जैसा बुद्ध ने डाला था? शायद ही कोई ऐसा हो! उन्होंने जवाब पाने के लिए खुद से सवाल किए थे। हममें से हर कोई बुद्ध नहीं हो सकता है, न ही हमें बुद्ध होना है। फिर भी संतुलन को संभालना है, मानसिक शांति को उपजाना होगा और तब ही हम सांसारिक सफलता की उम्मीद कर सकते हैं। यही हममें अंदरूनी खुशियां ला सकता है। ***लोग कहते हैं कि हम दुनिया नहीं बदल सकते, मगर यह कौन कहता है कि हम खुद को भी नहीं बदल सकते?*** **हम खुशियों के रास्ते तलाश करते रहते हैं, बिना यह समझे हुए कि खुशी ही रास्ता है।**

विजेता इस बारे में संतुलन बनाते हैं कि वे क्या कर सकते हैं और क्या नहीं कर सकते है।

एक्शन प्लान

- उन तीन तरीकों को लिखें जिनसे आप मानसिक और भावनात्मक संतुलन बनाए रखना चाहते हैं।

  1. ________________________________
  2. ________________________________
  3. ________________________________

- उन तीन प्रतिबद्धताओं के बारे में लिखें जो आप नियंत्रण में रहने के लिए अगले इकत्तीस दिनों में करने जा रहे हैं।

  1. ________________________________
  2. ________________________________
  3. ________________________________

अध्याय 13

जो भी करें गर्व से करें

Pride in Performance

"जो लोग अपनी परफॉरमेंस में गर्व महसूस करते हैं, वह लोग मलकियत लेते हैं और दूसरों की तुलना में खुद को उच्च मापदंडों के लिए उत्तरदायी मानते हैं।"

एक अच्छे प्रोफेशनल की क्या है पहचान है?

हम सभी की ज़िन्दगी में कुछ अच्छे और बुरे दिन होते हैं। कई दिन ऐसे होते हैं, जब हम सुबह उठते हैं तो हमें अच्छा महसूस होता है। दुनिया सुन्दर लगती है, हमारी प्रोडक्टिविटी बढ़ती है और रिश्ते बेहतर होते हैं। इससे कोई फर्क नहीं पड़ता कि हम जो भी करते हैं वह आसानी से हो जाता है। कुछ दिन ऐसे भी होते हैं, जब हम उठते हैं तो हमें अच्छा महसूस नहीं होता है, और इससे कोई फर्क नहीं पड़ता कि हम क्या करते हैं, हम जो भी करते हैं वह मुश्किल से होता है और हर चीज़ में बहुत मेहनत लगानी पड़ती है।

एक अच्छे प्रोफेशनल (professional) की पहचान क्या है? एक अच्छे प्रोफेशनल की पहचान यह है कि चाहे दिन अच्छा हो या बुरा, उसका परफॉरमेंस एक जैसा ही रहता है। एक अच्छे दिन में सारे काम आसानी से हो जाते हैं, लेकिन बुरे दिन में हर चीज़ में बहुत मेहनत

करनी होती है। लेकिन **वह कभी अपने परफॉरमेंस की क्वालिटी (quality) से समझौता नहीं करता।**

बहुत बार कई प्रोफेशनल जैसे सिंगर या स्पीकर, एक साल के लिए एडवांस में ही बुक हो जाते हैं। उन्हें यह नहीं पता होता कि उनके परफॉरमेंस की एक रात पहले कहीं उन्हें 104 डिग्री बुखार भी हो सकता है? और कभी-कभी उन्हें बुखार हो भी जाता है। मगर अगले दिन जब वे स्टेज पर परफॉर्म करने जाते हैं, तो वे दर्शकों से नहीं कहते कि आज उनका परफॉरमेंस ख़राब होगा क्योंकि उन्हें बुखार है। वे किसी से कुछ नहीं कहते। वे बस अपना सबसे अच्छा परफॉरमेंस देते हैं, और उनके श्रोता कभी यह बात जान भी नहीं पाते कि वे बुखार से पीड़ित हैं। उनका सेल्फ-एस्टीम उन्हें कमज़ोर नहीं पड़ने देता। सेल्फ-एस्टीम और परफॉरमेंस में आपस में बहुत सम्बन्ध है। ज़्यादा सेल्फ-एस्टीम वाले लोग बहुत बेहतर परफॉरमेंस देते हैं चाहे कितना भी मुश्किल हो! उनका सेल्फ-एस्टीम उन्हें उनके कम्फर्ट जोन से बाहर निकालता है और उन्हें श्रेष्ठ बनाता है।

यह दोहराए जाने योग्य है कि **विजेता कभी भी परफॉरमेंस पर समझौता नहीं करते हैं। अच्छे दिन में आसानी से कर लेते हैं और बुरे दिन बहुत मेहनत लगती है लेकिन परफॉरमेंस उच्च स्तर पर रहती है।**

हम घटिया क्वालिटी और बुरे व्यवहार की सफाई में यह नहीं कह सकते कि हम जल्दबाज़ी में थे।

प्रगति के तीन सबसे बड़े दुश्मन हैं - अज्ञानता, क्षमता का न होना और जुड़ाव या लगाव न होना।

परफॉरमर उत्तम काम करना चाहते हैं, परफेक्शन नहीं

परफेक्शन ज़िन्दगी में एक बहुत ही ऊंचा लक्ष्य है। यह अक्सर हमारी पहुंच से बाहर ही रहता है।

- एक परफेक्ट पिक्चर अभी तक बनाई नहीं गयी है।
- एक परफेक्ट म्यूजिक और धुन अभी तक नहीं बनी है।

परफेक्शन एक भ्रम है। हालांकि परफेक्शन की तलाश में हम श्रेष्ठता को हासिल करने में सक्षम होते हैं।

कभी भी श्रेष्ठता से कम पर न रुकें।

अरस्तू (Aristotle) ने कहा था, 'श्रेष्ठता एक बार का काम नहीं बल्कि आदत है।'

श्रेष्ठता को परफॉरमेंस में गर्व के बिना हासिल नहीं किया जा सकता है।

वे लोग जो आदतन गुणवत्ता से समझौता नहीं करते, वे कभी कामचलाऊ काम नहीं कर सकते हैं।

जो लोग परफॉरमेंस में गर्व महसूस करते हैं, वे सही काम जुनून की वजह से करते हैं न कि किसी के दबाव से। वे श्रेष्ठ करने के लिए प्रतिबद्ध होते हैं। हर इंसान जो सर्वश्रेष्ठ करने के लिए प्रतिबद्ध होता है वह कोई क्रान्ति तो नहीं लेकिन एक सकारात्मक योगदान तो करता ही है।

जब हम अच्छे गुणों (quality) के मापदंड नहीं हासिल करते, तब हमारे सामने दो विकल्प हैं - या तो हम ग्रेड हासिल करने के लिए मेहनत बढ़ा दें या मापदंड का स्तर गिरा दें। अगर हम अपने मापदंड के स्तर को गिराते हैं तो हमारी गिरावट शुरू हो जाती है। सवाल यह है कि हम क्यों मापदंड नीचे करने के लिए समझौता करें? इसलिए हम विफलता को जीवन शैली के रूप में स्वीकार कर लेते हैं और यह समझौता कर लेते हैं कि श्रेष्ठता हासिल करने के बजाए मेहनत कम करना ही ठीक है। क्योंकि यही रास्ता आसान है। आसान रास्ता चुनते हैं श्रेष्ठ नहीं, साधारण रह जाते हैं श्रेष्ठ नहीं।

जितना ज़्यादा हम अपने मापदंड पर समझौता करते हैं, उतनी ही ज़्यादा हमारी गिरावट और नुकसान बढ़ता चला जायेगा। अच्छे प्रोफेशनल श्रेष्ठता को हासिल करने के लिए अपनी मेहनत बढ़ाते हैं।

जो परफॉरमेंस में गर्व का अनुभव करते हैं, उनमें कुछ ख़ास विशेषताएं होती हैं-

1. वे क्वालिटी पर स्थिर रहते हैं, श्रेष्ठता उनका चिन्ह बन जाती है।
2. वे खुद के लिए बहुत ही ऊंचे मापदंड तय करते हैं।
3. वे खुद को नतीजों के लिए ज़िम्मेदार ठहराते हैं।
4. वे हमेशा जो मिलता है उससे ज़्यादा ही वापस करते हैं।
5. वे लगातार सीखने में अपने आप को व्यस्त रखते हैं।
6. वे लगातार अपना स्तर और परफोर्मेंस उच्च करते रहते हैं।
7. वे चीज़ को पहली बार, हर बार ठीक करने के लिए खुद ही प्रेरित रहते हैं।
8. वे नतीजा देने वाले होते हैं, वे हर हाल में काम करके देते हैं।

एक अच्छा कारीगर काटने से पहले दो बार नाप लेता है, एक घटिया कारीगर लगातार अपने औजारों को दोष देता है।

गलतियों में गर्व करना

जब भी हम काम पर रखने के लिए किसी का इन्टरव्यू करते हैं तो हम बिना जल्दबाज़ी के उन्हें एक छोटा सा डिक्टेशन देते हैं। जब उन्हें पूरी तरह तसल्ली हो जाती है तब हम उन्हें प्रिंटआउट के लिए कहते हैं। हम फिर लाल अंडरलाइन हुए लफ़्ज़ों को देखते हैं। ज़ाहिर है, यह या तो स्पेलिंग या स्पेसिंग की गलती के कारण ही लाल लाइन आती है। ऐसे मामले में हम उनसे पूछते हैं, '*ये लाल लाइन क्यों हैं?*' वे कहते हैं, '*ओह, मैं स्पेल चेक करना भूल ही गया। वैसे तो मैं हमेशा करता हूं, मगर आज जल्दी में रह गया।*' सवाल यह है कि अगर वह आदतन हमेशा स्पेल चेक करता है तो उसने इस बार क्यों नहीं किया? क्या वह सच बोल रहा था? हमने बिना जल्दबाज़ी किए उसे पूरा समय

दिया गया। यह ज़ाहिर है कि वह आमतौर पर स्पेल चेक नहीं करता होगा। अगर हम उन्हे नौकरी पर रख रहे हैं, तो हम सिर्फ़ अपने लिए सिरदर्द और परेशानियों को बुला रहे हैं।

हम उसी समय इन्टरव्यू बन्द कर देते हैं। यह बहुत ही आसान बात है कि अगर वह अपने परफॉरमेंस पर गर्व करता तो वह क्या स्पेल चेक (spell check) नहीं करता? एक व्यक्ति जो नौकरी के इन्टरव्यू (interview) के लिए आया है, वह यकीनन ही चाहता होगा कि उसे नौकरी मिल जाए। अगर यह उसका सबसे अच्छा परफॉरमेंस था तो उसका सबसे बुरा परफॉरमेंस क्या होगा। आप उसकी कल्पना कर सकते हैं। उस आदमी को अपनी गलतियों या त्रुटियों का अफसोस नहीं है, काम पर गर्व करना तो दूर की बात है।

ऐसे सुधार सिर्फ़ कुछ सेकण्ड की बात होती है। जो लोग अपने परफॉरमेंस पर गर्व करते हैं, वे कभी भी अपने मापदंड से समझौता नहीं करते और न ही श्रेष्ठता से नीचे कुछ स्वीकारते हैं। श्रेष्ठता के प्रति प्रतिबद्धता ही एक इंसान की छवि बनाती है, जो हमेशा ही क्वालिटी आउटपुट देगा।

अच्छे लोग ही अच्छी क्वालिटी वाला आउटपुट देते हैं

एक एथलीट मुकाबले के लिए तैयार था। वह थोड़ा घबराया (nurvous) लग रहा था। किसी ने उससे पूछा, '*तुम इतने नर्वस क्यों हो?*' उसका जवाब था, '*दूसरों के साथ मुकाबला करने के लिए मुझे सिर्फ़ 100 प्रतिशत ही देना होगा, लेकिन खुद से बेहतर निकलने के लिए मुझे 150 प्रतिशत देना होता है।*'

किसी भी क्षेत्र में शिखर पर होने के लिए, व्यक्ति को हमेशा ही 150 प्रतिशत देना होता है।

अपने काम पर गर्व करने वाले लोग हमेशा अपना काम दिल से करते हैं।

> ***परफॉरमेंस में गर्व करने वाले लोग किसी पहचान के लिए काम नहीं करते, बल्कि वे जो भी करते हैं वह खुद ही एक पहचान बन जाती है।***

बिना किसी नियत के काम करना

अक्सर दफ्तरों में ऐसा होता है। मान लीजिये हम अपनी सेक्रेटरी से एक क्लाइंट को एक मेसेज देने के लिए कहते हैं, और हम उसे क्लाइंट का नंबर देते हैं। हम उसे एकदम साफ़-साफ़ बताते हैं, कि क्या किया जाना है और हम बताते हैं कि अगर कोई प्रॉब्लम आती है तो मुझे बताएगा। सेक्रेटरी कहता है कि मैं समझ गया हूं और काम हो जाएगा। जहां तक हमारी बात है तो हम समझ लेते हैं कि यह काम हो गया है और हम दिमाग से राहत महसूस करने लगते हैं। एक हफ्ते बाद, जब हम वहीं से गुज़र रहे होते हैं, हम सेक्रेटरी से पूछते हैं, कि क्या काम हो गया और वह कहता है, '*नहीं!*' हमने पूछा, '*क्यों?*' उसका जवाब आता है, '*मैंने फोन तो मिलाया लेकिन नंबर नहीं लगा!*' हमने पूछा, '*तो फिर तुमने क्या किया?*' तो वह कहता है, '*कुछ नहीं!*'

अगर हम इस उदाहरण को देखें तो जिसे काम मिला उसने न ही हमें बताया कि काम नहीं हुआ है और न ही उसने काम किया और न ही अपनी परेशानी बताई। उसने कुछ नहीं किया। हालांकि उसने पहला कॉल तो किया और फिर रुक गया। यहां पर यह सवाल उठता है-

- क्या यह ज़िम्मेदारी का व्यवहार है?
- क्या उसकी काम करने की नीयत थी?
- अगर उसकी काम करने की नीयत थी, तो उन्होंने हमें क्यों नहीं बताया और मदद क्यों नहीं मांगी?
- उसने न तो काम किया और न ही बताया। इसे आप क्या कहेंगे? यह कैसा व्यवहार है? क्या ये:
  - कोई गलती है
  - अनदेखी करना है
  - ख़राब एटीट्यूड है
  - लापरवाही है
  - अनुशासनहीनता है
  - ईमानदारी या बेईमानी है?

ऊपर दिए गए उदाहरण में किस चीज़ की कमी है?

- जवाबदेही (accountability)
- ज़िम्मेदारी (responsibilty)
- मलकीयत (ownership)
- ईमानदारी (honesty)
- नीयत (intent)

ऊपर दिए गई सभी चीज़ों की कमी है। ऊपर दिए गए उदाहरणों में, सेक्रेटरी प्रोफेशनली तो काम करने योग्य था, मगर उसने किया नहीं। *हम अपने काम करने और न करने दोनों के लिए ज़िम्मेदार हैं। एक आदमी जो बिना किसी नीयत के काम करना शुरू करता है वह पहली बाधा आते ही काम छोड़ देता है। प्रोफेशनल क्वालिफिकेशन (degree) हासिल करने से कोई प्रोफेशनल नहीं बन जाता। ईमानदार गलती और बेईमान गलती में सिर्फ़ नीयत का फर्क होता है।*

सिर्फ़ पूरे दिल से किए गए कामों का ही अच्छा नतीजा मिलता है। यहां पर मुख्य बात है पूरे दिल से काम करना। आधे दिल से किए गए काम से आधे नतीजे नहीं मिलते बल्कि निगेटिव या नुकसान पहुंचाने वाले नतीजे मिलते हैं। जब लोग कहते हैं कि '*मैं कोशिश करूंगा*' – वे शुरुआत में ही बेदिली और बिना नीयत के काम करते है। हक़ीकत में तो वे काम करने से पहले ही अपना मन बना चुके होते हैं कि वे बिना नीयत (non-committal) दिमाग से काम शुरू करते हैं, और यह उनके व्यवहार में भी साफ़ दिखता है। ऐसी नीयत यकीनन विफलता की ओर ले जाती है। वे पहले ही कदम पर कोई समस्या आते ही भाग खड़े होते हैं।

लोग हमेशा सुरक्षित नौकरी की तलाश में रहते हैं, यह अहसास किए बिना कि हमारा सबसे अच्छा काम ही हमारी सबसे बड़ी सिक्योरिटी होती है।

जबकि दूसरी तरफ़, जो लोग ज़िम्मेदारी के बिना सुरक्षित नौकरी की तलाश में रहते हैं, बड़े-बड़े मौके और अवसर उनके हाथों से अक्सर फिसल जाते हैं।

हर इंसान के सामने अड़चनें आती हैं, और उन्हें दूर करने के लिए लोगों को काम पर रखा जाता है। **यदि हम उन बाधाओं को नहीं हटाते हैं, तो हम खुद ही बाधा बन जाते हैं।**

ज़िन्दगी में नतीजों को इनाम मिलता है, प्रयासों को नहीं! हम अपने आप को अपनी नीयत से पहचानते हैं लेकिन दुनिया हमें हमारे कर्म से पहचानती है। लोग हमें हमारी अच्छी नीयत के कारण नहीं बल्कि हमें हमारे अच्छे काम और नतीजों के लिए पैसे देते हैं। एक पुरानी कहावत है, 'नरक को जाने वाली सड़क अच्छी नीयत से भरी हुई है।' **एक छोटा अच्छा काम किसी महान नीयत से कहीं बेहतर है। सिर्फ़ अच्छी नीयत ही काफ़ी नहीं है, हमें उन्हें अपने अच्छे कामों के साथ सपोर्ट करना चाहिए।** जो हम सोचते हैं या हम मानते हैं, उसका नतीजा कुछ नहीं होता। हमारी सोच से ज़्यादा हमारे कर्म अधिक अहमियत रखते हैं।

पहाड़ को सिर्फ़ देखकर ही नहीं बल्कि चढ़ाई करके चढ़ा जाता है। इंसान की क्षमता की पहचान सिर्फ़ इससे नहीं होती कि क्या उसने शुरू किया बल्कि इससे होती है कि उसने क्या खत्म किया। दुख की बात यह है कि लोग बहुत कुछ करना चाहते हैं लेकिन बहुत ही कम ऐसे होते हैं, जिनमें काम को आगे ले जाने की क्षमता होती है।

हम सभी के पास करने के लिए कई चीज़ों की सूची होती है, जैसे असाइमेंट, नौकरी, काम आदि। ज़्यादातर लोग केवल उतना ही करते हैं जिससे उसकी जान छूट जाए। मगर काम में संतुष्टि तभी आती है जब हम अपने टारगेट से अधिक करके देते हैं। **ज़िन्दगी गोलकीपिंग की तरह है, इससे कोई फर्क नहीं पड़ता कि आपने कितने गोल बचाये। जीतना और हारना इस बात पर निर्भर करता है कि आप कितने गोल नहीं बचा पाये।**

अगर आप असाधारण की गिनती में आना चाहते हो तो आपको कुछ असाधारण ही करना होगा।

स्टार परफोर्मर हमेशा ही नतीजा देने वाले होते हैं, वे सिर्फ़ बहाने नहीं बनाते। वे यह नहीं कहते–

1. **मैंने सोचा सभी को मालूम है** - यह काम न करने वालों का सबसे आम बहाना होता है, यह सुनिश्चित करने के लिए कि कोई उन्हें ज़िम्मेदार न ठहराए।
2. **मुझे लगा कि कोई और इसे करेगा** - यह काम न करने का सबसे बड़ा बहाना होता है। एक ज़िम्मेदार आदमी को यह सवाल पूछना चाहिए कि क्या यह काम ठीक से हो रहा है?
3. **मुझसे किसी ने यह करने के लिए कहा ही नहीं, या किसी ने मुझे इसके बारे में बताया ही नहीं** - जो लोग इस तरह की बात करते हैं, वे या तो तंग मानसिकता के होते हैं, या आसपास की चीज़ों को जानबूझकर अनदेखा करते हैं।
4. **उनका जवाब मेरे पास आना था, या उनका जवाब नहीं आया था** - ये सभी जवाब ज़िम्मेदारी से पूरी तरह भागना ही है, क्योंकि किसी के जवाब का इंतजार करना हमें दूसरे का मोहताज बना देता है और हमें सक्रीय होने से रोक देता है। ऐसा तब होता है जब लोग कोई काम नहीं करना चाहते बल्कि काम का दिखावा करते हैं।
5. **मेरे पास समय नहीं था, या मैं बहुत ही व्यस्त था** - जब लोग यह कहते हैं, तो अक्सर यह परखने का समय होता है कि उन्हें रखा जाए या नहीं, क्योंकि उनकी नीयत पर सवाल खड़े हो जाते हैं।
6. **मैंने इस बारे में सोचा नहीं था या मैंने सोचा नहीं था कि इन सवालों को पूछना इतना ज़रूरी होगा** - ये शब्द लोगों की अनिच्छा या अक्षमता को दिखाती हैं, कि वे अपनी छोटी सोच से परे न सोचना-समझना चाहते हैं। साथ ही ये शब्द ये भी दिखाते हैं कि लोग आने वाली चीज़ों के बारे में सोचना ही नहीं चाहते।

ये ऊपर के उदाहरण ऐसे बहाने हैं जो इंसान की नीयत पर सवाल उठाते हैं।

विजेता कहते हैं कि 'मुझे कुछ करना चाहिए' जबकि हारने वालों का कहना होता है कि 'कुछ होना चाहिए'।

अपनी परफॉरमेंस में गर्व कोई घटना नहीं है, बल्कि यह एक एटीट्यूड है। यह हमारी ज़िन्दगी के हर क्षेत्र में क्वालिटी को प्रभावित करती है, जैसे रिश्ते, काम और सामाजिक योगदान।

विजेता यह मानते हैं कि परफॉरमेंस में गर्व कोई कदम नहीं है बल्कि ज़िन्दगी जीने का एक तरीका है।

एक्शन प्लान

- अपनी उन चीज़ों की सूची बनाएं जो आप करना चाहते हैं, और जो आप नहीं करना चाहते हैं। उन तीन कदमों को बताएं जो आप ज़िन्दगी जीने के तरीके के रूप में अपनाना चाहेंगे और उन तीन कामों को बताएं जिनसे आप दूर रहना चाहेंगे-

  क्या करना चाहते हैं:

  1. ______________________________
  2. ______________________________
  3. ______________________________

  क्या नहीं करना चाहते हैं:

  1. ______________________________
  2. ______________________________
  3. ______________________________

अध्याय 14

दुर्घटनाएं - दुर्घटनाएं नहीं होती हैं
Accidents are No Accidents

हमारा लापरवाह नज़रिया (Attitude) विनाश लाता है

एक कील न होने वजह से पूरा राज्य नष्ट हो गया - यह कहानी उस राज्य की है जिसकी हार सिर्फ़ किसी एक इंसान की लापरवाही से हुई। पंद्रहवीं शताब्दी में राजा रिचर्ड अपनी ज़िन्दगी की सबसे मुश्किल लड़ाई लड़ने जा रहे थे। राजा के पास बहुत ही बड़ी सेना थी, और वह सेना अपने दुश्मन को हराने के लिए एकदम तैयार थी। राजा ने कहा कि वह अपने सबसे मनपंसद घोड़े पर चढ़कर लड़ाई लड़ेगा। लुहार ने सभी घोड़ों के नाल लगा दी थी, मगर राजा के घोड़े के लिए नाल नहीं लगा पाया। उनके पास समय नहीं था, क्योंकि दुश्मन की सेना उनके किले तक पहुंच चुकी थी। जल्दी-जल्दी में लुहार ने घोड़े को नाल तो लगा दिए, मगर कील न होने के कारण नाल को ठीक से टिका नहीं पाया। रिचर्ड का घोड़ा तैयार नहीं था। सेनाओं का आमना-सामना हुआ, और युद्ध में राजा अपनी सेना का मनोबल बढ़ाने लगा। वह बहादुरी से आगे बढ़ रहा था, मगर बहुत ही जल्द उसके घोड़े के पैर से उसका नाल निकल गया और घोड़ा लड़खड़ा गया। राजा ज़मीन पर गिर गया। डरा हुआ घोड़ा भाग गया और राजा बिना घोड़े के रह गया। जब उसके सैनिकों ने अपने राजा को नहीं देखा तो उनका मनोबल गिर गया और वे इधर-उधर भागने लगे। बहुत ही जल्द राजा को भी पकड़ लिया गया और युद्ध खत्म हो गया। कितनी शर्म की बात थी। **सिर्फ़ एक**

नाल की कील से पूरा इतिहास बदल गया! ज़रा एक कील की ताकत की कल्पना कीजिए! बेंजामिन फ्रैंकलिन के शब्दों में, '*एक कील की चाहत में नाल खो गई, नाल की चाह में घोड़ा खो गया, एक घोड़े की चाह में युद्ध हार गए, युद्ध की चाह में एक राज्य हार गये और यह सब एक कील के कारण हुआ!*'

यह कई सवालों और सबक के साथ एक सच्ची कहानी है-

1. आख़िर घोड़े की नाल की कील के लिए कौन ज़िम्मेदार था? ज़ाहिर है, घोड़ा तो नहीं था!
2. क्या राजा को यह पता था कि उसका घोड़ा तैयार नहीं है?
3. अगर उसे पता था तो क्या वह किसी और घोड़े से अपने घोड़े को बदल नहीं सकता था?
4. या राजा से झूठ बोला गया कि घोड़ा तैयार है?
5. सवाल यह है कि क्या वह वाकई तैयार था?
6. अगर वह वाकई तैयार था तो उसके पास पूरा सामान क्यों नहीं था?
7. उन लोगों के पास आख़िर घोड़े की नाल के लिए कील क्यों नहीं थी?

ये सभी चीज़ें दर्शाती हैं:

1. **ईमानदारी** (Integrity)
2. **ज़िम्मेदारी** (Responsibility)
3. **जवाबदेही** (Accountability)
4. **ओनरशिप/मिलकियत** (Ownership)
5. **लापरवाह एटीट्यूड** (Casual attitude)

जो दुर्घटना हुई उसके लिए किसी न किसी का लापरवाह एटीट्यूड ज़िम्मेदार था।

क्या यह सिर्फ़ लुहार की गलती थी?

उसके सुपरवाइजर (supervisour), उनके सभी और ऊपर सुपरवाइजर और उससे ऊपर सेनापति, क्या उन सबकी गलती नहीं थी ?

अंत में राजा खुद?

इसका मतलब है कि बहुत लोगों की गलतियों और लापरवाहियों की वजह से यह हादसा हुआ। उनके लापरवाही वाले एटीट्यूड ने ऐसे भयानक अंत को जन्म दिया। क्या इस पूरी की पूरी चेन में किसी ने भी अपना काम ज़िम्मेदारी से किया? अगर किसी ने भी अपना काम ज़िम्मेदारी से किया होता तो उनका अंत इस तरह से नहीं होता! राजा की सेना ताकतवर और लगभग तैयार भी थी। मगर हार गयी!

दो ज़रूरी सबक हैं-

1. **'लगभग'** तैयार होने का मतलब तैयार न होना। लगभग तैयार होने में और तैयार होने में ज़मीन-आसमान का या हार-जीत का फर्क है।
2. एक चेन चाहे कितनी भी मज़बूत क्यों न हो उसकी एक सबसे कमज़ोर कड़ी ही उसकी ताकत तय करती है।

याद रखें:

सही काम करने और लगभग सही काम करने में उतना ही फर्क है जितना मरे हुए और लगभग मरे हुए में। 'लगभग' शब्द सही नहीं है। ओलंपिक्स में कोई भी 99 प्रतिशत उपलब्धियों के साथ गोल्ड मैडल नहीं पाता।

'लगभग हो गया' का मतलब होता है कि नहीं हुआ। एक सैंचुरी सौ साल की होती है, तकरीबन सौ साल की नहीं।

पूजापाठ से पहले ड्यूटी

एक बार कुछ पर्यटक (tourist) एक पहाड़ पर छुट्टी बिताने जा रहे थे। पहाड़ी के नीचे से उन्होंने एक बस किराए पर ली। जब वे लोग बस में चढ़ रहे थे तो उन्होंने देखा कि बस का ड्राइवर हाथ जोड़कर पूजा

कर रहा था। उसके बाद उन लोगों ने पहाड़ पर चढ़ना शुरू किया। थोड़े ही आगे वे लोग गए होंगे तभी इंजन गर्म होने लगा तो ड्राइवर को बस रोकनी पड़ी। जब उसने देखा तो पाया कि रेडिएटर में तो पानी ही नहीं है। उन्होंने पानी का बंदोबस्त किया और फिर से सफ़र आगे बढ़ा। कुछ ही दूर वे लोग आगे बढ़े तो बस कुछ धक्कों के बाद बंद हो गयी, और इस बार बस में तेल खत्म हो गया था। तेल का टैंक एकदम खाली हो गया था। इसके बाद सहायता आई और फिर मुसाफिरों को बचाया गया।

ड्राइवर ने प्रार्थना तो कर ली थी, मगर उसे जो करना चाहिए था वह उसने नहीं किया था - उसने अपनी बस का रेडिएटर नहीं देखा था, न ही उसने तेल भरवाया था। उसने अपना ज़रूरी काम नहीं किया था। अगर आप अपना काम सही तरीके से नहीं करेंगे तो भगवान और प्रार्थनाएं भी क्या करेंगी?

ऊपर दी गयी कहानी से यह सबक मिलता है कि उत्तरदायित्व और ज़िम्मेदारियों को पूजा-पाठ से नहीं बदला जा सकता।

भगवान भी उनकी मदद नहीं करता जो खुद अपनी मदद नहीं करते।

बस ड्राइवर का उदाहरण कोई झूठ नहीं बल्कि एकदम हक़ीकत है। बस ड्राइवर यह नहीं कह सकता कि वह अज्ञान था। वह अज्ञान नहीं था बल्कि लापरवाह था! और लापरवाही क्या है? यह है ज़रूरी चीज़ों को नज़रअंदाज करने देने वाला एटीट्यूड। यह ज़रूरी चीज़ों को नज़रअंदाज करने देने वाला एटीट्यूड क्या है? यह एक चलाऊ नज़रिया है। एक लापरवाह एटीट्यूड हमेशा ही मुसीबत लाता है।

परेशानियां हमेशा ही कई कारणों से होती हैं, उसका मुख्य कारण लापरवाही है।

एक बार एक महिला अपनी तीन साल की बेटी को डॉक्टर के पास लेकर गयी जिसके कान में बहुत दर्द हो रहा था। डॉक्टर ने कान में इन्फेक्शन पाया और सोचा कि बच्ची को गोली निगलने में परेशानी होगी इसलिए उसने सीरप के साथ एक ड्रॉपर उस औरत को दिया और कहा कि '*बच्ची को दिन में पांच बार दस-दस बूंद दें।*' उस औरत को समझ में आ गया और वहां से संतुष्ट होकर चली गयी। दो दिनों के बाद उस बच्ची को इमरजेंसी में लाया गया। जिस डॉक्टर ने उसे दवाई दी थी, उसे बुलाया गया। डॉक्टर ने मां से पूछा कि '*क्या उसने वह दवा बच्ची को दी थी?*' मां ने कहा, '*हां, मैंने उसके कान में पांच बार दस-दस बूंदे डाली थीं।*' डॉक्टर यह सुनकर चौंक गया। वह बोला, '*मैंने आपको वह दवा खाने के लिए दी थी, क्योंकि मुझे लगा कि आपकी बेटी बहुत छोटी है तो वह गोली नहीं निगल पाएगी।*'

अब इस हालत में संवादहीनता (miscommunication) को देखिये। किसकी गलती है? किसे इस दुर्घटना के लिए आप दोषी ठहराएंगे? यह मिसकम्युनिकेशन किसने किया? यह डॉक्टर और मां दोनों की ही लापरवाही वाला व्यवहार था जिसने कहने-सुनने में गलती की। न ही डॉक्टर ने सही से निर्देश दिए और न ही मां ने कोई सवाल किया।

लापरवाही से किया गया व्यवहार दुर्घटनाओं को जन्म देता है।

- *वाशिंगटन पोस्ट*, दिनांक 3 मई 2016 के अनुसार, 'अमेरिका में होने वाली मृत्यु तीसरे नम्बर पर (क्वॉर्टर मिलियन) मेडिकल त्रुटियां और डॉक्टर एवं नर्स की लापरवाही के कारण होती हैं।'[1]

गलत दवाई देना, शरीर का गलत अंग निकालना और किसी एक डिपार्टमेंट से दूसरे डिपार्टमेंट में मरीजों को भेजते समय मिसकम्युनिकेशन भी लापरवाही के उदाहरण हैं।

एक दिन एक आदमी ने काम पर जाते समय अपने घर में दवाई की एक शीशी को मेज पर खुला रखा हुआ देखा। उसके दिमाग में पहला

---

[1] https://www.washingtonpost.com/news/to-your-health/wp/2016/05/03/researchers-medical-errors-now-third-leading-cause-of-death-in-united-states/?utm_term=.e526ed067be1

ख़्याल आया कि क्यों यह खुली हुई रखी है, और दूसरा यह कि वह उसे बंद कर दे। उसने अपनी घड़ी देखी, और उसे लगा कि उसे देरी हो रही है। हालात को समझे बिना वह तेज़ी से बाहर निकल गया। उसकी पत्नी किचन के कामों में लगी हुई थी। कुछ ही समय बाद उसकी बीवी ने फोन किया कि वह बेटे को लेकर अस्पताल आई थी, लेकिन उसके बेटे को बचाया न जा सका। डॉक्टर ने उसकी मौत का कारण उस दवाई की ज़्यादा मात्रा पीना बताया जो वह सुबह खुली छोड़ आया था।

पिता को उस दवाई की शीशी को बंद करने की ज़िम्मेदारी पूरी करनी चाहिए थी, और कम से कम वह रास्ते से ही सही वह अपनी बीवी को तो बता ही सकता था। मगर उसने ऐसा कुछ नहीं किया। उसे लगा यह तो बहुत ही छोटी बात है, इससे क्या होगा। उसने अपनी बीवी को बताना भी ज़रूरी नहीं समझा, या उसके दिमाग से ही यह बात फिसल गयी। उसे खुद ही सबसे पहले यह काम करना चाहिए था।

लापरवाही की यह असली घटना ही दुर्घटना का कारण बनी।

हमारी रोज़ की ज़िन्दगियों में कई उदाहरण ऐसे हैं जो दिखाते हैं कि किसी भी मुद्दे को अनदेखा करने से मुसीबत आती हैं, जैसे-

1. घरों में फिनायल की गोलियां ऐसे ही खुले में पड़ी रहती हैं। बच्चे उन्हें खुले में पड़ा हुआ देखते हैं और उन्हें वह बहुत अच्छी लगती है, वे बहुत आराम से उसे अपने मुंह में डाल सकते हैं। यह खतरनाक हो सकता है।
2. घरों में बिजली के सॉकेट हमेशा ही खुले में रहते हैं, जिससे परेशानी आ सकती है। बच्चों को सुरक्षित रखने के लिए सॉकेट को हमेशा ही कवर करके रखना चाहिए।
3. लोग अक्सर जगह पर पहुंचने के लिए लाल बत्ती जम्प कर जाते हैं, जिससे दुर्घटनाएं हो सकती हैं।
4. यहां तक कि सरकारी कामों में भी लापरवाही होती है, जब वे सड़कों पर गड्ढे और मेनहोल खुला छोड़ देते हैं, जिससे पैदल चलने वाले उसमें गिर जाते हैं और कभी-कभी मर भी जाते हैं।

ऊपर दिए गए सभी मामलों में सभी दुर्घटनाओं को टाला जा सकता था,

जब एटीट्यूड सही होता और जवाबदेही होती है। अपनी ज़िम्मेदारियों को अपनाने से हम दुर्घटनाओं को होने से रोक सकते हैं। **ज़िम्मेदारी को अपनाना ही आज संसार की ज़रूरत है।**

दुर्घटनाएं - दुर्घटनाएं नहीं होतीं

मार्क ट्वेन ने एक बार कहा था, '*एक बार मरने से बेहतर है हज़ारों बार सावधान रहना।*' इस बात को ध्यान में रखते हुए कि दस में से आठ दुर्घटनाएं असुरक्षित स्थितियों के कारण न होकर आदमी के लापरवाह कदमों के कारण होती हैं। जब भी दुर्घटनाएं होती हैं, तो सबसे बड़ी पहल होती है बलि का बकरा खोजने का। कभी-कभी लोग कारण खोजने के बजाय यह खोजते हैं कि आख़िर ठीकरा किसके सिर पर फोड़ा जाए। मुझे यकीन है कि हम सभी कभी न कभी इस तरह के एटीट्यूड के शिकार होते हैं। अगर हम उसी एटीट्यूड के साथ फिर से जीते हैं तो हो सकता है शायद अगली बार हम उतने भाग्यशाली न हों जितने हम पहले रह चुके हैं।

सुरक्षा शर्तों के उल्लंघन का एक और उदाहरण है, गाड़ी चलाते समय फोन पर बात करना और मेसेज करना। गाड़ी चलाते समय मैसेज (message) करना, शराब पीकर गाड़ी चलाने के समान है। यह दुर्घटनाओं के लिए खुला आमंत्रण है। 'हर साल अमेरिका में लगभग आधा मिलियन (5 लाख) लोग गाड़ी चलाते समय, मेसेज करते हुए या तो घायल होते हैं या मर जाते हैं।'[2] कोई अजीब बात नहीं कि कई देशों ने गाड़ी चलाते समय मोबाइल फोन के इस्तेमाल पर बैन लगा रखा है और गैरकानूनी कर दिया गया है।

- '*डेली मेल*' के अनुसार, आज ड्राइवर का ध्यान बहुत भटकता है और रास्ते में जैसे ही आपका ध्यान सिर्फ़ दो सेकण्ड के लिए भटका वैसे ही दुर्घटना होने की आशंका 24 गुना बढ़ जाती है।[3]

---

[2] http://www.personalinjurysandiego.org/topics/facts-about-texting-driving/

[3] http://www.dailymail.co.uk/sciencetech/article-3000917/Drivers-distracted-taking-eyes-road-just-2-seconds-increases-accident-risk-24-times.html

पचपन मील प्रति घंटे की रफ़्तार से चल रही गाड़ी इन दो सेकण्ड में दो फुटबॉल मैदान की लम्बाई को पार कर सकती है। यह आंख पर पट्‌टी बांधकर चलाने के समान है।

नीचे लिखे गए उदाहरण दुर्घटना लाते है:

1. **ध्यान का अभाव:** ध्यान के भटकने से दुर्घटनाएं हो सकती हैं। बिना ध्यान के काम करना, काम पर घर के बारे में सोचना, और घर पर काम के बारे में सोचना, दोनों ही तरफ़ नुकसान पहुंचता है। किसी समस्या से जूझते रहना या लम्बे समय तक परेशान रहने की वजह से ध्यान नहीं लगा पाते और दुर्घटना का शिकार हो जाते हैं। हमें इस पर रोक लगानी होगी। ध्यान भंग होने या निगाह भटकने से, चाहे वह कोई दोस्ताना कॉल ही क्यों न हो, दुर्घटना को निमंत्रण देना है।
2. **सुरक्षा प्रक्रियाओं (Safety Processors) का पालन न करना:** सुरक्षा प्रक्रियाओं के बारे में लापरवाही वाला व्यवहार दुर्घटनाओं को आमंत्रित कर सकता है। सुरक्षा को अनदेखा करना एक ख़राब एटीट्‌यूड है। उदाहरण के लिए, कार में लोग सुरक्षा बेल्ट नहीं बांधते हैं। यह अज्ञानता नहीं है बल्कि लापरवाही है।
3. **निर्देशों को नज़रअंदाज करना या अधूरा छोड़ना:** क्या हमने अपने ऑफिस में किसी को अधूरे निर्देश के साथ काम करते हुए देखा है? ऐसे व्यवहार से सुरक्षा और आउटपुट को खतरा होता है। काम पाने वाले को हमेशा ही काम के निर्देशों को पूरे तरीके से पूछना चाहिए। सवाल पूछना बेवकूफी नहीं है, काम को बिना निर्देशों के शुरू करना बेवकूफी है। निर्देश देने वाले को भी पूरे रूप में निर्देश देने चाहिए।
4. **ज़रूरत से ज़्यादा अपने आप से संतुष्ट या अति आत्मविश्वास:** अति-आत्मविश्वास (over-confidence) घमंड लाता है। यह वह एटीट्‌यूड है कि मेरे साथ ऐसा हो ही नहीं सकता। ऐसा एटीट्‌यूड उपेक्षा लाता है। यह दुर्घटनाओं और चोट को आमंत्रित करता है। **आत्मविश्वास अच्छा आउटपुट लाता है, ओवर-कांफिडेंस अहंकार और दुर्घटना लाता है।**

5. **बिना तैयारी और बिना प्लानिंग:** किसी प्रक्रिया को बिना सोचे-समझे करना बहुत भारी चुनौतियां ला सकता है। बिना किसी योजना या जल्दबाज़ी में किसी काम को शुरू करना दुर्घटना को जन्म दे सकता है। इसलिए सही योजना बनाकर किसी काम को करना सुरक्षा का एक स्मार्ट तरीका है।
6. **परफॉरमेंस में गर्व न करना:** अपने काम में गर्व न करने से काम अच्छा नहीं होता और जिसकी वजह से सुरक्षा में खतरा बढ़ जाता है।
7. **छोटे फायदे के लिए बड़ा नुकसान झेलने के लिए तैयार रहना:** हर कोई जो तैयारी के समय समझौता करता है, उसे अदूरदर्शिता कहा जाता है। इसलिए वह शॉर्टकट की तलाश में रहता है। **शॉर्टकट हमेशा ही सुरक्षा को कम करता है।** हममें से सभी तेज़ी से और प्रभावी रूप से काम करना चाहते हैं। मगर हमें सोचना चाहिए कि क्या हम समय बचाने के चक्कर में सुरक्षा से समझौता तो नहीं कर रहें? अगर हम यह ज़रूरी सवाल नहीं पूछते हैं, तो हम दुर्घटनाओं के ही मौके को बढ़ाएंगे।

जब हमें गुलाब तोड़ते हुए कई कांटे चुभते हैं, तो हमें उन कांटों की शिकायत करने का अधिकार नहीं। **जब लापरवाही होती है, तो दुर्घटना सिर्फ़ इत्तेफाक नहीं हो सकती है।**

घमंड से दुर्घटनाएं आती हैं

अब तक की सबसे बड़ी दुर्घटना सिर्फ़ घमंड और लापरवाह एटीट्यूड के कारण हुई और वह थी न डूबने वाले जहाज टाइटेनिक (Titanic) का डूबना। यह 1912 में हुआ था। टाइटेनिक दुनिया का सबसे बड़ा जहाज था, जिसका वजन 46,328 टन था, वह 882 फीट लंबा था और उसमें 2,500 से ज़्यादा लोग आ सकते थे। उसमें हर तरह का आरामदायक सामान था जैसे पूल, जिम, मिनीगोल्फ कोर्स, डाइनिंग रूम आदि। टाइटेनिक रात में एक आइसबर्ग से टकरा गया और उसके सोलह वाटर टाईट कम्पार्टमेंट में से पांच में छेद हो गए थे। वह कुछ ही घंटों में डूब गया था और इससे 1,513 लोगों की जान चली गई।

इस दुर्भाग्यपूर्ण घटना की सबसे दुखद बात तो यह थी कि क्रू और कैप्टन को यह बात बता दी गयी थी, कि सामने आइसबर्ग है और वे आइस्फ़ील्ड की तरफ़ बढ़ रहे हैं। उन्हें समय-समय पर चेतावनी दी गयी थी। उन्होंने हर चेतावनी को अनदेखा किया और पूरी तरह से बेकार चीज़ों की तरफ़ घिरे रहे। टाइटेनिक के कप्तान ने सभी चेतावनियों को यह कहकर घमंड से नकार दिया कि '*चुप रहो, तुम मेरे सिग्नल जाम कर रहे हो!*' क्या इस दुर्घटना को रोका जा सकता था? जवाब है, हां!

टाइटेनिक के कर्मचारियों (crews) ने न सिर्फ़ चेतावनी को अनदेखा किया, बल्कि उसके साथ उसमें पर्याप्त लाइफबोट भी नहीं थे और यह हादसा हो गया। टाइटेनिक का डूबना सिर्फ़ और सिर्फ़ उस घमंड और लापरवाही वाले व्यवहार का नतीजा था।

लापरवाही वाले व्यवहार से किस तरह की दुर्भाग्यपूर्ण घटना होती है, उसका यह उदाहरण है।

अगर आप और ज़्यादा हासिल करना चाहते हैं, तो लापरवाही वाले एटीट्यूड को दुर्घटना का कारण न बनने दें।

एक्शन प्लान

- तीन उन घटनाओं के बारे में लिखें जो आपकी लापरवाही वाले एटीट्यूड के कारण आपकी ज़िन्दगी में घातक हुई?

  1. ______________________________
  2. ______________________________
  3. ______________________________

- आप कैसे एक लापरवाही वाले एटीट्यूड को बेहतर कर सकते है?

  1. ______________________________
  2. ______________________________
  3. ______________________________

हर अच्छे इंसान का नैतिक कर्तव्य है कि वह अरबपति बने क्योंकि अच्छे हाथों में पैसा भला ही करता है और घटिया हाथों में बुरा ही करता है।

अध्याय 15

खुशहाली चाहने वाले बनें

Become Prosperity Conscious

यह एकदम सटीक कहा गया है कि हर इंसान का अंतिम लक्ष्य ज़िन्दगी में खुश रहना है। खुशी को हासिल सिर्फ़ तभी किया जा सकता है जब हमारे पास नीचे लिखी हुई तीन चीज़ें हों-

1. सेहत (Health)
2. दौलत/पैसा (Wealth)
3. अच्छे रिश्ते (Good Relationships)

इस चैप्टर में, हम **दौलत** के बारे में बात करने जा रहे हैं। एक खुश और संतुष्ट ज़िन्दगी जीने के लिए इन्सान के पास एक बहुत ज़रूरी चीज़ जो होनी चाहिए, वह है दौलत। दौलत न सिर्फ़ बैंक बैलेंस के रूप में देखी जा सकती है, बल्कि यह शारीरिक दौलत और रिश्तों को एक साथ लाकर देखी जा सकती है। दौलत का मतलब है **बैंक बैलेंस** और **आर्थिक आज़ादी**। बैंक बैलेंस के बिना आध्यात्मिक, भावनात्मक और शारीरिक सेहत पाना बहुत ही मुश्किल है।

हर समाज में तीन तरह के लोगों के समूह होते हैं: **अमीर, गरीब** और **मध्यवर्ग।** गरीब और अमीर भी **बहुत अमीर** और **बहुत गरीब** में बांटे जा सकते हैं।

हर वर्ग में पैसे और लक्ष्य को लेकर अलग-अलग तरह की सोच होती है। हमारी सोच और विश्वास दौलत को हासिल करने के लिए बहुत ही ज़रूरी है। हर वर्ग वही पाता है जिसके बारे में वह सोचता

है। एक पुरानी कहावत है कि 'जो आप चाहेंगे, वही आपको मिलेगा', और यह हमारी भौतिक ज़िन्दगी में एकदम सच है।

अमीर लोग ज़िन्दगी में 'आज़ादी' चाहते हैं। ज़िन्दगी का लक्ष्य हासिल करने के लिए हमें इस सोच से चलना पड़ेगा कि दुनिया में हर चीज़ भरपूर है और किसी चीज़ की कमी नहीं है। मध्यमवर्ग और गरीब के लिए जिंदा रहने और आराम की ज़िन्दगी बिताना ज़्यादा महत्वपूर्ण है। उनकी ज़िन्दगी एक कमी वाली सोच (Survival) या आराम की ज़िन्दगी (Comfort) बिताने से संचालित होती है।

- 14 जनवरी 2016 को *Cleveland.com* में प्रकाशित एक लेख में छपा था कि नैशनल एंडोमेंट फॉर फाइनेंशियल एजुकेशन के अनुसार 'करोड़ों की लॉटरी या बड़ा इनाम जीतने वाले लगभग 70 प्रतिशत लोग कुछ ही सालों में वापस पहली की स्थिति में आ जाते हैं।'[1]

उन्हें पैसों की लॉटरी तो मिल जाती है, लेकिन मानसिक रूप से वे इसे स्वीकार ही नहीं कर पाते कि वे अब करोड़पति हो गए है। यही कमी वाली सोच वाले पैसे को पकड़ नहीं सकते हैं। वे या तो उसे बिना सोचे समझे निवेश या खर्च कर देते हैं, या फिर उनका पैसा बर्बाद हो जाता है, और वे उसे खो देते हैं।

यह ठीक ही कहा गया है कि अगर आप पूरी दुनिया की दौलत को लेकर सभी लोगों के बीच बराबर भी बांट देंगे तो दो ही सालों में वह उन्हीं जेबों में वापस आ जाएगी जहां से वह निकली थी। ज़ाहिर है, यह सोच का काम है।

गरीबी की सोच

एक बार एक भिखारी था, जो एक बड़े शहर के बीचोंबीच एक साइनबोर्ड (signboard) के साथ भीख मांगता था। उस साइनबोर्ड पर लिखा रहता था, 'मैं परेशानी में हूं, मेरी मदद करें।' एक मार्केटिंग अधिकारी वहां से रोज़

[1] http://www.cleveland.com/business/index.ssf/2016/01/why_do_70_percent_of_lottery_w.html

गुज़रता था और कभी कभी कुछ पैसा उसके कटोरे में डाल देता था। एक दिन उसने भिखारी से पूछा कि आख़िर उसे एक दिन में कितना पैसा मिल जाता है, तो भिखारी ने कहा *लगभग 35 डॉलर*। उसे उस भिखारी पर तरस आया। उसने एक नया साइनबोर्ड बनाया और उस पर लिखा, 'अगर आपके दिमाग में एक महीने में दान देने की इच्छा होती है, तो यहां क्यों न दें!'

इस साइनबोर्ड ने काम किया। लोग पढ़ने के लिए रुकते और कुछ न कुछ देकर ही जाते। तीन ही घंटों में, भिखारी के पास 50 डॉलर इकट्ठे हो गए, कमाल की बात है कि उसने अपना थैला बंद किया और चला गया।

अगर वह वहां पर पूरे दिन के लिए रुकता तो हो सकता था कि वह 100 डॉलर से ज़्यादा इकट्ठा कर सकता था, लेकिन मानसिक रूप से उसने अपनी सीमा तय कर रखी थी कि उसे सिर्फ़ इतना ही इकट्ठा करना है और इससे ज़्यादा नहीं।

मैं आपको एक असल ज़िन्दगी का किस्सा बताता हूं। 1970 के आसपास युगांडा के राष्ट्रपति इदी अमीन ने अपने देश के एशियाई नागरिकों को हटाने के आदेश दे दिए थे। वे लोग जो वहां पर सदियों से रह रहे थे, वे एक ही दिन में शरणार्थी बन गए और उन्हें सारा सामान छोड़कर देश से भागना पड़ा। कुछ हज़ार लोगों ने कनाडा में शरण ली। उनमें से कुछ ने एकदम ज़ीरो से शुरू किया। मैंने उन लोगों में कुछ ख़ास नोट किया-

जो लोग युगांडा में अच्छा कर रहे थे, उन्हीं लोगों ने कनाडा में भी अच्छा काम करना शुरू किया। उन्होंने बहुत मन लगाकर काम किया। एक दिन में बारह से चौदह घंटे तक काम करना उनकी आदत का हिस्सा बन गया। ऐसे ही कुछ थे जिन्होनें जिन दुकानों पर काम करना शुरू किया, और अंत में आकर उन्हीं दुकानों को खरीद लिया। मैंने देखा कि ये लोग न सिर्फ़ आर्थिक रूप से स्थिर हो गए थे बल्कि वे औरों को भी आगे बढ़ने में मदद कर रहे थे। इसी प्रकार जो लोग युगांडा में मुश्किल से गुजारा कर रहे थे, वे कनाडा में आकर भी उसी तरह साधारण रूप से दिन गुज़ार रहे थे। कनाडा में जिन लोगों

की सोच सिर्फ़ जिंदा रहने वाली सोच से अधिक थी, वे बाधाओं के बावजूद, आर्थिक रूप से स्वतंत्र रहे और फिर उन्होंने यह कर दिखाया। ऊपर दिए उदाहरण साफ़ तौर पर सोच और खुशहाली के बीच बहुत ही ख़ास रिश्ता दिखाता है।

यह सिर्फ़ सोच के बारे में है।

खुशहाली, गरीबी और मध्यवर्ग मानसिकता

1. खुशहाली वाली मानसिकता

खुशहाली चाहने वालों में आज़ादी पाने वाली एक सोच होती है। एक खुशहाल आदमी में हमेशा ही भरपूरता की बात होती है। वे सोचते हैं कि दुनिया में सभी के लिए भरपूर है। खुशहाली को चाहना और भरपूरता को पहचानना दिमाग की एक स्थिति है। खुशहाली की सोच वाला इंसान पैसे को आकर्षित करता है और एक खुशहाल ज़िन्दगी जीता है। वे लोग जो आज़ादी चाहते हैं, उन्हें आर्थिक पूर्णता हासिल होती है।

2. गरीब मानसिकता

कुछ ऐसे लोग हैं जिनकी गरीबी की मानसिकता होती है। उन्हें केवल जिंदा रहने से मतलब होता है। वे ऐसे लोग होते हैं, जिनके सामने मौकों का समुन्दर होता है, मगर वे उसे हासिल नहीं कर पाते। गरीबी की मानसिकता भी एक मन की दशा है। गरीबी वाली सोच के साथ कोई भी, कभी भी आर्थिक भरपूरता नहीं हासिल कर सकता है और वह एक दुखी ज़िन्दगी ही जीता रहता है। ऐसे लोगों का मानना है कि चीज़ों की कमी है या फिर दुनिया में चीज़ें सभी के लिए काफ़ी नहीं हैं।

3. साधारण/मध्यवर्ग

ये ऐसे लोग होते हैं, जिनका सोच आराम चाहने की होती है। ये लोग सिर्फ़ आराम की बातें ही सोचते हैं। ये ऐसे लोग होते हैं, जो न ही बहुत आगे जाना चाहते हैं और न ही वे लोग पीछे छूटना पसंद करते हैं। हालांकि साधारण या मीडियोकर शब्द आजकल पॉज़िटिव् अर्थों में

नहीं लिया जाता है। यह बताता है कि आदमी अपनी साधारण क्षमताओं के साथ समझौता कर लेता है और यह कि वह जितना हासिल करता है, वह सोचता है कि इससे ज़्यादा मेरी क्षमता नहीं है।

खुशहाल मानसिकता वाले आर्थिक आज़ादी हासिल करने में व्यस्त होते हैं

खुशहाली चाहने वाले हमेशा ही अपने सलाहकार बहुत सावधानी से चुनते हैं। वे अच्छी सलाह के लिए पैसे देने के लिए तैयार होते हैं। वे समझते हैं कि मुफ्त की सलाह बहुत महंगी पड़ती है। मुफ्त सलाह कुल मिलाकर एक्सपर्ट सलाह तो होती नहीं। अज्ञानी लोग मुफ्त सलाह देने और लेने के लिए उत्सुक रहते हैं। खुशहाल लोग उन लोगों से सलाह लेते हैं, जिन्होनें अपनी ज़िन्दगी में कुछ हासिल किया हो, बजाए उनसे जो खुद 'असफल ज़िन्दगी' जी रहे होते हैं।

खुशहाल मानसिकता वाले **आज़ादी** चाहते हैं, जो कि आर्थिक आज़ादी से हासिल करते हैं।

खुशहाल मानसिकता वाले लोग यह मानते हैं कि निरंतरता (Consistency) **और आत्म-अनुशासन** (Self-discipline) **जब एक साथ मिलते हैं, तो इसका नतीजा आज़ादी होता है।**

आइये हम देखते हैं कि आर्थिक आज़ादी क्या है?

आर्थिक आज़ादी

हमें **आर्थिक आज़ादी** शब्द को समझने की ज़रूरत है। आर्थिक आज़ादी का मतलब है, 'हमारे पास दौलत हो जिससे इतनी आमदनी पैदा कर सके कि हमें वह आज़ादी मिले जिससे हम अपने मनपसंद ज़िन्दगी गुजार सकें।' काम इसलिए करें, क्योंकि हम करना चाहते हैं, बजाए मजबूरी के। इसे हम कहते हैं कि सोने के अंडे देने वाली मुर्गी तैयार करो। खुशहाल मानसिकता वाले लोग यही करते हैं।

अमेरिका में लोग बीस से पच्चीस साल की उम्र के बीच कमाना शुरू करते हैं और वे पैंसठ साल की उम्र में रिटायर हो जाते हैं। मजेदार बात यह है कि 40 से 45 साल काम करने के बाद उनमें से सिर्फ़

5 प्रतिशत को ही आर्थिक रूप से आज़ाद माना जा सकता है। 95 प्रतिशत लोगों के पास कुछ नहीं होता, वे या तो दोस्तों, रिश्तेदारों या सामाजिक सुरक्षा (social security) पर निर्भर होते हैं। एक ऐसा देश जहां पर सभी को अरबपति बनने का अवसर मिला हुआ है, वहां पर लोग इन अवसरों को पहचानते नहीं हैं, या ऐसे ही अपने हाथों से चले जाने देते हैं। कितनी दुखद बात है! सवाल यह है कि यह हमें तय करना है कि हमें खुद को कहां रखना है, क्या 95 प्रतिशत में या फिर 5 प्रतिशत में?

अनुमान है कि वर्ष 1950 में सिर्फ़ 100,000 अरबपति थे और दिनांक 14 नवम्बर 2017 के *businessinsider.in* के अनुसार 'वर्ष 2016 तक पूरी दुनिया में साढ़े तीन करोड़ लोग अरबपति थे।'

क्या हमें आर्थिक रूप से आज़ाद होकर इस सफलता की कहानी का हिस्सा नहीं होना चाहिए? ज़िन्दगी में हमारा उद्देश्य आर्थिक आज़ादी के ज़रिये अपनी ज़िन्दगी आज़ाद करें।

कुल मिलाकर जिन लोगों के पास पैसा होता है, वे नीचे दिए गए चार पॉकेट में पैसा रखते हैं–

1. निवेश (Investment)
2. बचत (Savings)
3. खर्च (Expenditure)
4. दान (Charity)

ज़िन्दगी में हमारे पास जितना पैसा आता है वह ज़िन्दगी की गुल्लक के चार स्लॉट्स में जाता है।

सवाल यह है कि उसमें से हम किस स्लॉट में कितना पैसा डालते हैं?

कुल पैसे का पहला 10–15 प्रतिशत **निवेश** में जाना चाहिए। बचे हुए पैसों में से अगले 10 प्रतिशत को **बचत** और इमरजेंसी फंड में (कम से कम छह महीनों से लेकर एक साल तक की आमदनी को बचत (Cash) के रूप में रखा जाना चाहिए), और फिर जो बचा है उसे **खर्चे** और **दान** में खर्च करना चाहिए। ज़ाहिर है, यहां पर मैं उन गरीबों की बात नहीं कर रहा हूं जिनके पास रोज़ी-रोटी के बाद कुछ बचता ही नहीं।

- **निवेशः** ये पैसा लम्बे समय तक बढ़ने के लिए है।
- **बचतः** बचत का मतलब है सुख-दुःख के टाइम इमरजेंसी में काम आने वाला पैसा।
- **खर्च करनाः** पैसे खर्च करने से मतलब है रोज़मर्रा की ज़रूरतों पर पैसे खर्च करना।
- **दानः** दान है कमाए हुए पैसों से समाज के प्रति फर्ज पूरा करना।

ऊपर की चार जेबों को कुल दो भागों में साथ लाया जा सकता है।

जब पैसा आता है, या तोः

1. हम निवेश करते हैं, या
2. हम खर्च करते हैं (बर्बाद)

जब भी हम कुछ निवेश करते हैं, तो यह हमें मुनाफ़ा देता है, मगर जब हम खर्च करते हैं, तो वह हमेशा के लिए चला जाता है।

वॉरेन बफे का कहना था, **'वह मत निवेश करिए, जो खर्च के बाद बचता है, बल्कि वह खर्च करें जो निवेश के बाद बच जाता है।'**

खुशहाल मानसिकता वाले पहले बचाते हैं फिर बचत के बाद जो बच जाता है, उसे खर्च करते हैं, जबकि गरीब मानसिकता वाले इसका एकदम उलटा करते हैं।

एक्टिव आमदनी वह होती हो जहां पर कोई इंसान काम करता है तो उसे पैसे मिलते हैं।

पैसिव आमदनी वह होती है कि जिसमें आपका पैसा आपके लिए काम करता है और आमदनी बनाता है।

खुशहाल मानसिकता वाले लोग संपत्तियां बनाते हैं

संपत्ति (Asset) क्या है? संपत्ति को एक ऐसे निवेश के रूप में बताया गया है जो पैसिव आमदनी पैदा करती है। पैसिव आमदनी वह पैसा है जो अपने आप पैदा

होता है। यह पैसा लगातार आता रहता है इसके लिए आपको दोबारा मेहनत करने की ज़रूरत नहीं होती है। आप किसी से भी पूछें तो वह कहेगा कि घर एक सम्पत्ति है। अगर वह किराए के रूप में एक आमदनी दे रहा है, तभी सम्पत्ति है वरना नहीं। सोचिये, अगर आप उस घर में रह रहे हैं, तो क्या वह आपको कोई आमदनी दे रहा है। जवाब है, नहीं! वह आप पर लायबिलिटी (liability) याने बोझ है। इसकी देख-रेख (maintenance) और टैक्स है और आप अपना पैसा इस घर में लगा रहे हैं। यह आपकी दौलत का हिस्सा है, मगर यह आपकी संपत्ति नहीं है। बेचने पर आपको इसके पैसे तो मिल सकते हैं, लेकिन जब तक आप उसमें रह रहे हैं और आपको कोई आमदनी नहीं मिल रही है वह घर आपकी दौलत है संपत्ति नहीं है। हमें 'असली संपत्ति' बनानी चाहिए। **अगर आपके पास बचत है, तो दूसरी कार या गाड़ी खरीदने के बजाय हमेशा दूसरा घर खरीदें** क्योंकि पहला घर जहां आपके लिए आवास का काम करेगा तो दूसरा घर आपके लिए आमदनी का काम करेगा। ऐसे मामले में, दूसरा घर अपने आप ही आपके लिए असली संपत्ति बन जाता है।

इसके अलावा घर की कीमत बढ़ती है, जबकि गाड़ी और बाकी चीज़ों की कीमत घटती है।

अपने संसाधनों को सम्भालो

खुशहाली चाहने वाले लोग अपने कमाए हुए पैसे का मोल पहचानते हैं। वे अपने द्वारा कमाए गए पैसे को सही रूप से संभालते हैं और बचत में भरोसा करते हैं, न कि अनापशनाप खर्चा करने में। वे एक सरल ज़िन्दगी बिताते हैं, क्योंकि वे दिखाए के बजाय आत्मसंतुष्टि के लिए जीते हैं। यह एक गलत सोच ही है कि करोड़पति या अरबपति लोग अनापशनाप खर्च करते हैं, और वे सिर्फ़ डिज़ाईनर सामान ही खरीदते हैं जैसे तीन या चार सौ डॉलर की कमीज, या फिर रोलेक्स की घड़ी, वे महंगी मर्सिडीज़ और बीएमडब्ल्यू चलाते हैं और हमेशा ही फर्स्ट क्लास में सफ़र करते हैं।

अमेरिकन व्यापारी (businessman) **और समाजसेवी वॉरेन बफे** (Warren Buffet) दुनिया के सबसे अमीर आदमी माने जाते हैं, वे वही जीवन आज भी जीते हैं, जो वे अमीर होने से पहले जिया करते थे। वे आज भी उसी घर में रहते हैं, जो उन्होंने 1958 में 31,500 डॉलर में खरीदा था और उनकी पसंद उतनी ही सरल है और एक सरल ज़िन्दगी बिताते हैं।

इन्फोसिस के सह-संस्थापक नारायण मूर्ती भी खरबपति होते हुए भी बहुत साधारण ज़िन्दगी जीते हैं। वे अब तक उसी मिडल क्लास घर में रहते हैं और वे इकोनोमी क्लास में सफ़र करते हैं। उनका एकमात्र शौक है किताबें पढ़ना।

ज़्यादातर खुशहाल मानसिकता वाले लोग संस्कार और आर्थिक रूप से अमीर होते हैं, मगर वे आर्थिक रूप से अमीर होने से कहीं पहले सांस्कारिक रूप से अमीर होते हैं।

जबकि नए-नवेले बने अमीरों के पास पैसा तो आ जाता है, मगर उनके पास संस्कारों की दौलत नहीं होती। इसलिए अपने बनावटी व्यवहार से वे पूरी दुनिया को यह बताना चाहते हैं, कि वे आ गए हैं। वे हमेशा दूसरों का ध्यान आकर्षित करना चाहते हैं, वे दुनिया से स्वीकृति पाने की तलाश में रहते हैं, क्योंकि उनमें आत्म-स्वीकृति का अभाव होता है। वे यह भी जानना चाहते हैं कि दूसरों के पास क्या है और वे औरों की सफलता से चिढ़ते हैं।

वे ज़िन्दगी की सच्चाई को समझ नहीं पाते हैं, कि **लोग चीज़ों को बनाते हैं, चीज़ें लोगों को नहीं बनाती।** उनमें इस बात की समझ की कमी है कि पैसों की तुलना इंसानियत से नहीं हो सकती है। **ऐसे लोग हर चीज़ को पैसों से तोलते हैं।**

खुशहाल सोच वाले लोग दूरदर्शी होते हैं

गरीब और साधारण लोग मूल रूप से महीने के हिसाब से ही सोचते हैं, जैसे अपने खर्चों की देखभाल करना, लोन, क्रेडिट कार्ड आदि के खर्चे। जबकि खुशहाल सोच वाले दूरदृष्टि वाले

होते हैं। वे दशकों के हिसाब से सोचते हैं और वैसे ही योजना बनाते हैं। वे आर्थिक ज्ञान, निवेश, और कैसे टैक्स को कानूनी रूप से बचाया जाए और कैसे पैसे को अपने-आप काम पर लगाया जाए, इसकी तैयारी करते हैं।

मुनाफ़ा (Profit) और तनख्वाह/वेतन

खुशहाल सोच वाले लोग मुनाफ़ा और तनख्वाह के बीच फर्क समझते हैं। वे नतीजों (result) के आधार पर पैसा चाहते हैं, जबकि साधारण लोग समय (time) के आधार पर पैसा चाहते हैं। खुशहाली चाहने वाले लोग प्रॉफिट देखते हैं, जबकि साधारण लोग तनख्वाह चाहते हैं। खुशहाल मानसिकता वाले लोगों के मन में खुद का हित होता है मगर स्वार्थ नहीं।

> ***निःस्वार्थ जीत का मतलब है,***
> ***हम सब जीत सकते हैं।***
>
> ***स्वार्थ कहता है, मुझे ही जीतना है,***
> ***फिर चाहे सारा संसार हार क्यों न जाए।***

खुशहाल मानसिकता वाले एक्टिव आमदनी और पैसिव आमदनी का मतलब समझते हैं। वे संपत्तियों को एक पीढ़ी से दूसरी पीढ़ी में सौंपना सीखते हैं और योजना बनाते हैं। जितना ज़्यादा एक आदमी भविष्य के बारे में सोचता है वह जीवन में उतना ही अमीर हो सकता है। खुशहाल मानसिकता वाले लोग अपने आप से नीचे दिए गए सवाल पूछते हैं:

1. अपनी आमदनी को कैसे बढ़ा सकते हैं और कानूनी रूप से टैक्स कैसे घटा सकते हैं?
2. आज से दस साल बाद हम कहां होंगे?

- *Stanford.edu*, 2007 के अनुसार श्री वॉरेन बफे ने कहा था कि 'उनके द्वारा पिछले साल कमाए गए 46 मिलियन डॉलर पर 17.7 प्रतिशत की दर से टैक्स लगा था और उन्होंने किसी भी तरह

से ज़्यादा टैक्स देने से मना नहीं किया था, वहीं उनकी सेक्रेटरी जिसकी आमदनी सिर्फ़ 60,000 डॉलर थी, उस पर 30 प्रतिशत की दर से टैक्स लगा था।'[2]

> ***साधारण सोच वाले लोग सिर्फ़ तत्काल संतुष्टि के बारे में सोचते हैं।***

साधारण सोच वाले लोग अपनी क्षणिक इच्छाओं को शांत करने के लिए कुछ भी करने को तैयार रहते हैं। वे न तो लोन लेने से हिचकते हैं और न ही अपने क्रेडिट कार्ड पर ज़्यादा चार्ज देने से, फिर चाहे उनकी जेब उसे बर्दाश्त कर पाएं या नहीं। उनकी तत्काल इच्छाओं को शांत करने की इच्छा इतनी गहरी हो जाती है कि वह अच्छे-बुरे की समझ खो बैठते हैं। जबकि दूरदृष्टि वाले लोग अपनी संतुष्टि को थोड़ा टाल सकते हैं, क्योंकि उनका अंतिम लक्ष्य होता है, आज़ादी और न कि सिर्फ़ जीवन जीना (survival) या आराम। खुशहाल मानसिकता वाले लोग देरी से संतुष्टि के सिद्धांत को बढ़ाते हैं और उसी के साथ जिंदा रहते हैं।

> ***आज की छोटी-छोटी खुशियों को भूल जाएं और बड़ी खुशी का कल आनन्द उठाएं या फिर आज बड़ा आनंद उठा लीजिये, और कल आने वाली बड़ी खुशी को भूल जाएं।***

साधारण लोग अपनी ज़िन्दगी को उनके हवाले कर देते हैं, जो स्वाभाविक रूप से खुशहाल मानसिकता वाले होते हैं। खुशहाल मानसिकता वाले लोग आराम के बजाए आज़ादी को ज़्यादा महत्व देते हैं तो वहीं साधारण लोग आराम को महत्व देते है बजाए आज़ादी

---

[2] http://tubs.stanford.edu/2007/07/warren_buffet_has_a_lower_tax.html

के। इसलिए वे अपने आराम में सीमित रह जाते हैं और वे कभी भी आज़ादी नहीं पा सकते हैं।

दूरदृष्टि सोच का सिद्धांत न सिर्फ़ हमारी आर्थिक स्थिति पर लागू होता है बल्कि इसके साथ ही यह ज़िन्दगी के हर क्षेत्र में लागू होता है। **खुशहाल मानसिकता वाले लोग अपनी ज़िन्दगी के हर क्षेत्र में दूरदर्शिता को लागू करते हैं, फिर चाहे रिश्ते हों या फिर सेहत।** जब भी हम लम्बे समय के बारे में सोचते हैं, तो क्या हम दूसरों को ज़्यादा आदर देने और बेहतर रिश्ते होने के बारे में नहीं सोचते हैं? क्या हम एक ऐसे रिश्ते के बारे में नहीं सोचते जो सभी के लिए फायदेमंद हो? छोटी सोच सिर्फ़ यहीं तक सोचने देती है कि मेरे लिए क्या है, मैं उनसे क्या ले सकता हूं या फिर और लोग मेरे लिए क्या कर सकते हैं? ऐसी सोच वाले लोग दूसरों का इस्तेमाल अपने फायदे के लिए करते हैं। **वे लोग जो दूसरों को अपने स्वार्थ के लिए इस्तेमाल करते हैं, वे अकेलेपन की ज़िन्दगी बिताते हैं।**

खुशहाल मानसिकता वाले लोग बिना स्वार्थ के लम्बे समय के रिश्ते बनाते हैं, जो स्वाभाविक रूप से आर्थिक सफलता में बदल जाते हैं। यह तो कुदरत का नियम है, फिर चाहे वह परिवार हो, दोस्त हो, कस्टमर हो या फिर कोई और, इसके लिए वे हमेशा ही यह सोचते रहते हैं कि कैसे वे लोगों को फायदा पहुंचा सकते हैं और सेवा कर सकते हैं।

हम कैसे सच्ची दौलत को माप सकते हैं? इसे कभी भी बैंक बैलेंस से नहीं मापते हैं, लेकिन उन रिश्तों से पहचानते हैं, जो हम बनाते हैं। यही हमें मानसिक रूप से मज़बूत बनाता है, और वही हमारी सबसे बड़ी दौलत है। **अगर आप के पास अरबों रुपए की दौलत है, लेकिन भावनात्मक रूप से कंगाल हैं तो आप से ज़्यादा गरीब इंसान इस दुनिया में कोई नहीं है।** जिस तरह से आर्थिक गरीबी होती है, उसी तरह से भावनात्मक गरीबी भी लोगों में पाई जाती है। वे लोग जिनमें लालच, नफरत, बेसब्री होती है और जिनमें संवेदना नहीं होती है, वे भावनात्मक रूप से कंगाल होते हैं। मज़बूत रिश्ते बहुत ही संतुष्टि देने वाले होते हैं और वे लोगों को ज़िन्दगी में सुरक्षित बनाते हैं।

क्या अपनी सेहत के बारे में लम्बी अवधि के लिए सोचना बुद्धिमानी नहीं हैं? अगर जवाब हां है तो फिर एक इंसान रोज़ कसरत करेगा और रोज़ पौष्टिक खाना खाएगा, जबकि आपको सिर्फ़ तुरंत ही संतुष्टि चाहिए तो आप कसरत छोड़ सकते हैं और जंक फूड खा सकते हैं, जिसका नतीजा होता है बीमारी को बुलावा देना।

दूरदर्शी और संभावित खुशहाल लोगों के राज़ -

1. वे अपने जूनून को अपना काम बना लेते हैं।
2. वे जो भी करते है दिल से करते है और खूब पैसा कमाते हैं।
3. वे खुद को ज़िन्दगी के हर क्षेत्र में खुशहाल करते रहते हैं, फिर चाहे वह शारीरिक हो, आर्थिक हो, मानसिक हो, भावनात्मक हो या फिर आध्यात्मिक।

अगर कोई आदमी साधारण स्थिति से खुशहाली की तरफ़ जाता है तो उन्हें अपनी ज़िन्दगी को दूरदर्शिता से प्लान करना होगा। लम्बी अवधि के लक्ष्य आपके इरादों को मज़बूत बनाने में मदद करते हैं। सभी खुशहाल लोगों की ज़िन्दगी में सेटबैक और चुनौतियां आती हैं, मगर वे अपनी मज़बूती के माध्यम से वापसी करते हैं। साधारण लोग पहली ही बाधा में हार मान जाते हैं। खुशहाल लोग एक के बाद दूसरे सेटबैक से होकर गुज़रते हैं, मगर वे फिर भी उनसे उभर आते हैं। वे वही करते हैं, जो उन्हें सैद्धांतिक रूप से सही तरीके से सफलता और आज़ादी की तरफ़ ले जाता है।

हम उन चीज़ों को खरीदते रहते हैं, जिनकी हमें ज़रूरत नहीं है। उस पैसे से जो हमारे पास है ही नहीं और वो भी उन लोगों को प्रभावित करने के लिए, जिनकी हम परवाह नहीं करते।

एक्शन प्लान

- आप किस तरह की सोच के साथ खुद को जोड़ते हैं?
- खुशहाल होने के लिए आप कौन से तीन कदम उठाएंगे?

  1. ______________________
  2. ______________________
  3. ______________________

- तीन ऐसी चीज़ों के बारे में लिखें जो आप यकीनन ही अपने पैसे को इस तरह बनाने के लिए करेंगे, जिससे आप खुशहाल मानसिकता वाले हो जाएं।

  1. ______________________
  2. ______________________
  3. ______________________

अध्याय 16

अपने अंदर आग रखें

Fire Within

समझदार सोच, साहसी कदम

साहस वह विश्वास है, जो एक इंसान को डर से जीतने में मदद करता है। विश्वास ताकत देता है, मगर संदेह कमज़ोरी की तरफ़ ले जाता है। साहस दर्द और दु:ख के सामने ताकत है। साहस डर के न होने को नहीं कहते बल्कि उसके ऊपर विजय हासिल करने को कहते हैं। साहसी लोग अपने जीवन में आने वाली मुश्किलों का सामना कर अपने सम्मान को कायम रखते हैं, जबकि कायर आसान रास्ता अपनाते हैं।

बहुत समय पहले एक मक्कार साहूकार हुआ करता था, जिसने एक व्यापारी को कुछ पैसे उधार दिए थे। एक के बाद एक कई परेशानियों के कारण, व्यापारी उस कर्ज का भुगतान करने में असफल था। व्यापारी की एक बेटी थी जो बहुत सुन्दर थी और उस साहूकार की गंदी नज़र उस पर थी। साहूकार ने मदद का बहाना करते हुए, व्यापारी से कहा कि अगर व्यापारी अपनी बेटी की शादी साहूकार से कर देता है, तो वह उसके सारे कर्ज माफ कर देगा। यदि ऐसा नहीं होता है तो व्यापारी इसका खामियाजा भुगतने के लिए तैयार रहे। व्यापारी और उसकी बेटी दोनों ही उलझन में थे। साहूकार जहां एक तरफ़ विनम्र होने का नाटक कर रहा था वहीं दूसरी तरफ़ मदद का नाटक करते हुए कहा कि इसका मामला भाग्य पर ही छोड़ते हैं। साहूकार ने कहा

कि वह एक काला और एक सफेद पत्थर एक थैले में रखेगा, और लड़की को एक पत्थर उठाना होगा। अगर वह काला पत्थर निकलता है तो साहूकार से उस लड़की को शादी करनी होगी और व्यापारी का सारा कर्ज माफ कर दिया जाएगा। अगर वह सफेद पत्थर निकालती है तो लड़की की शादी साहूकार से नहीं होगी लेकिन व्यापारी के सारे कर्ज माफ कर दिए जायेंगे। व्यापारी की लड़की केवल सुन्दर ही नहीं थी बल्कि वह काफ़ी बुद्धिमान भी थी। वह दिन आया जब पूरा गांव व्यापारी और उसकी बेटी के भाग्य को देखने के लिए इकट्ठा हुआ। वे नदी के किनारे खड़े हुए थे, जहां पर बहुत सारे पत्थर पड़े थे। साहूकार पत्थर उठाने के लिए झुका और उसने चतुराई से सबसे नज़र बचाकर दो काले पत्थर उठा लिए, ताकि वह उस व्यापारी की लड़की से शादी कर सके। लड़की सतर्क थी और उसने साहूकार की हरकत को देख लिया था, लेकिन चुप रही। लड़की से फिर एक पत्थर थैले से निकालने के लिए कहा गया, जिस पर उसका और उसके पिता का भाग्य निर्भर था।

मान लीजिए, अगर हममें से ही कोई उस लड़की की जगह पर होता तो:

- हम क्या करते?
- हम लड़की को क्या करने की सलाह देते?
- हम कैसे इस स्थिति को सम्भालते?
- उस लड़की के पास क्या विकल्प थे?
    - वह साहूकार से दोनों पत्थर दिखाने के लिए कहकर उसका भांडाफोड़ सकती थी।
    - वह मना कर देती और पिता को नतीजा भुगतने देती।
    - वह एक काला पत्थर उठाती और अपने पिता को बचाने के लिए खुद को कुर्बान कर देती।

ये सभी विकल्प आसान नहीं थे। एक तो उसकी और उसके पिता दोनों की ही ज़िन्दगी दांव पर थी और वह न तो खुद को और न ही अपने पिता को कुर्बान करने के लिए तैयार थी।

फिर लड़की ने क्या किया?

उसने थैले में अपना हाथ डाला और एक पत्थर उठाया। वह जानती थी कि दोनों ही पत्थर काले हैं। उसने साहूकार को यह करते हुए पहले ही देख लिया था। जैसे ही उसने थैले से हाथ बाहर निकाला, पत्थर को देखे बिना उसने जानबूझकर अपना संतुलन खो दिया और उसके हाथों से पत्थर गिर गया। वह दूसरे पत्थरों के साथ मिल गया, और कोई भी उसका रंग न देख सका। वह उठी, उसने अपने गिरने पर माफी मांगी और कहा, '*चलिए देखते हैं कि थैले में कौन से रंग का पत्थर है - इससे पता चल जाएगा कि मैंने किस रंग का पत्थर उठाया था।*' अब थैले में तो काले रंग का ही पत्थर था और यह मान ही लिया गया कि उसने सफेद रंग का पत्थर उठाया था। पूरे गांव के सामने साहूकार यह नहीं मान सकता था कि उसने बेईमानी की। उसे इस फैसले को मानना पड़ा और दोनों पिता और बेटी आज़ाद हो गए। लड़की ने यह कदम अपना सम्मान बचाए रखने के लिए उठाए थे। यह उसका साहस ही था जिसने उसकी मदद शांत रहने में और एक रचनात्मक हल खोजने में की। उसकी तेज़ सोच ने यह दिखाया कि बुद्धिमत्ता और कुछ नहीं बल्कि समय से रचनात्मकता और कॉमनसेन्स (commen sense) का इस्तेमाल करने को कहते हैं। केवल साहसी लोग ही चुनौती को स्वीकारते हैं, जिससे वे सम्मान और आदर के साथ जिंदा रह सकें।

सिद्धांतों के साथ जीने वाला इन्सान साहसी होता है, मगर सभी साहसी इंसान सिद्धांत वाले नहीं होते हैं।

हम या तो आनंद हासिल करने के लिए काम करते हैं या फिर किसी तरह के दर्द से बचने के लिए। नैतिक रूप से कायर इन्सान में अपने सिद्धांत बचाने का साहस नहीं होता। साहस का मतलब स्थितियों को आंखें मूंदकर अपनाना नहीं है बल्कि उसके नतीजों का सामना करना है। उस समय खुद पर भरोसा करना जब पूरी दुनिया आपसे आंखें

फेर ले, साहस का एक संकेत है। हम जानते हैं, कि हम अकेले हैं लेकिन फिर भी हम टिके रहते हैं। **हमारा खुद में भरोसा सपनों को हक़ीकत में बदलने में मदद करता है।**

साहस न तो निर्भीकता है और न ही लापरवाही

साहस डर का सामना करता है और उस पर विजय हासिल करता है। लापरवाही अक्सर बेवकूफी और अज्ञानता से पैदा होती है। सही कदम को चुनने के लिए ज्ञान की ज़रूरत होती है। साहस एक बुद्धिमत्ता का प्रदर्शन है कि कब कोई मज़बूत कदम उठाना उचित है, जबकि लापरवाही लोगों को न केवल शर्मिंदा कर सकती है बल्कि खतरे में भी डाल सकती है। इससे लोगों का भरोसा टूटता है। साहसी व्यवहार लोगों को प्रेरित करता है और भरोसा पैदा करने में मदद करता है।

मार्टिन लूथर किंग जूनियर और नेल्सन मंडेला द्वारा दिखाया गया साहस ने दूसरों को अन्याय के खिलाफ़ कदम उठाने के लिए प्रेरित किया। व्यक्तिगत रूप से उन्हें बहुत मुश्किल हुई, मगर उनके द्वारा किए गए आंदोलनों से देश और समाज के लिए बहुत कुछ हासिल किया।

साहस एक मानसिक स्थिति है

मासूमों को दबाने और उनका मज़ाक उड़ाने के द्वारा दिखाई गयी ताकत और अधिकार साहस नहीं बल्कि क्रूरता और अत्याचार होता है। दूसरो को दबाना और उनका मज़ाक उड़ाना अपनी असुरक्षा को झलकाता है। साहस दिमाग की एक स्थिति है। इसे हासिल किया जा सकता है लेकिन इसे बनावटी तौर से नहीं दिखाया जा सकता है। यह कभी-कभार की चीज़ नहीं है बल्कि हर काम में झलकती है। साहस हमें सशक्त करता है कि हम ज़िन्दगी का सामना कर सकें।

साहस सबसे ज़रूरी मूल्य है जो बाकी सभी मूल्यों को लागू करने में मदद करता है। साहस और फैसले लेने की क्षमता किसी भी व्यक्ति को ड्राइवर की सीट पर रखती है। जिन लोगों में साहस की कमी होती है, वे एक घटिया तमाशबीन होते हैं। जब लोग ज़िन्दगी

में आगे बढ़ने का साहस नहीं कर पाते तो उन्हें अपूर्णता का अहसास होता है।

जॉन मैकएनरो ने कहा था, '*मैं 1988 विम्बल्डन के साथ बहुत खुश था, क्योंकि मैंने मेहनत में हदें पार कर दी थीं। एक पॉइंट पर, मेरे पैर में दर्द होने लगा और फिर मेरे घुटने में चोट लग गयी। मगर मैं खुद को किसी न किसी तरह से आगे धकेलता रहा। मैंने महसूस किया कि मैंने सबसे अच्छा प्रदर्शन किया। यह ऐसा था जैसे मैं अपने अंदर से खेल रहा था।*'

खिलाड़ी तैयारी करते हैं, खिलाड़ी जीतते हैं, खिलाड़ी हारते हैं। **लेकिन खिलाड़ी खेलते ज़रूर हैं और ईमानदारी से खेलते हैं। साहस एक इंसान को डरे बिना कठिनाइयों का सामना करने में सक्षम बनाता है।**

ईमानदारी के मुद्दे पर निष्पक्षता को कायरता कहा जाता है।

साहस का इम्तिहान

कई सालों की कड़ी मेहनत के बाद, थॉमस कार्लाइल ने अपनी किताब '*द फ्रेंच रेवोल्यूशन*' की मैनुस्क्रिप्ट (manuscript) खत्म की और अपने दोस्त को पढ़ने के लिए दी। दोस्त के घर के कर्मचारी ने उसे गलती से कूड़ा समझ लिया और आग में फेंक दिया। जब कार्लाइल की पत्नी को यह बात पता चली तो उसकी आंखों से आंसू बह निकले। जबकि दोस्त अपराधी की तरह घबरा रहा था और कार्लाइल के पास तो शब्द ही नहीं थे। अंत में अपने मन में तमाम तरह का साहस जुटाकर उन्होंने कहा, '*इस तरह की दुर्घटनाएं होती रहती हैं।*' हालांकि बाहर से कार्लाइल साहसी दिख रहे थे, अंदर से वे टूटे हुए थे। उन्हें यह बिलकुल भी यकीन नहीं था कि क्या वह इस प्रोजेक्टस (projects) को जारी रख पाएंगे? वे पूरी रात नहीं सो सके।

अगली सुबह उन्होंने उस किताब पर दोबारा से काम करना शुरू किया। उनके रास्ते में कुछ भी आया हो, उन्होंने कोई परवाह नहीं की और अपना काम नहीं छोड़ा। दो साल बाद, उन्होंने अपनी ज़िन्दगी के सबसे महान काम को पूरा किया और '*द फ्रेंच रेवोल्यूशन*' उनके हाथ में आ गया। जो आज तक उनके अदभुत साहस को दिखाती है।

साहस का सबसे बड़ा इम्तिहान होता है, हिम्मत हारे बिना नुकसान को स्वीकार करना। ज़िन्दगी में चुनौतियां हमें तोड़ती या बनाती हैं, यह उस पर निर्भर करता है कि हम किस सामग्री से बने हैं। ज़िन्दगी हर एक को निराशा देती है। सबसे ज़रूरी बात ये है कि इन निराशाओं के बावजूद अपने लक्ष्यों को कैसे हासिल करें।

तारीफ़ का मीठा संगीत

जब लुडविग बीथोवेन छोटे थे तो किसी भी वयस्क की तुलना में काफ़ी अच्छा पियानो बजाते थे। उनके शराबी पिता को केवल उस पैसे में ही रुचि थी, जो उसका बेटा कमा सकता था। मगर उनकी मां बहुत सहयोग करती थी। लुडविग केवल 17 साल के थे जब उनकी मां का देहांत हुआ और वह उन्हें उनके दो छोटे भाइयों की देखभाल सौंप गयी थी। छोटे बीथोवेन एकदम से ही बड़े हो गए और उन्हें बहुत ही जल्द एक अच्छे संगीतकार के रूप में पहचाना जाने लगा। दुर्भाग्य ने उनका पीछा न छोड़ा, अट्ठाईस साल की उम्र में उनकी सुनने की क्षमता खो गयी। किसी भी संगीतकार के लिए सुनने की क्षमता का खो जाना सबसे दुखदायी होता है। मगर बीथोवेन इस कमी से भी अपने साहस के साथ उभरे और उन्होंने कुछ अपनी सबसे अच्छी धुनों को सुनने की क्षमता खो जाने के बाद बनाया। एक बार बीथोवेन विएना में एक ऑर्केस्ट्रा करने के लिए तैयार हो गए थे। श्रोताओं की तरफ़ पीठ करके वे उस संगीत को दिशा-निर्देश दे रहे थे, जो वे सुन भी नहीं सकते थे। श्रोता मुग्ध होकर सुन रहे थे। जब यह संगीत खत्म हुआ तो वे श्रोताओं की तरफ़ पीठ करके ही खड़े रहे। अपना सामान पैक करते रहे और जाने की तैयारी करते रहे। उनका एक साथी जो सब कुछ देख और समझ रहा था, उसने उनका चेहरा श्रोताओं की

तरफ़ किया। तब बीथोवेन को पता चला कि लोग उनके सम्मान में खड़े होकर तालियां बजा रहे थे। जब श्रोताओं को यह पता चला कि वे जिसके सम्मान में खड़े होकर ताली बजा रहे हैं, वह कुछ सुन नहीं सकता तो बीथोवेन के साहस को सबने नम आंखों से सलाम किया। **बाधाओं से उभरने के लिए आपको असाधारण आंतरिक ताकत की ज़रूरत होती है।** इसे बीथोवेन ने बहुत ही खूबसूरती से दिखाया।

देखभाल का साहस

मार्क्विस डे लफायेते, अमरीकी क्रान्ति का एक बहादुर सिपाही फ्रांस में 1782 में वापस लौटा। उसे फ्रांस और अमेरिका दोनों में ही साहस, ईमानदारी और आदर्श का प्रतीक माना जाता था। 1783 में फ्रांस में गेंहू अकाल पड़ा और गेहूं की फसल ख़राब हो गयी जबकि लफायेते के गोदाम भरे हुए थे। उनके एस्टेट के फोरमैन ने सलाह दी कि लफायेते अगर इस समय सारा गेंहू महंगा बेच दें क्योंकि इस समय गेहूं की कीमतें आसमान छू रही हैं। ऐसे में लफायेते, जो यह जानते थे कि आसपास के गांवों के किसान भूखे हैं, ने जवाब दिया कि 'नहीं, यह बांटने और देने का समय है, बेचने का नहीं।' यह मानसिक साहस का प्रदर्शन करता है। किसी के लिए देखभाल केवल संवेदना से आती है। एक देखभाल करने वाले इन्सान के लिए, किसी दूसरे व्यक्ति का सम्मान भी उसके सम्मान के जैसा ही होता है। एक सम्माननीय व्यक्ति के लिए मानवता बिकाऊ नहीं होती। उनके लिए आर्थिक फायदे के बजाय इंसानियत ज़्यादा ज़रूरी होती है।

प्यार और देखभाल करना साहस का काम है। **साहस वाले कदम हमेशा खुशी नहीं ला सकते हैं लेकिन साहस भरे कदमों के बिना खुशी कभी हासिल नहीं हो सकती।**

चुनौती देने का साहस

इक्कीस साल की उम्र तक कॉपरनिक्स असाधारण प्रतिभाओं के साथ एक विद्वान व्यक्ति थे। उस समय तक लोगों के बीच यह भरोसा था कि धरती ब्रह्माण्ड का केंद्र है और सूरज और तारे उसके आस-पास चक्कर

लगाते हैं। उस समय पुजारी और ज्योतिषी लोग ज़्यादा प्रभावी व्यक्ति थे, जो स्वर्ग के बारे में अपने विचार बताते रहते थे। कॉपरनिक्स के पास ज्योतिषियों की अज्ञानता से परे देखने की शक्ति थी। उन्होंने अपना खुद का अध्ययन किया और उन्होंने पाया कि धरती ब्रह्माण्ड की धुरी नहीं है, बल्कि एक छोटा ग्रह है जो सूरज के आस-पास चक्कर लगाता है। उनकी खोज उस समय की सोच के हिसाब से नहीं थी। इस प्रकार उन्हें वैटिकन से भी विरोध झेलना पड़ा और पादरियों ने तो उन्हें एकदम से ही खारिज कर दिया। उन्हें चर्च से निकाल दिया गया और उन्हें उन बातों पर बोलने से मना कर दिया जो उस समय के प्रचलित विश्वासों से एकदम अलग थे। अकेले में कुछ लोग उनका आदर करते थे और उनके कामों को सराहते थे लेकिन खुलकर उनका साथ देने का साहस नहीं था। कॉपरनिक्स ने बिना डरे अपने नए प्राप्त ज्ञान को लिखना जारी रखा और सालों की मेहनत के बाद काम पूरा किया। अब सबसे बड़ी समस्या उनके सामने यह थी कि वे आख़िर कहां से अपने इस शोध को प्रकाशित करवाएं। उनका काफ़ी विरोध हुआ लेकिन फिर भी उन्होंने अपनी किताब को पोप पॉल तृतीय (Pope Paul III) को समर्पित किया क्योंकि उन्हें यह बहुत ही अच्छी तरह से पता था कि केवल पोप ही ऐसे व्यक्ति हैं जो उनकी विवादास्पद किताब को प्रकाशित करवा सकते थे। 1543 में जब कोपरनिकस अपनी आख़िरी सांसें गिन रहे थे, तभी एक मेसेंजर आया और उनके हाथों में उनकी छपी किताब की प्रति सौंपी। उस किताब को अपने दिल से लगाकर उन्होंने आख़िरी सांस ली। कॉपरनिक्स के साहस और अपने विश्वास पर अडिग रहने की शक्ति ने उन्हें ऊंचाइयों तक पहुंचाया।

जनमत हमेशा ही सही नहीं होता है। उसे भी कभी-कभी चुनौती देने की ज़रूरत होती है।

- 1914 में थॉमस एडिसन की फैक्ट्री में आग लग गयी। वे उस समय 67 साल के थे। हालांकि उन्हें 20 लाख डॉलर का नुकसान

हुआ। बिल्डिंग का इंश्योरेंस केवल 2 लाख का ही हुआ था। अपनी फैक्ट्री को आग की लपटों में घिरा देखकर एडिसन शांत खड़े रहे और देखते रहे। उन्होंने अपने बेटे को बुलाया और कहा कि '*जाओ अपनी मां को ले आओ, वे अपनी ज़िन्दगी में ऐसा दूसरा दृश्य कभी नहीं देख पायेंगी।*'

अगली सुबह एडिसन ने राख को देखा और कहा, '*इस दुर्घटना में एक फायदा है। अब सारी गलतियां दब गयी हैं, अब हम नई शुरुआत कर सकते हैं।*'[1]

कैसा गजब एटीट्यूड था! ऐसे हालातों का सामना करने के लिए और निबटने के लिए, बहुत साहस और हिम्मत चाहिए।

साहस क्षमताओं को कई गुना बढ़ाता है

जब भी एक समान क्षमता वाले लोग मुकाबला करते हैं, तो उन दोनों में से जो ज़्यादा साहसी होता है, वह जीतता है। हम जो साहस दिखाते हैं, वह हमारे विरोधियों को प्रभावित कर सकता है और उन्हें अपने आपको सम्भालने के लिए मजबूर कर सकता है।

> ***कुछ कर गुज़रने वाला इंसान उन सौ लोगों से कहीं ज़्यादा हासिल करता है, जो सपनों की दुनिया में रहते हैं।***

साहस वह मज़बूती होती है, जो खतरे का सामना करती है। इसमें खुद और आस-पास के प्रति ज़िम्मेदारी के भाव के साथ जोखिम लेने की भी ज़रूरत होती है।

लुईस ब्रेल का जन्म फ्रांस में लगभग 200 साल पहले हुआ था। उनके पिता चमड़े का सामान बनाते थे। एक दिन उनकी आंख में चमड़ा

[1] http://www.linkedin.com/pulse/thomas-edison-great-value-disaster-all-our-mistakes-gone-attaway

सिलने वाली सुई लग गई। जल्द ही दूसरी आंख में भी इन्फेक्शन फैल गया और वे पूरी तरह से अंधे हो गए। उन दिनों अंधे लोगों के साथ बहुत ही क्रूरता का व्यवहार किया जाता था और उनकी इस दशा को दैवीय सजा के रूप में जाना जाता था। लुईस के पिता ने उन्हें एक अंध विद्यालय (Blind school) में भेजा जहां पर उनकी मुलाकात एक रिटायर्ड सैनिक से हुई, जो उन्हें उभरी हुई डॉट्स से पढ़ना सिखाता था। ब्रेल ने स्क्रिप्ट को अंधों के लिए सुधारना शुरू कर दिया, जिससे वे भी अपनी उंगलियों के इस्तेमाल से इसे पढ़ सकें। बीस की उम्र तक ब्रेल ने इस बारे में एक किताब छपवा दी थी कि कैसे इस लिपि का इस्तेमाल अंधों के पढ़ने और लिखने के लिए किया जा सकता है। ब्रेल न केवल अपनी कमी से उभरे बल्कि उन्होंने पूरी दुनिया के अंधे लोगों को पढ़ने-लिखने की शक्ति देकर और मज़बूत किया। ब्रेल का यह तरीका जल्द ही पूरी दुनिया में फैल गया उनकी कहानी एक सच्चे साहस का उदाहरण है।

ब्रेल जैसे लोगों ने मानवता में योगदान दिया है और आने वाली पीढ़ियां उन्हें सम्मान के साथ याद रखेंगी।

साहस बढ़ाने के पांच कदम

हम ज़िन्दगी में क्या पाते हैं, उससे ज़्यादा ज़रूरी है कि हम क्या बन जाते हैं। ज़िन्दगी अनमोल है, कीमती है और जैसा कि जब हम खुद को बदलते हैं, तो हम अपने आसपास के लोगों की दुनिया को भी बदल देते हैं। हम क्या करते हैं और हम क्या हैं, ये दोनों ही आपस में जुड़े हुए हैं। चेतन होने के नाते हम अपनी सोच के तरीकों और व्यवहार को बदल सकते हैं। नीचे दिए गए कदम हमारे साहस को बढ़ाने में मदद कर सकते हैं:

1. हक़ीकत का सामना करें

जब हमारे पास स्थिति का सामना करने का साहस नहीं होता तो हम बचकर भागने का रास्ता खोजते हैं, जिसके लिए हम सफाई पेश करते हैं। सफाई पेश करना एक मानसिक स्थिति होती है। जिसे आमतौर पर

दर्दभरी हक़ीकतों के साथ सामना करने से बचने के लिए इस्तेमाल करते हैं। हक़ीकत को स्वीकार न करना हमारा स्वभाव बन जाता है। जब हम हक़ीकत को स्वीकार नहीं करते तो हम या तो अतीत में या फिर भविष्य में रहते हैं। हम वहां भी नहीं रुकते, हम हक़ीकत को तोड़ते-मोड़ते हैं और डर और शक बनाते हैं। हम उन चीज़ों की चिंता करते हैं जो शायद मुमकिन नहीं हो सकती। ऐसे काल्पनिक डर एक आदमी को कमज़ोर करते हैं। हमें हक़ीकत समझनी चाहिए और सफाई पेश करना बंद करना चाहिए।

2. मज़बूती से टिके रहना

अपनी मूल्य प्रणाली को दोबारा जांचें। उन लोगों से मदद लें जिनके अपने मूल्य हैं और जिनके अंदर मज़बूती से टिके रहने का साहस होता है।

3. चरित्र बनाएं

चरित्र वह नींव ही जो हमें हमारे झूठे विश्वासों का सामना करने की और नैतिक ताकत देने में मदद करती है। हमें चरित्र निर्माण के लिए अपने बुनियादी मूल्यों और सिद्धांतों को दोबारा परखने की ज़रूरत होती है।

4. साहस के छोटे-छोटे कामों का अभ्यास करें

साहस का हर छोटा-छोटा काम हमें और भी साहसी बनाता है। साहस बैंक में जमा पैसे के जैसा नहीं है। हक़ीकत में हम जितना ज़्यादा खर्च करेंगे उतना ही हमें बदले में वापस मिलेगा! हम अक्सर कई बार कई कारणों से साहसी कदम नहीं उठाते। हम इतना आरामतलब बन जाते हैं कि हमें उसी से प्यार हो जाता है। मुश्किल यह है कि हमारे सामने कई जो समस्याएं आती हैं, वे बहुत ही आसानी से हल हो सकती थी अगर हम छोटे-छोटे साहसी फैसले सही समय पर ले लेते।

5. परफेक्ट प्रैक्टिस से तैयारी होती है

स्थितियों का अनुमान लगाकर तैयारी करिए और उसके बावजूद अनहोनी का सामना करने के लिए एकदम तैयार रहें। याद रखें,

अभ्यास हमें परफेक्ट नहीं बनाता, मगर जो भी हम अभ्यास करते हैं, वही स्थाई बन जाता है। जीवन में छोटे-छोटे फैसले आगे जाकर महत्त्वपूर्ण फैसले बन जाते हैं और इंसान को बड़ी मुश्किलों का सामना करने के लिए तैयार रखते हैं।

सम्मान के साथ और ज़्यादा हासिल करने के लिए साहस की ज़रूरत होती है।

एक्शन प्लान

- उन तीन साहसी कामों के बारे में बताएं जो आपने किये हैं और आपको गर्व है?

  1. ______________________
  2. ______________________
  3. ______________________

- तीन ऐसी घटनाओं के बारे में सोचें, जहां आप ने साहस नहीं दिखाया, मगर आगे जाकर आप साहस दिखाना चाहेंगे?

  1. ______________________
  2. ______________________
  3. ______________________

अध्याय 17

जवाबदेही
Accountability

"हमारे लिए हर सवेरा नए मौके लाता है और हर जाता हुआ दिन नतीजों और जवाबदेही की मांग करता है।"

अक्सर हम सुनते हैं कि इन्सान हमारी सबसे बड़ी संपत्ति है। इस वाक्य में पूरी तरह से सच्चाई नहीं है। इंसान संपत्ति नहीं है बल्कि सिर्फ़ अच्छे इंसान संपत्ति है, बाकी सब बोझ हैं। अच्छाई को हमेशा उगाना पड़ता है जबकि बुराई अपने आप उग आती है। अगर हम एक अच्छा बगीचा चाहते हैं तो हमें अच्छे फूल और फलों के बीज लगाने होते हैं, जबकि जंगली घास तो अपने आप उग आती है मगर अच्छाई को उगाने के लिए कड़ी मेहनत और गंभीर प्रयासों की ज़रूरत होती है।

तेज़ हवा के बहते समय भी मैं सो सकता हूं

एक बार एक किसान को अपने खेत में काम करने के लिए काम करने वाले की सख्त ज़रूरत थी। अच्छा आदमी मिलना मुश्किल हो रहा था। उसने कई लोगों को काम पर रखा और निकाला। एक दिन वह एक आदमी का इंटरव्यू ले रहा था। किसान ने पूछा, '*तुम खेत में क्या कर सकते हो?*' उस आदमी ने बहुत ही आत्मविश्वास से जवाब दिया, '*मैं सो सकता हूं, जब हवा*

बहुत तेज़ चल रही हो।' किसान को समझ नहीं आया, मगर उसे इतनी ज़रूरत थी कि उसने उस आदमी को काम पर रख लिया। हर दिन वह आदमी काम बढ़िया कर रहा था। एक रात किसान को लगा जैसे तूफान आ रहा है। किसान को अपनी फसल और जानवरों की चिंता थी। जैसे-जैसे तूफान तेज़ होता गया, वह अपने कर्मचारी की तरफ़ भागा। उसने कर्मचारी को उठाया और कहा, '*जल्दी से उठो! हमें फसल और जानवरों को सुरक्षित करना है।'* उस कर्मचारी ने कहा, '*मैं सो रहा हूं, आप भी सो जाइए, कोई ज़रूरत नहीं है कहीं जाने की!'* इस तरह के शब्द सुनकर किसान को बहुत गुस्सा आया चूंकि समय निकल रहा था तो वह तुरंत ही अपने खेतों की तरफ़ भागा। जब वह खेतों में पहुंचा तो वह चौंक गया। उसने देखा कि अनाज पूरी तरह से ढका हुआ है, और जानवर अपने अपने बाड़े में सुरक्षित थे। उसे कुछ नहीं करना था। वह वापस घर गया और आराम से सो गया। अब वह उन शब्दों के अर्थ को समझ सकता था जो उसके कर्मचारी ने कहा था कि '*मैं तेज़ हवाओं के बीच भी सो सकता हूं!'*

कहानी का निचोड़ क्या है? इस कहानी का निचोड़ है कि अगर हम किसी अच्छे आदमी को नौकरी पर रखते हैं तो हमारे लिए एक संपत्ति होती है न कि बोझ। कोई ऐसा जो अपनी ज़िम्मेदारियों को समझ रहा है क्योंकि आंधी आने से पहले ही वह तैयारी कर चुका है। उसे भरोसा है की वह आंधी चलने पर भी सो सकता है। उस किसान के लिए वह कर्मचारी ही एक संपत्ति बन गया। यह कहानी साबित कर देती है कि सिर्फ़ अच्छे इंसान ही एक सम्पत्ति बनते हैं बाकी सब बोझ है। ज़िम्मेदारी और जवाबदेही एक जीने का तरीका है।

जवाबदेही ज़िन्दगी जीने का एक तरीका है

वे लोग जो अपनी जवाबदेही स्वीकार करते हैं, उन्हें अपने काम में गर्व महसूस होता है। आगे क्या आने वाला है उसके बारे में वे पहले ही सोच लेते है। वे ज़रूरत या समस्या के आने का इंतजार नहीं करते। वे बचाव के कदम उठाकर आने वाली समस्याओं को सिर्फ़ रोकते ही नहीं बल्कि उसका असर कम करने

की तैयारी करते हैं। जो लोग नतीजों के प्रति गंभीर होते हैं उनके पास प्लान ए, बी, सी, डी होते हैं। **वे नतीजा देते हैं, बहाना नहीं।**

हाल ही में, मैंने एक फाइव स्टार होटल की चेयरमैन के साथ मंच शेयर किया जो दुनिया में सबसे अच्छी होटल सेवा देने वाला माना जाता है। मैंने उनसे पूछा कि वे कैसे इतनी बढ़िया सर्विस लगातार दे पाते हो? उन्होंने जवाब दिया, '*इसमें कोई राज़ नहीं है। सर्विस की हमारी पूरी ट्रेनिंग ग्राहकों की ज़रूरतों को एडवांस में ही सोच कर तैयारी रहती है।*' उन्होंने आगे कहा, '*हमारे कई होटल ऐसे देशों में हैं, जहां पर मौसम बहुत ही गर्म होता है। जब एक ग्राहक गर्मी से चलकर आता है तो हम जानते हैं कि उसे तरोताजा करने वाले एक तौलिये और कोल्डड्रिंक की ज़रूरत हो सकती है। हम उनके मांगने से पहले ही उनके सामने पेश कर देते हैं। ये उदाहरण केवल उस अनुमान को बताता है जिस पर हमारी सर्विस की सोच टिकी हुई है। संपर्क के पीछे सर्विस की भावना छिपी हुई है।*'

वे एक ही फिलोसोफी में यकीन करते हैं – **तैयारी और बचाव, मरम्मत और पछतावे से कहीं बेहतर है।** (It is better to PREPARE AND PREVENT than to REPAIR AND REPENT.)

जवाबदेही का मतलब है ज़िम्मेदारी को स्वीकारना: जब हम जवाबदेही स्वीकार करते हैं तो यह अपने आप ही कर्त्तव्य बन जाती है। इच्छा से स्वीकार करने का मतलब है, 'मैं इसे अपने मन से स्वीकार करता हूं न कि किसी दबाव से।' ये सभी सकारात्मक शब्द हैं, जो निगेटिव नतीजों को रोकते हैं। केवल वह इंसान जो खुद को उत्तरदायी (accountable) ठहराएगा वही प्रतिबद्धताएं (commitments) बनाए रखने के लिए काम करेगा। हम हमेशा ही खुद से नीचे दिए गए सवाल पूछते हैं:

- क्या मैं भरोसेमंद हूं? (Am I trustworthy?)
- क्या विश्वसनीय हूं? (Am I realible?)
- क्या लोग मेरी जुबां पर यकीन कर सकते हैं? (Can people depend on me?)

अगर इन सभी सवालों का जवाब हां है, तभी हमें भरोसेमंद कहा जा सकता है।

एवरेज लोग जो औसत (average) से ज़्यादा आमदनी चाहते हैं। उन्हें खुद से पूछना चाहिए:

- क्या आप एक एवरेज से बेहतर इन्सान हैं?
- क्या आपमें एवरेज से ज़्यादा उत्साह है?
- क्या आपके रिश्ते एवरेज से बेहतर रिश्ते हैं?
- क्या आपकी सेहत एवरेज से बेहतर सेहत है?
- क्या आपका जुनून एवरेज से ज़्यादा है?
- क्या आपकी ईमानदारी एवरेज से ज़्यादा है?
- क्या आपने कभी एवरेज से ज़्यादा मेहनत की है?

सोच कर देखिये, क्या आप ऐसे व्यक्ति हैं?

आप ज़िन्दगी में कैसे एवरेज से ज़्यादा कुछ पा सकते हैं जब आप केवल '*एवरेज*' ही हैं?

हमें एवरेज से ज़्यादा कुछ पाने के लिए खुद को भी एवरेज से ज़्यादा बनाना होगा।

एवरेज काफ़ी नहीं है दुनिया एवरेज को सम्मान नहीं देती।

- जब आप डिनर के लिए बाहर जाते हैं, तो क्या आप कोई एवरेज रेस्टोरेंट खोजते हैं?
- जब आपको कोई सर्व करता है तो क्या आप किसी एवरेज वेटर को खोजते हैं?
- जब आप कोई स्वादिष्ट भोजन चाहते हैं, तो क्या आप एवरेज भोजन खोजते हैं?
- जब आप बीमार पड़ते हैं तो क्या आप किसी एवरेज डॉक्टर खोजते हैं?
- जब आपको कोई सलाह चाहिए होती है तो क्या आप एवरेज सलाहकार के पास जाते हैं?

- जब आप शादी करते हैं, तो क्या आप एवरेज जीवनसाथी खोजते हैं?

एवरेज की परिभाषा है, 'सबसे अच्छे में सबसे नीचे और सबसे नीचे में सबसे ऊपर।' (Lowest of the best and highest of the worst.) इसका मतलब यह हुआ कि अगर मेरी एक टांग आग में है और दूसरी टांग बर्फ में है तो एवरेज मुझे आराम से और ठीक होना चाहिए। एवरेज ही काफ़ी नहीं होता!

- एक आर्टिकल के अनुसार, *99.9 प्रतिशत सही नतीजे या सही किया गया काम कबूल या स्वीकृत नहीं होता।* कोई भी गलती या यूंही नुकसान केवल एक प्रतिशत समय में हो सकता है या फिर केवल 0.1 प्रतिशत में। 99.9 प्रतिशत की सफलता से किया गया काम सुनने में बहुत अच्छा लगता लेकिन असलियत में कबूल नहीं है, क्यों?

अगर 99.9 प्रतिशत स्वीकृत है तो केवल अमेरिका में ही क्या होगा:

- 22,000 चेक अगले साठ मिनट में गलत बैंक खातों से निकल जाएंगे।
- अगले 12 महीनों में 2,488,200 किताबें गलत कवर के साथ छप जाएंगी।
- दो हवाई जहाजों की लैंडिंग रोज़ाना शिकागो एयरपोर्ट पर असुरक्षित होंगी।
- अगले एक घंटे में 18,322 चिट्ठियां गलत पते पर पहुंच जाएंगी।
- रोज़ 12 बच्चे गलत मां-बाप को दिए जाएंगे।[1]

ये नतीजे सिर्फ़ अमेरिका के हैं, अंदाजा लगाइये कि अगर दुनिया के आंकड़े लिए जाएं तो क्या होगा।

हालांकि 99.9 प्रतिशत एवरेज नहीं है फिर भी यह काफ़ी नहीं है तो आख़िर हमें एवरेज कैसे स्वीकार हो सकता है?

---

[1] http://milestoneconsultingincmotivation.blogspot.in/2013/04/if-999-were-good-enough.html

खुद की जवाबदेही की कमी आज एक महामारी बन गयी है, दूसरों पर उंगली उठाना और दूसरों पर आरोप लगाना असफल लोगों का सबसे अहम व्यवहार बन गया है।

कल्पना कीजिए कि एक रेस्टोरेंट में आपके पास वह डिश आ जाती है जो अपने ऑर्डर ही नहीं की थी। आप वेटर से पूछते हैं कि यह गलती कैसे हुई? वह जवाब देता है, '*ओह! शायद किचन के लोगों ने गड़बड़ कर दी होगी।*' ज़िम्मेदारी को स्वीकारने के बजाय वह किसी और पर आरोप डाल रहा है। ऐसे लोगों का बर्ताव कई तरह के सवाल उठाता है:

1. वह गलत डिश क्यों लाया?
2. उसने सर्व करने से पहले आर्डर की जांच क्यों नहीं की?
3. वे कब सीखेंगे?
4. हम ज़िम्मेदार क्यों नहीं हो सकते हैं?

ये सभी सवाल उन लोगों की कमी बताते हैं, जो खुद की जवाबदेही और उत्तरदायित्व नहीं निभाते। जो जवाबदेही को स्वीकार करते हैं, वे बेहतर और संतुष्ट ज़िन्दगी जीते हैं।

जवाबदेही को स्वीकारने से समस्याएं हल होती हैं और इससे बेहतर नतीजे आते हैं। जैसे एक ख़राब नाव चलाने वाला हमेशा ही हवाओं पर आरोप मढ़ता है वैसे ही वे लोग जो ज़िम्मेदारी स्वीकार नहीं करते हैं वे हमेशा ही बहाने बनाते हैं, सफाई देते हैं और हमेशा ही बेचारे बने रहते हैं।

जवाबदेही की शक्ति

जब भी कोई हमसे कहता है, 'मैं तुम्हें ही ज़िम्मेदार ठहराऊंगा' तो आपके दिमाग में क्या आता है? क्या यह धमकी का डर है? क्या लोग ऐसे में कोई बली का बकरा खोजते हैं? क्या इससे तनाव आता है? ज़्यादातर लोग नतीजों के साथ जवाबदेही को जोड़ते हैं।

सच्चाई यह है कि **जवाबदेही के बिना सफलता मिलती ही नहीं है।** अच्छे नेता और संगठन जवाबदेही को ही स्थापित करते हैं। उसी के

फलस्वरूप नतीजे मिलते हैं। जवाबदेही एक बेहतर रिश्तों की बुनियाद है – यह अनदेखे दुखों से बचाती है और इससे आपको पॉज़िटिव् नतीजे मिलते हैं।

जवाबदेही को हम नीचे दिए गए उदाहरणों से समझ सकते हैं:

1. एकाउंटेंट ने प्रेसिडेंट को बताया कि फाइनल एकाउंटिंग 15 अप्रैल को 5 बजे तक पूरी हो जाएगी। दो वरिष्ठ साथियों ने प्रेसिडेंट से पूछा, '*क्या आपको अकाउंटेंट पर पूरा भरोसा है? क्या आप उसे जवाबदेह ठहराने जा रहे हैं?*' प्रेसिडेंट ने कहा, '*मैं उसे जानता हूं, वह अपनी बात पर खरा उतरेगा!*' अकाउंटेंट की जवाबदेही ने प्रेसिडेंट का भरोसा जीता।
2. मान लीजिये, हम अपने किसी एग्जेक्युटिव से किसी क्लाइंट को 11 बजे रात तक एक रिपोर्ट भेजने के लिए कहते हैं। हमें क्लाइंट से एक कॉल आती है कि '*रिपोर्ट तो 11 बजे तक आनी थी, अब तो 1 बज गया है, मगर अभी तक रिपोर्ट क्यों नहीं आई? हमें कब तक रिपोर्ट मिल सकती है?*' अब चूंकि मामला अर्जेंट है तो आपको इस बेसमय पर भी फोन करना होगा। इसमें क्या हुआ? हमारा नाम और विश्वसनीयता दोनों ही ख़राब हुई। हमने एग्जेक्युटिव को फोन किया और उसने कहा कि '*वह किसी निजी काम में फंस गया था और वह अभी फाइल भेज रहा है।*'

जब तक कोई बहुत ही इमरजेंसी न हो तब तक क्या हमें ऐसे टाइम में निजी कामों में लगना चाहिए? यह एकदम ही गैर-ज़िम्मेदाराना व्यवहार है? अगर कोई इमरजेंसी भी होती तो भी क्या हमें क्लाइंट को बताना नहीं चाहिए था? क्लाइंट को सूचित करना कोई अहसान नहीं बल्कि फर्ज है।

उसके गैर ज़िम्मेदाराना व्यवहार ने संस्थान की विश्वसनीयता पर ही प्रश्नचिन्ह लगा दिया। हमें इसका भुगतान करना पड़ा क्योंकि हमारा नाम हमारे क्लाइंट के सामने ख़राब हुआ। मूल बात यह है कि इससे हमारे भविष्य में बिजनिस पर भी खतरा पड़ गया।

जहां तक जवाबदेही का सवाल है तो वहां पर सीनियर और जूनियर दोनों ही जवाबदेह होते हैं। शानदार प्रदर्शन के लिए एक-दूसरे की मदद करना और सफल होना ज़रूरी होता है।

चेतावनी खतरे का निशान तब होता है जब कोई गड़बड़ी होती है, कोई हमें कुछ नहीं कहता है और न ही कोई हमें हमारी गलतियों का अहसास करवाता और न ही ज़िम्मेदार ठहराता है। इसका मतलब यह हुआ कि हमें सभी ने इतना गया-गुज़रा या कुछ कहने के काबिल ही नहीं समझा। कुछ कहना वे अपना टाइम वेस्ट समझते हैं। एक शानदार प्रदर्शन वाली सभ्यता के लिए इन्सान को जवाबदेही लेनी होती है। परफोर्मेंस और जवाबदेही के लिए हमें नीचे दी गयी बातों को पूछना होगा:

1. हमारे बारे में सच्चाई जानते हुए भी क्या वे हमें दोबारा काम पर रखेंगे?
2. क्या मैं इस काम के लिए सबसे अच्छा इंसान हूं?

नीचे कुछ तरीके हैं, जिनके माध्यम से हम अपनी टीमों को जवाबदेही सिखा सकते हैं:

1. **लोगों को जवाबदेह ठहराकर:** सवाल पूछने से न डरें। उनसे पूछें कि क्या वाकई जो उन्होंने कहा है उसे कब तक पूरा करेंगे? उनकी आंखों में झांकें और पूछें कि '*आपने कहा है कि आप काम पूरा कर देंगे, लेकिन आपने यह काम क्यों नहीं किया? आप कब यह काम पूरा करेंगे?*' सवाल करने से न कतराएं।
2. **सवाल पूछें, मगर निजी हमले न करें:** उनसे कहें कि हमें उनके खिलाफ़ कोई निजी टकराव नहीं हैं। घुमाव-फिराऊ वाले जवाब स्वीकार न करें। उनके जवाबों पर प्रश्न करें। अगर कोई आपसे ऑफिस में सवाल करता है कि '*आपने कितनी बार स्क्रिप्ट पढ़ी है?*' और उसका जवाब हुआ कि '*लगभग बीस बार*', तो आपको यह समझना होगा कि यह लगभग कितना होता है? यह दस हो सकता है, बारह हो सकता है या फिर पंद्रह भी हो सकता है।

यह एक संख्या हो सकती है लेकिन लगभग नहीं हो सकता। इस बात से यह तय है कि उसने न बीस बार पढ़ा न इक्कीस बार। बहुत से लोग अपना झूठ 'लगभग' जैसे शब्दों के पीछे छुपाने की कोशिश करते हैं।

इसी प्रकार अगर आप किसी एग्जेक्यूटिव से पूछें, '*आपने कितनी सेल कॉल पिछले हफ्ते की है?*' और वह कहता है कि 'लगभग पन्द्रह!' अब इसका क्या मतलब है? 'क्या उसने ग्यारह, बारह, तेरह या चौदह कॉल की हैं, या फिर केवल एक या दो!' उनकी बनावटी बातों से ही उन्हें न छूट जाने दें।

3. **अपनी खुद की बातचीत में स्पष्ट रहें:** अस्पष्ट बातें बनाना बंद करें। स्पष्ट बातें में लोगों को प्रभावित करने की ताकत होती है। '*मैं आपसे क्या उम्मीद कर सकता हूं?*' स्पष्ट रहें! लोगों को डेडलाइन ही प्रभावित करती है। जैसे खेल में डेडलाइन होती है, वैसे ही बिजनिस में भी डेडलाइन होती है। हमारी ज़िन्दगी के हर काम में भी डेडलाइन है।
4. **अपनी अपेक्षाओं को साफ़ करें:** क्या आपने लोगों को यह कहते हुए सुना है कि '*मैं मेहनत तो बहुत कर रहा हूं, मगर कुछ भी निकल नहीं रहा!*' यह वाक्य पूरी तरह से गलत है और तथ्यात्मक रूप से झूठ है। इससे यही बात निकल कर आ रही है कि मुझे खुद में सुधार करना है। तथ्य झूठ नहीं बोलते। सही अपेक्षाएं रखें और उनका पालन करना सीखें।
5. **विफल होने की स्थिति में नतीजों के लिए तैयार रहें:** क्या इसका मतलब लोगों को नौकरी से निकालना है? क्या सी ई ओ को नौकरी से निकाला जा सकता है? जवाब है, हां? ग्राहक अगर उनसे खरीदना बंद कर दे तो उन्हें नौकरी से निकाल सकते है। उन्हें उनके इम्प्लोयी नौकरी से निकाल सकते हैं। स्टॉक होल्डर उन्हें नौकरी से बाहर निकाल सकते हैं। यहां तक कि वेंडर भी उन्हें निकाल सकते हैं। काम न करने के नतीजों का भुगतान सी ई ओ को भी उतना ही करना होता है जितना औरों को।

6. **अपने लोगों को सिखाएं:** लोगों को सही तालीम देना बहुत ही ज़रूरी है। इसे नीचे दिए गए तरीकों के द्वारा किया जा सकता है।
   - नियमों को अपेक्षाओं और उदाहरणों के साथ सिखाना
   - करके दिखाना
   - उनसे करवाना
   - इम्तिहान लीजिए जिससे वे समझ सकें
   - दोहराएं, जिससे सीख और मज़बूत हो जाए
   - अभ्यास से निपुणता लाना

   अपने लोगों को सिखाने का सबसे अच्छा तरीका होता है उनके लिए रोल मॉडल बनना। जो वे देखते हैं, सीखते हैं।

जवाबदेही कैसे काम करती है

जवाबदेही को पूरा करने के लिए दोनों ही पक्षों की अपेक्षाएं और नतीजे एकदम स्पष्ट होने चाहिए। इसके लिए अच्छी संवाद कुशलता (Communication skill) ज़रूरी है। उदाहरण के लिए, अगर मैनेजर कहता है – *'मुझे उम्मीद है कि आप बढ़िया काम करेंगे!'* तो इसमें बढ़िया की परिभाषा स्पष्ट नहीं है क्योंकि मैनेजर ने मापदंड दिया ही नहीं। सुनने वाले को मैनेजर से खुलकर कहने और मापदंड समझाने के लिए कहना चाहिए, नहीं तो बातचीत अधूरी रहती है। जब मैनेजर मापदंड बता देता है तो बातचीत पूरी हो जाती है।

दोनों ही पक्षों को बढ़िया काम करने का मतलब पता होना चाहिए। नतीजे एकदम साफ़ होने चाहिए। जिन कंपनियों में जवाबदेही की सभ्यता (culture) होती है वे उन लोगों को ही नियुक्त करते हैं जो जवाबदेही के उसूल पर कायम रहते हैं।

जवाबदेही के फायदे नीचे बताए गए हैं:

- यह आपके परफोर्मेंस के स्तर को बढ़ाती है
- यह दुखद नतीजों से बचाती है
- यह बेहतर जॉब संतुष्टि देती है
- इससे रिश्ते मज़बूत होते हैं
- इससे तरक्की होती है और मुनाफ़ा होता है।

100/0 1998 में, '*फॉर्च्यून मैगजीन*' ने सैनोवास बैंक को अमेरिका का ऐसा बैंक बताया जिसमें सबसे ज़्यादातर लोग काम करने के इच्छुक थे। दीवारों पर, बीच पर और उनकी डेस्क पर भी हर जगह साइनेज थे, जहां पर 100/0 लिखा हुआ था। किसी ने उनसे इसका मतलब पूछा तो उन्होंने कहा कि 100 का मतलब है, 100 प्रतिशत जवाबदेही। कोई यह नहीं कह सकता कि यह मेरा काम नहीं है। किसी ने यह नहीं कहा कि मैं देर से पहुंचा, या मैं ट्रैफिक में फंस गया था। हर किसी के द्वारा 100 प्रतिशत जवाबदेही ही कम्पनी की सफलता की कुंजी थी। कम्पनी को ऊंचाई पर बनाए रखना हर किसी की जवाबदेही थी।

यहां 0 का मतलब है, जीरो बहाना। इसका मतलब है कि वे हर लेनदेन के लिए हर ग्राहक को बहुत ही बढ़िया सेवा देने जा रहे हैं। सर्वश्रेष्ठ न करने के लिए उनके पास कोई बहाना नहीं है। हर कोई अपने संस्थान का प्रतिनिधि है।

दूसरे को जवाबदेह ठहराना भी दूसरे के लिए नाखुशी ला सकता है। कई बार हम लोग दूसरों को जवाबदेह ठहराने से बचते हैं। ऐसा लगता है जैसे या तो दूसरों को नीचा दिखा रहे हैं या उम्मीद पर खरा न उतरने के लिए दोषी ठहरा रहे हैं। लोग संघर्ष से बचना चाहते हैं, क्योंकि जवाबदेही संघर्ष लाती है। तो यह संघर्ष कहां से आता है? संघर्ष तब होता है जब एक या दोनों पार्टी ज़िम्मेदारी नहीं उठाना चाहती हैं और उत्तरदायी नहीं होना चाहती हैं। यहीं पर लोग खुद को टूटा हुआ महसूस करते हैं और तनाव होता है। अगर हम बढ़ना चाहते हैं, तो ज़िम्मेदार होना और दूसरों को ज़िम्मेदार ठहराना ही एकमात्र तरीका है।

> ***एक नकारा इंसान को ज़िम्मेदार नहीं ठहराएंगे तो उसके नकारापन को बढ़ावा ही देंगे।***

विजेता इस बात को मानते हैं कि उपलब्धि जवाबदेही के बिना नहीं आती।

मूल्यहीन शिक्षा समाज में **इन्सान** को **जानवर** से बद्तर बना देती है।

अध्याय 18

मल्कियत लें

Take Ownership

"हमारे साथ एक आदमी का काम करना बेहतर है, बजाय सौ आदमियों का हमारे लिए काम करना - जो लोग मल्कियत लेते हैं, वे हमारे साथ काम करते हैं, हमारे लिए नहीं!"

मल्कियत लें कई साल पहले मैंने स्टीव नामक एक आदमी की कहानी सुनी थी, जो एक कम्पनी में मज़दूर था। वह तेज़ धूप में काम कर रहा था। उस आदमी के बगल में एक लिमोजीन कार आकर रुकी और अन्दर से आवाज आई, '*स्टीव, अन्दर आओ।*' उस लिमोजीन में उस कम्पनी का प्रेसिडेंट जॉन बैठा था। स्टीव ने अपना सारा काम छोड़ा और वह लिमोजीन के अंदर चला गया। जॉन ने मुस्कराकर स्टीव का स्वागत किया और ठंडा पानी पीने के लिए दिया। कुछ मिनटों के बाद ही उन्होंने एक-दूसरे को विदा कहा। स्टीव वापस धूप में काम करने लगा और जॉन वहां से चला गया। स्टीव के साथी बहुत प्रभावित हुए और उन्होंनें स्टीव से पूछा, 'तुम जॉन को कैसे जानते हो?' स्टीव ने जवाब दिया, 'मैं सिर्फ़ उसे जानता ही नहीं हूं बल्कि मैंने और जॉन ने एक साथ इस कम्पनी में एक साथ, एक ही दिन, एक ही पोजीशन, पर पच्चीस साल पहले काम करना शुरू किया था।' सभी लोग और भी ज़्यादा हैरानी में पड़

गए। उन्होंने स्टीव से पूछा, 'ऐसा कैसे कि आप लोगों ने एक ही दिन, एक साथ, एक ही पोजीशन, पर काम करना शुरू किया और तुम अभी भी कड़ी धूप में मज़दूरी कर रहे हो और वह कम्पनी का प्रेसिडेंट बन गया?' स्टीव ने जो जवाब दिया, वह चौंकाने के लिए काफ़ी था। उसने कहा, 'पच्चीस साल पहले जॉन ने कम्पनी के लिए काम करना शुरू किया लेकिन मैंने एक डॉलर अट्ठाईस सेंट प्रति घंटे के लिए काम किया।' तो कोई हैरानी नहीं कि जॉन प्रेसिडेंट बन गया और स्टीव अभी तक एक मज़दूर ही है। जॉन ने मल्कियत ली। उसके दिमाग में एक बड़ी तस्वीर थी उसने केवल खुद को बढ़ाने के बजाय कम्पनी को बढ़ाने के लिए काम किया। वह समझ गया था कि जितना ही वह कंपनी की तरक्की के लिए काम करेगा, उतना ही वह ज़्यादा बढ़ेगा। स्टीव की सोच एक नौकर की थी जबकि जॉन की सोच एक मालिक की थी।

कोई भी यह कह सकता है कि इस तरह की घटनाएं पश्चिमी देशों में होती हैं, हमारे देश में नहीं।

पांच साल पहले, मैं एक ऐसे इंसान से मिला था जिसने भारत में फौज (defence service) से जल्दी रिटायर्मेंट ले लिया और अपना व्यापार (business) शुरू किया। कुछ ही सालों में ही उसका सालाना टर्नओवर एक हज़ार करोड़ का हो गया। एक दिन उनका एक दोस्त जिसने खुद भी जल्दी रिटायरमेंट ले लिया था नौकरी खोजते हुए उसके पास आया और पूछा कि '*क्या मैं आपके साथ काम कर सकता हूं?*' उस व्यापारी ने कहा '*हां, क्यों नहीं! मैं तुम्हें पिछले तीस सालों से जानता हूं!*'

एक दिन ऑफिस बंद होने के बाद जब सब लोग घर चले गए, दोनों दोस्त एक साथ बैठकर बातें कर रहे थे। इम्प्लोयी ने मालिक से कहा, '*तुम्हें याद है, तीस साल पहले हम दोनों ने एक साथ फौज ज्वाइन की थी?*' व्यापारी ने कहा, '*हां मुझे याद है!*' उस आदमी ने कहा, '*तुम्हें भी एक हज़ार रुपए मिलते थे, और मुझे भी एक हज़ार रुपए मिलते थे। तुम्हें याद है!*' व्यापारी ने कहा, '*हां, मुझे याद है!*' फिर उस इम्प्लोयी ने कहा, '*तुम भी एक एम्प्लोयी थे और मैं भी एक*

इम्प्लोयी था। तुम्हें याद है?' उस मालिक ने कहा, '*हां, मुझे याद है।*' फिर उस इम्प्लोयी ने कहा, '*देखो आज तीस साल बाद मैं आज भी एक इम्प्लोयी हूं और तुम एक हज़ार करोड़ की कम्पनी के मालिक हो! ये किस्मत नहीं तो और क्या है!*'

मालिक ने जो जवाब दिया, वह इस कहानी का निचोड़ है और सफलता का सार है।

मालिक ने कहा, '*मैं यह बात लाना नहीं चाहता था, लेकिन तुमने इसे छेड़ा है, तो इसका जवाब मैं ज़रूर दूंगा। तुम्हें यह कड़वा भले ही लगे वह तुम्हारी समस्या है, मगर सुनना ध्यान से। मैं तुम्हें आज से तीस साल पहले हुई एक बात की याद दिलाना चाहता हूं। हम पूरा दिन काम करके शाम को ऑफिस से बैरेक की ओर लौट रहे थे। तकरीबन रात के साढ़े नौ बजे का समय था। जब हम लोग बैरेक में पहुंचे तो मुझे याद आया कि हम लोग ऑफिस में पंखा और लाइट बंद करना भूल गए। जब मैंने यह बात कही तो तुमने मुझे क्या जवाब दिया? तुमने कहा, "टाइम देखते हो क्या है? साढ़े नौ बज चुके हैं क्या हमने पूरे दिन मेहनत करके काम नहीं किया? हम दो मील चलकर आए हैं और अब दो मील जाना और वापिस आना साढ़े दस बज जायेंगे ये अब कौन करेगा।" तुमने मुझे कहा कि "कौन सी बड़ी बात है एक ही तो लाईट है। क्या बड़ी बात है, एक ही पंखा तो है? और इसमें कौन सी बड़ी बात है, एक ही रात की तो बात है। इसमें कौन-सी बड़ी बात है, अपना थोड़ी है सरकारी है।" तुमने कहा, मैं वापस नहीं जाऊंगा और तुम सो गए थे। मैं वापस गया और बत्ती-पंखा बंद करके आया। अब ध्यान से सुनो, तीस साल पहले हम दोनों ने सर्विस एक साथ शुरू की, यह बात सच है। तुम्हें भी एक हज़ार रुपये मिलते थे और मुझे भी एक हज़ार रुपये मिलते थे, यह भी सच है। तुम उस समय भी एक नौकर थे और आज भी नौकर हो, यह भी सच है। लेकिन फर्क ये है कि तीस साल पहले भी मैं एक मालिक था और आज भी एक मालिक हूं! और जैसी तेरी सोच है तू मरेगा भी नौकर ही।*' यह एक सच्ची कहानी है।

इस कहानी का निचोड़ क्या है?

इस कहानी का निचोड़ एकदम साफ़ है! कोई भी व्यक्ति सिर्फ़ तनख्वाह के आधार पर मालिक या इम्प्लोयी नहीं बनता। एक तनख्वाह कभी भी यह फैसला नहीं करती कि कौन मालिक है और कौन इम्प्लोयी है। सिर्फ़ मल्कियत की स्वीकृति ही यह फैसला करती है कि मालिक कौन है। केवल जब हम अपने अन्दर एक मालिक की तरह महसूस करते हैं तभी हम उस तरह का व्यवहार करते हैं। वह व्यक्ति जो मल्कियत लेता है, उसमें आपस में जुड़े होने की भावना होती है। इसका मतलब है, 'मैं संस्था के साथ जुड़ा हूं, और संस्था मुझसे जुड़ी है।'

जब भी कोई इंसान मल्कियत लेता है तो दो चीज़ें एकदम पैदा होती हैं-

1. समस्या हल करने की क्षमता (problem-solving ability), और
2. फैसला लेने की क्षमता (decision-making ability)

क्या इन दोनों चीज़ों के बिना एक इंसान लीडर नहीं बन सकता?

जुड़ाव महसूस करना

क्या आपके साथ कभी यह हुआ है कि आपने कुछ स्टोर से खरीदा हो और कुछ गलत हुआ हो? आप स्टोर में वापस जाते हैं और काउंटर के पीछे बैठे आदमी पर चिल्लाते हैं। वह आदमी कहता है, '*आप मुझ पर क्यों बिगड़ रहे हैं? मैं यहां सिर्फ़ नौकरी करता हूं!*'

जब कोई आदमी यह कहता है कि मैं यहां सिर्फ़ नौकरी करता हूं, तो वह क्या कह रहा है, '*मेरा संस्थान के साथ कोई जुड़ाव नहीं है, मैं यहां पर सिर्फ़ तनख्वाह के लिए आता हूं।*'

जब एक इम्प्लोयी एक एम्प्लोयर को सिर्फ़ 'आमदनी का ज़रिया' मानता है, तो वह कभी भी एक अच्छा इम्प्लोयी नहीं बन सकता। इसी तरह अगर एक इम्प्लोयर अपने इम्प्लोयी को सिर्फ़ एक पैसा बनाने वाली मशीन मानता है तो वह एक अच्छा इम्प्लोयर नहीं बना सकता। उनमें आपस में जुड़े होने की भावना होनी चाहिए जो उन्हें बांधती है। बांधने वाली चीज़ सिर्फ़ पैसा नहीं बल्कि सिद्धांत और मूल्य ही

होते हैं। जहां मूल्य और सिद्धांत मेल नहीं खाते वहां पर इंसान काम नहीं कर सकता। ऐसे में वह इंसान या तो अपने मूल्य और सिद्धांत बदलेगा या अपनी संस्था बदल देगा। यह एक संस्था तक ही सीमित नहीं बल्कि यह उसूल परिवार में भी लागू होता है। जहां मूल्य और सिंद्धांत नहीं मिलते उस परिवार में इंसान नहीं रह सकता। ऐसी स्थिति में इंसान या परिवार बदलेगा या अपने मूल्य और सिद्धांत बदलेगा। यह बहुत ही आम है कि **जो लोग सिर्फ़ पैसों की वजह से ही आपके पास आते हैं वो लोग पैसों की वजह से चले भी जाते हैं।**

सबसे ज़रूरी कारण जो आपस में जुड़े होने का अहसास लाते है वे किसी महत्त्वपूर्ण उद्देश्य के लिए आपस में जुड़े होते हैं। उदाहरण के लिए, रोटरी इंटरनेशनल, लॉएस इंटरनेशनल, रेडक्रॉस आदि जैसे गैर सरकारी संगठनों को देखें, जो समाज की सेवा निःस्वार्थ भाव से करते हैं।

विजेता कुछ भी करते हैं हमेशा मल्कियत लेते हैं, यही उनकी सफलता का राज़ है।

एक्शन प्लान

- अपनी समस्या सुलझाने वाली क्षमता को परखें, मल्कियत लें और उसे सुधारने की तीन तरीके सोचें।

  1. ______________________________
  2. ______________________________
  3. ______________________________

- अपनी फैसला लेने की क्षमता को परखें और उन तीन चीज़ों को नोट करें जो आपकी मदद बेहतर फैसले लेने में करे।

  1. ______________________________
  2. ______________________________
  3. ______________________________

अध्याय 19

अपने समय पर काबू पाएं

Tame Your Time

" विजेता सेकंड्स और मिनट्स के आधार पर सोचते हैं, असफल घन्टों और दिन के आधार पर सोचते हैं। "

काश! मेरे पास और समय होता - मैं दावे से कह सकता हूं, कि सभी लोग कभी-न-कभी तो यह ज़रूर ही कहते होंगे।

- अगर हमारे पास दिन में चौबीस घंटे के बजाय छब्बीस घंटे होते तो?
- हम उन एक्स्ट्रा एक या दो घंटों में क्या करते?
- हम कैसे उनका इस्तेमाल करते?

ऊपर दिए गए सवालों के जवाब दें:

____

____

____

अगर इन सवालों का जवाब दिए बिना ही आप किताब आगे पढ़ते चले जाते हैं तो इस किताब को पढ़ने का कोई फायदा नहीं होगा, जो कि होना चाहिए।

टाइम मैनेजमेंट के बारे में भ्रम

भ्रम 1. क्या टाइम मैनेजेंट जैसी कोई चीज़ होती है?

जवाब है, नहीं! क्यों? जब भी हम समय बर्बाद करते हैं, तो हम क्या बर्बाद कर रहे हैं? हम अपनी ज़िन्दगी बर्बाद कर रहे हैं। ज़्यादातर लोग समय नहीं बर्बाद करते, वे अपनी ज़िन्दगी बर्बाद करते हैं। **टाइम मैनेजमेंट केवल लाइफ मैनेजमेंट का ही दूसरा नाम है।**

भ्रम 2. हम सुनते रहते हैं 'समय आता है और जाता है।' लेकिन यह सच नहीं है, क्योंकि समय ठहरा हुआ है। समय न आता है न जाता है, हम ही इस दुनिया में आते और जाते हैं।

समय की बर्बादी माने ज़िन्दगी की बर्बादी

जिस तरह हम पैसे के साथ सिर्फ़ दो ही चीज़ें कर सकते हैं - या तो पैसे का इस्तेमाल कर सकते हैं, उसे बर्बाद कर सकते हैं। उसे निवेश कर सकते हैं या फिर खर्च कर सकते हैं। निवेश किया गया पैसा रिटर्न देता है, जबकि खर्च किया गया पैसा हमेशा के लिए चला जाता है। इसी तरह समय के साथ भी हम सिर्फ़ दो ही चीज़ें कर सकते हैं।

समय को या निवेश किया जा सकता है या खर्च किया जा सकता है।

अगर हम समय बर्बाद करते हैं, तो समय हमें बर्बाद करता है।

समय सभी को एक समान अवसर देता है। हमारे पास लगभग एक सा समय होता है, फिर चाहे वह अमेरिका का राष्ट्रपति हो, इंग्लैण्ड का प्रधानमंत्री हो, आईबीएम का चेयरपर्सन हो या फिर कोई और, इससे कोई फर्क नहीं पड़ता। हम सभी के पास हफ्ते में काम करने के लिए

168 घंटे होते हैं। हर रोज़ हमें 86,400 सेकंड्स का ताजा बैंक बैलेंस मिलता है, हम या तो इसे निवेश कर सकते हैं या खर्च कर सकते हैं।

अनुमान लगाइए कि हर सुबह कोई हमारे बैंक खाते में 24 डॉलर या 2,400 डॉलर या फिर 24,000 डॉलर डालता है। बस इस एक शर्त के साथ कि हमें या तो पूरे पैसे को चौबीस घंटों में निवेश करना है या खर्च करना है और यह तय है कि इस बची रकम को अगले दिन इस्तेमाल नहीं कर सकते, तो हम क्या करेंगे? इसका क्या जवाब है? क्योंकि जो बचा होगा वह बर्बाद हो जाएगा, तो क्या हम कोशिश नहीं करेंगे कि पूरे पैसे को दिए गए समय में सही रूप से इस्तेमाल करें वरना यह खो जाएगा।

हमें हर रोज़ सुबह उठकर एक दिन में चौबीस नए घंटे मिलते हैं, यह हम पर है कि हम इसे या तो इस्तेमाल करते हैं या बर्बाद करते हैं। समय की सबसे अजीब बात यह है कि इसकी गति समान है। कोई भी इसे न तो तेज़ कर सकता है, न ही धीमा कर सकता है और न ही इसे रोक सकता है। दुनिया का सबसे अमीर आदमी भी इसे नियंत्रित नहीं कर सकता। अगर हर लम्हे का हिसाब रखा जाए, तो प्रतिबद्ध रहना और अपनी ज़िन्दगी का चार्ज लेना ही सबसे सम्भावित काम है जो किया जा सकता है।

एक बार का तोहफा

मान लीजिये कि आपके पास जादू की छड़ी है, और आपको यह वरदान मिला कि अगले दिन आपके पास आपकी पसंद की कार होगी, कितनी भी महंगी हो, और नई तकनीक और सुविधा से भरपूर। हालांकि एक ही शर्त है कि यह तोहफा ज़िन्दगी में एक ही बार मिलेगा और आपको ज़िन्दगी में दूसरी कार नहीं मिल सकती। तो आप इस कार का कैसा इस्तेमाल करेंगे? क्या आप–

1. इस कार की देखभाल नहीं करेंगे?
2. इसे सावधानी से नहीं चलाएंगे?
3. यह सुनिश्चित नहीं करेंगे कि यह गलत हाथों में न पड़े?

4. उसका समय से देखभाल नहीं करेंगे?
5. इसे नुकसान से नहीं बचाएंगे?
6. क्या आप शराब पीकर कभी गाड़ी चलाएंगे?

तो मूल बात यह है कि आपको अपनी कार के रखरखाव के लिए सक्रिय (प्रोएक्टिव) होना होगा। आपको इसकी देखभाल करनी होगी और किसी भी खतरे या जोखिम से बचाना होगा। अगर हम एक बार महंगी कार की इतनी देखभाल करेंगे तो क्या हम एक बार मिली हुई ज़िन्दगी के तोहफे की देखभाल नहीं करेंगे?

श्रेष्ठ परफोर्मर

एक बार एक टीचर ने नीचे दिए गए उदाहरण दिखाए। उसके पास चार आइटम थे:

1. बड़े पत्थर
2. छोटे कंकड़
3. रेत
4. पानी

उसने एक बड़े मुंह वाला जार लिया और सभी स्टूडेंट्स से इन चारों चीज़ों को उसमें भरने के लिए कहा। स्टूडेंट्स ने पहले कंकड़, रेत और पानी डाला और फिर पत्थर डाले मगर कोई भी उन चारों चीज़ों को जार में नहीं डाल सका। टीचर फिर आया और उसने यह दिखाया कि इस काम को कैसे करना है। उसने सबसे बड़े पत्थरों को सबसे पहले डाला। फिर उसने छोटे-छोटे कंकड़ उस जार में डाले, जिसने पत्थरों के बीच जगह बना ली। अब उसने रेत डाली जो पत्थरों के नीचे चली गयी और अपनी जगह बना ली। अंत में उसने उसमें पानी डाला और जिसने जार में अपनी जगह आराम से बना ली। किनारे पर थोड़ी रेत बच गयी थी। टीचर ने कहा कि *'मुझे लगता है कि थोड़ी सी रेत किनारे पर बच गयी है, मगर इससे कोई फर्क नहीं पड़ता।'*

रेत ज़िन्दगी में छोटी-छोटी चीज़ों का प्रतीक है। वे चीज़ें जिन्हें हम आसानी से अनदेखा कर सकते हैं, जो मायने नहीं रखती हैं, जैसे वीडियो गेम, लोगों की बातों पर गुस्सा होना और छोटे-मोटे काम।

अगर हमारे पास बेकार चीज़ों के लिए समय नहीं है तो किसे परवाह है? **छोटे कंकड़ हमारी छोटी-मोटी प्राथमिकताएं और चीज़ें हैं, मगर वे बहुत ज़रूरी नहीं हैं।** ये चीज़ें इंतजार कर सकती हैं जैसे रोज़ के काम, शौक, सामाजिक काम और लोगों के साथ मेलजोल, जो बहुत महत्वपूर्ण नहीं हैं। **बड़े पत्थर हमारी ज़िन्दगी के आधार हैं।** वे चीज़ें जो महत्वपूर्ण हैं और मायने रखती हैं। जो संतुष्टि और खुशियां देती हैं। ये वह चीज़ें होती हैं जिसे पैसा नहीं खरीद सकता है, जैसे हमारे मूल्य, सेहत, परिवार, रिश्ते, काम के जीवन में संतुलन, लगातार सीखना, वे चीज़ें जिनसे हम प्यार करते हैं, सिद्धांत जिनके लिए हम कुछ भी कर सकते हैं।

जब टीचर बता चुका, तो किसी स्टूडेंट ने पूछा, 'पानी क्या बताता है?' टीचर ने जवाब दिया 'इससे कोई फर्क नहीं पड़ता कि जार दिखने में कितना भर चुका है लेकिन उसमें फिर भी पानी डालने की गुंजाइश थी।'

अगर हम उन चीज़ों को करने में ही समय बिता देते हैं, जो हमारे लिए मायने नहीं रखतीं, तो हमारे पास उन चीज़ों के लिए समय नहीं बचेगा, जो मायने रखती हैं।

चार चीज़ें कभी भी वापस नहीं आती हैं - 1. एक खोया हुआ अवसर, 2. एक मुंह से निकला शब्द, 3. बन्दूक से निकली हुई गोली, और 4. बर्बाद हुआ समय।

हम अपनी जिंदगी के साथ क्या करते हैं?

मान लीजिए, हमारी ज़िन्दगी अस्सी साल की है। तो आइये देखते हैं कि हम इसे कैसे बिताते हैं-

- छब्बीस साल सोने में (एक दिन में आठ घंटे × 80)

- दस साल दोस्तों और परिवार के साथ बातचीत में (एक दिन में 3 घंटे × 80)
- खाने में साढ़े तीन साल (1 घंटा 1 दिन में × 80)
- छह महीने ट्रैफिक सिग्नल पर इंतजार करते हुए (एक दिन में 15 घंटे × 80)
- दस साल टीवी देखने में और टेक्निकल गैजेट देखने में (एक दिन में 3 घंटे × 80)
- फोन कॉल पर नौ साल (2.75 घंटे एक दिन में × 80)
- घर के कामों में चार साल (1.2 घंटे एक दिन में × 80)
- चार साल उन चीज़ों को खोजना जो मिल नहीं रही हैं, जो खो गई हैं (1.2 घंटे एक दिन में × 80)
- चार साल कई तरह की चीज़ों को करने में जैसे बीमारी, छुट्टी आदि (1.2 घंटे एक दिन में × 80)
- काम करने के लिए बचे सिर्फ़ नौ साल (2.8 घंटे एक दिन में × 80)

ऊपर केवल अनुमान दिया गया है और यह हर आदमी के हिसाब से अलग भी हो सकता है, मगर यह हमें अपनी ज़िन्दगी की प्राथमिकताओं को परखने पर मजबूर करता है।

समय पैसे से भी ज़्यादा कीमती है

अगर हमारे पास केवल अस्सी साल ही हैं, हमारे पास बहुत ज़्यादा समय नहीं बचा है। ज़िन्दगी एक एकतरफ़ा (one-way) चलने वाली सड़क है - हम केवल आगे बढ़ सकते हैं - हम वापस नहीं आ सकते हैं। **ज़िन्दगी में कोई भी रिवाइंड बटन नहीं होता।**

समय एक नष्ट होने वाली चीज़ है और मैनेजमेंट समय की हैंडलिंग है। हमारा समय इस धरती पर सीमित है। घड़ी चलती रहती है और बदलाव आता है और चला जाता है, हमारे पास विकल्प सीमित हैं और फैसले लेने होते हैं। ज़िन्दगी में सफलता और विफलता समय का प्रबंधन करने की हमारी क्षमता या अक्षमता पर निर्भर करता है। समय का मिसमैनेजमेंट हमेशा ही तनाव देता है। **प्राथमिकता न होने**

की वजह से भटकाव होता है, जिसकी वजह से अव्यवस्था पैदा होती है।

किसी भी चीज़ को हासिल करने के लिए हमें समय की ज़रूरत होती है, जब भी समय का नुकसान होता है, तो यह नुकसान स्थाई (permanent) होता है। हम समय के साथ क्या करते हैं, इसे इस्तेमाल करते हैं, या इसे बर्बाद करते हैं, यह हम पर ही निर्भर करता है। इसे एकत्रित या बचाया (save) नहीं किया जा सकता है, इसे गोदाम में बंद नहीं किया जा सकता। जितना बेहतर समय का इस्तेमाल होगा, उतनी ही ज़्यादा उपलब्धि हासिल होगी और ज़िन्दगी उतनी ही खुश होगी। दुर्भाग्य से लोग भूल जाते हैं कि एक बार जाया किया हुआ समय गया तो हमेशा के लिए चला जाता है।

सही तरीके से बिताए गए दिन का मतलब है एक दिन का मुनाफ़ा। ख़राब तरीके से बिताया गया दिन का मतलब है, एक दिन का घाटा होना।

यह ज़िन्दगी किसी भी तरह की ड्रेस रिहर्सल नहीं है, और दांव पर भी बहुत ज़्यादा है। ज़िन्दगी फुटबाल के खेल की तरह नहीं, जिसमें हम खिलाड़ियों को बदल सकते हैं, ज़िन्दगी के खेल में हमें अपना खुद का गेम खेलना होता है।

समय पैसे से ज़्यादा कीमती क्यों है?

- निवेश किया गया समय ज़्यादा पैसा बना सकता है, लेकिन पैसे का निवेश समय नहीं बना सकता।
- पैसे को उधार लिया-दिया जा सकता है, चुराया जा सकता है, या किसी और को दिया जा सकता है - समय को खरीदा, बेचा, व्यापार या किसी को नहीं दिया जा सकता।
- पैसा जाता है और वापस आ सकता है, समय नहीं आ सकता।
- पैसे को उपहार में दिया जा सकता है, मगर समय को नहीं।
- पैसा कम-ज़्यादा होता है, समय नहीं।
- हमारे पास कितना पैसा है, उसे हम आख़िरी पैसे तक गिन सकते हैं, मगर हमारे पास कितना समय है, हम नहीं गिन सकते।

समय हमें ज़िन्दगी की अहमियत बताती है,
ज़िन्दगी हमें समय की अहमियत सिखाती है।

समय का मूल्य क्या है?

एक साल का मूल्य उस स्टूडेंट से पूछें
जो एक क्लास में फेल हो गया है

एक महीने की कीमत उस मां से पूछें,
जिसने एक प्रीमैच्योर बेबी (समय से पहले बच्चे)
को जन्म दिया है ।

एक दिन की कीमत उस आदमी से पूछिए,
जिसका जन्म 29 फरवरी को हुआ है।

एक घंटे की कीमत उस इंसान से पूछिए,
जिसने अपने प्रेमी-प्रेमिका का इंतजार किया है।

एक मिनट की कीमत उस इंसान से पूछिए,
जिसकी ट्रेन छूट गयी है।

एक मिली-सेकण्ड की कीमत उस खिलाड़ी से पूछिए,
जिसने ओलम्पिक्स में एक सिल्वर मैडल जीता है।

- अज्ञात

नीचे लिखी चीज़े समय बर्बाद करती हैं जिनसे हमें बचना चाहिए-

1. फैसला न ले पाना (Indecision)
2. किसी काम को टालना (Procrastination)
3. अव्यवस्थित होना (Being disorganized)
4. प्राथमिकताएं तय न करना (Lack of priorities)
5. योजना का अभाव (Lack of planning or improper planning)
6. बिना योजना के आने वाली रुकावटें (Unplanned interruptions)
7. गलत काम करने की वजह से नुकसान, दोबारा करना या डैमेज

कंट्रोल करना (Faulty implementation leading to loss, duplication or damage control)
8. लापरवाही वाली गलतियां (Avoidable or careless mistakes)
9. बेकार या अप्रभावी मीटिंग (Unnecessary or ineffective meetings)
10. लगातार समस्याओं में उलझे रहना (Constant firefighting or crisis handling)
11. दूसरे को काम न सौंप पाना (No delegation or ineffective delegation)
12. भूमिकाओं और लक्ष्यों का स्पष्ट न होना (ध्यान में कमी) (Lack of clarity of roles and goals)
13. सफ़र के समय का सही इस्तेमाल न होना (Unnecessary and poor use of travel time)
14. इंतजार का समय (Waiting time)
15. अस्पष्ट बातचीत (Poor communication)

समय की बर्बादी को हम दो हिस्सों में बांट सकते हैं:

1. जो हमारे कंट्रोल में है जिसे हमने पैदा किया
2. हमारे कंट्रोल से बाहर होते हैं - ये बाहरी या अनदेखे हो सकते हैं।

अपने आप जो समय बर्बाद करने वाले कारण अंदरूनी होते हैं और वे नीचे लिखी गयी बातों का नतीजा होते हैं:

- प्लानिंग की कमी (Lack of planning)
- अनुशासन की कमी (Lack of discipline)
- आत्मविश्वास की कमी (Lackof confidence)
- हाई सेल्फ-एस्टीम की कमी (Lack of high self-esteem)

कंट्रोल से बाहर के समय बर्बाद करने वाले कारणों का एक उदाहरण है:

सड़क के बीचों-बीच एक पेड़ गिर गया है और इससे ट्रैफिक जाम हो गया है। अब आप इसमें फंस गए हैं और जहां जाना है, वहां पर समय पर नहीं पहुंच सकते हैं। यह कंट्रोल से बाहर है।

काम टालने की आदत

हमारा समय सबसे ज़्यादा टालमटोल से बर्बाद होता है।

समय टालने की आदत से समय ख़राब होता है और ज़िन्दगी बर्बाद होती है।

बिना किसी वजह के काम कल के लिए टालने को काम टालने की आदत कहते हैं, इसका मतलब है वह न करना जो ज़रूरी था बल्कि वह करना जो आसान है। आसान काम करना और ज़रूरी कामों को अनदेखा करने की आदत है, काम को टालना।

किन्हीं ख़ास वजहों से काम का टलना टालमटोल नहीं होता, जैसे-

1. मैं कुछ सूचनाओं का इंतजार कर रहा था, इसलिए मैं अपनी रिपोर्ट नहीं तैयार कर सका, या
2. डॉक्टर इसलिए इलाज शुरू नहीं कर सका क्योंकि वह ब्लड रिपोर्ट का इंतजार कर रहा था।

अगर **कुछ किया जा सकता था**, मगर हमने नहीं किया, तो यह लापरवाही वाला व्यवहार है।

अगर **कुछ किया जाना चाहिए** और हम नहीं कर रहे हैं, तो यह **अडियलपन** है।

लोग टालमटोल क्यों करते हैं?

लोगों के टालमटोल वाले व्यवहार का एक बड़ा कारण है उनकी ज़िम्मेदारी से भागने वाली आदत। उनके पास हालातों का सामना करने का हौसला नहीं होता, इसलिए वे उसे टालते रहते हैं। जितना भी वे टालते हैं, उतना ही ज़्यादा उसकी लागत और उतना ही ज़्यादा नुकसान बढ़ता चला जाता है।

टालमटोल करने के कई कारण हो सकते हैं-

1. गैर ज़िम्मेदाराना व्यवहार (Irresponsible behaviour)

2. ध्यान देने की कमी (Lack of focus)
3. किसी अनचाहे काम से बचना (Avoiding an unpleasant task)
4. प्राथमिकता की कमी (Lack of priority)
5. ज़रूरी काम के बजाय आसान काम को करना (Doing what is easy rather than what is important)
6. फैसला न लेने वाला व्यवहार (Indecisive behaviour)
7. विफल होने का डर (Fear of failure)
8. डिप्रेस होना या डिमोटिवेट होना (Being depressed or demotivated)
9. ज़िन्दगी में आगे कुछ भी उम्मीद का न होना (Nothing to look forward to in life)
10. हमेशा थके रहना (Fatigue)
11. काम चलाऊ नज़रिया (Casual approach)
12. ज़रूरी चीज़ों पर ध्यान न देना (Not giving due importance to essential things)
13. भुलक्कड़ होना या फिर आलसी होना (Forgetfulness or just plain laziness)
14. शुरू ही न करना (Inertia)

सबसे बड़ी रुकावट है काम का **शुरू न करना**। किसी भी काम में शुरू में अरुचि हो जाना ही टालमटोल के मुख्य कारणों में से एक है।

फैसला न लेना और टालमटोल करना

फैसला न लेना, समय की चोरी, एनर्जी का बर्बाद होना और ज़िन्दगी का नष्ट होना है। ज़्यादातर लोगों को यह अहसास ही नहीं होता कि टालमटोल के लिए जितनी ताकत चाहिए उससे कहीं कम ताकत काम को करने के लिए चाहिए होती है। जो फैसले हम टाल देते हैं, उनसे हमारी न केवल उत्पादकता कम होती है, बल्कि उसके दुष्परिणाम भी ज़्यादा होते हैं।

> *काम को पूरा करना हम में ताकत भरता है जबकि जो काम हम अधूरा छोड़ देते हैं, वह हमसे एनर्जी खींच लेता है।*

क्या आप जानते हैं कि टालमटोल से क्या-क्या नुकसान हो सकते हैं?

अंदाजा भी नहीं लगा सकते!

- **पैसे पर**
- **सेहत पर**
- **रिश्तों पर**
- **तालीम को विकसित करने पर**

इन सभी पर हमारी लापरवाही के जबरदस्त नुकसान होते हैं।

टालमटोल पर कैसे विजय पाएं?

क्या हम हमेशा ही अंडर फोर्मर या अंडर अचीवर रहते हैं, क्योंकि हम ज़िन्दगी में चीज़ें टालते रहते हैं? अगर ऐसा है तो यहां पर कुछ कदम दिए गए हैं, जो निगेटिव आदत पर विजय हासिल करने में मदद करेंगे-

- स्टेप 1. आदत के बारे में जागरूकता और उसे जानना
- स्टेप 2. लागत को परखना - फिजिकली, फाइनेंशियली, और मानसिक रूप से
- स्टेप 3. इस आदत के बारे में फैसला लेना और छुटकारा पाने के लिए कटिबद्ध होना
- स्टेप 4. आलस पर विजय हासिल करना और शुरू करना

सबसे दुखी करने वाले शब्द हैं:

- यह हो सकता था...
- मुझे यह करना चाहिए था...
- मैं यह कर सकता था...

- काश मैं यह कर सकता...
- अगर मैंने कुछ और मेहनत की होती...

> ***जो काम आप आज कर सकते हैं,***
> ***उसे कल पर नहीं टालें।***
> *–बेंजामिन फ्रैंकलिन*

मुझे यकीन है कि सभी विजेता टालना चाहते होंगे, मगर उन्हें टालने का समय नहीं मिला। जब भी कोई कहता है '*मैं इसे किसी दिन करूंगा*' तो इसका मतलब कि वह दिन कभी नहीं आएगा।

अगर हम घर से निकलने से पहले सभी बत्तियों के हरे होने का इंतजार कर रहे हैं तो बेहतर है हम घर पर ही रुकें। क्यों? क्योंकि वे सभी एक साथ तो हरी होंगी नहीं, और हम कभी भी घर से बाहर नहीं निकल पाएंगे। यह कभी नहीं होगा और हम शुरू करने से पहले ही विफल हो जाएंगे।

अभी करने की आदत डालें

वह चांद के नीचे पूरी ज़िन्दगी सोता रहा,
वह सूरज के साए में जागता रहा,
उसकी ज़िन्दगी बीत गयी
किसी दिन कुछ करूंगा
न वह दिन आया
और बिना कुछ किए वह मर गया।

–जेम्स एल्बरी

एक्शन प्लान

- ज़िन्दगी में अपनी प्राथमिकताओं की एक सूची बनाएं और फिर अपनी प्राथमिकताएं उसी तरह से तय करें।

  1. ____________________
  2. ____________________
  3. ____________________
  4. ____________________
  5. ____________________

- लागत को परखें। आज से पांच सालों के बाद आपके हिसाब से काम टालने के क्या दुष्प्रभाव आप पर पड़ेंगे?

  1. सेहत ____________________
  2. काम ____________________
  3. परिवार ____________________
  4. बुद्धि ____________________
  5. भावनाएं ____________________
  6. सामाजिक ज़िन्दगी ____________________
  7. पैसा ____________________

- उन तीन कदमों को बताएं जो आप उठाने के लिए प्रतिबद्ध हैं, जो आपके समय को बेहतर इस्तेमाल करने में मदद करेंगे?

  1. ____________________
  2. ____________________
  3. ____________________

अध्याय 20

प्रोएक्टिव रहें और संभव करें!
Be Proactive – Make It Happen!

"किसी भी इंसान की ज़िन्दगी की उपलब्धि को इससे नहीं आंका जाना चाहिए कि उसे क्या मिला, बल्कि इससे आंका जाना चाहिए कि वह क्या बन गया।"

प्रोएक्टिव (Proactive) का मतलब है कि बिना किसी के कहे एक इंसान खुद से सही या अच्छा काम करता है।

रिएक्टिव (Reactive) का मतलब है कि हम किसी के कुछ करने या कहने के जवाब में कुछ करते हैं।

लेने वाले या देने वाले
A Go & Giver or A Go & Getter

1985 में, बॉब मुनरो ने यूनाइटेड नेशंस के साथ अफ्रीका की गरीब झुग्गी-झोपड़ियों में समाज सेवा करने का फैसला किया। उन्हें फुटबाल बहुत पसंद था। एक दिन वे नैरोबी, केन्या में मथारे की स्लम से होकर गुज़र रहे थे 'जो दुनिया की सबसे गरीब जगहों में से एक है' और जहां पर लाखों लोग गरीबी और भुखमरी में रहते हैं। उन्होंने नंगे पैरों के साथ कुछ बच्चों को फुटबॉल खेलते हुए देखा, वे फुटबॉल नहीं खेल रहे थे बल्कि वे एक-दूसरे को किक मार रहे थे। जब उन्होंने

बच्चों को एक-दूसरे को किक मारते हुए देखा तो वे चीखे, '*फाउल!*' और फिर वह गेम रुक गया। वे कार से बाहर निकले और चूंकि वे गोरे थे, तो एकदम से अलग नज़र आ रहे थे। फुटबॉल के प्रेमी होने के नाते उन्होंने कहा '*ऐसे फुटबॉल नहीं खेलते हैं।*' उन्होंने बॉल ली और लड़कों से कहा '*मैं कल तुम्हारे लिए एक और बॉल लाऊंगा और तुम्हें सिखाऊंगा कि फुटबॉल कैसे खेलते हैं!*' अगले दिन वहां पर 600 बच्चे फुटबॉल खेलने आए। उन्होंने एक नियम बनाया कि सिर्फ़ वही बच्चे खेल सकते हैं, जो इस जगह की सफाई करेंगे। उन्होंने सेल्फ हेल्प के लिए स्वयंसेवकों का एक ग्रुप बनाया और कहा, '*जो लोग मेरी टीम के रूप में फुटबॉल खेलना चाहते हैं, उन्हें सफाई करनी होगी।*' बच्चे काम करने लगे और स्लम की सफाई में लग गए। फुटबॉल खेल के प्यार ने पूरे क्षेत्र को धीरे-धीरे साफ़ कर दिया। समय के साथ उन्होंने खेल के लिए अपनी टीम बनाई। उन्होंने उन्हीं में से रेफरी बनाए। ज़रा कल्पना करें कि चार सालों में क्या नतीजा रहा होगा?

उसी मथारे स्लम से ही केन्या की फुटबाल टीम के 11 खिलाड़ी उभर कर आए। बॉब मुनरो ने वहां से फुटबॉल की सैकड़ों टीमें बनाई, मगर नियम बहुत ही ख़ास थे। नियम एकदम स्पष्ट थे कि इन टीमों में आने वाले हर खिलाड़ी को हर महीने कम से कम 60 घंटे समाज सेवा करनी होगी। केवल तभी वे फुटबॉल खेल सकते हैं। उन्हें कोई गेम जीतने के लिए नहीं बल्कि समाज सेवा के कामों को पूरा करने के लिए एक्स्ट्रा पॉइंट मिलते थे, जैसे सफाई, सलाह और दूसरों की मदद करना। उन्होंने फुटबॉल के प्रेम के कारण समाज सेवा के इस सिस्टम से 8,000 वॉलेंटियर (volenteer) बनाए।

इस गेम के नियम और भी रोचक थे, अगर कोई बहस होती थी, तो केवल कैप्टन बोलता था और बाकी लोग चुप रहते थे और बात मानते थे। अगर कोई भी दुर्व्यवहार करता था, तो टीम का स्कोर कितना भी हो, वह हार जाती थी। खिलाड़ी पूरी टीम के व्यवहार के लिए ज़िम्मेदार होता था। इनाम के नियम और भी रोचक थे। पुरस्कार (award) सिर्फ़ ट्रॉफी न होकर हज़ारों बच्चों के लिए स्कॉलरशिप

हुआ करती थी, जिन्हें समाज के बच्चों में बांट दिया जाता था। यह पिछले बीस वर्षों से चल रहा है। कितना प्रेरणादायक सन्देश है! जीने का क्या बढ़िया तरीका है!

मथारे वैली ने अब तक अपनी वैली को साफ़ रखने के लिए दो पर्यावरण अवार्ड जीत लिए हैं। ये बच्चे कॉलेज से ग्रेज्युएट भले न हों, मगर उनके पास प्रोएक्टिव रहने की और समाज की सेवा करने की प्रेरणा है। मुनरो ने लगभग असंभव चीज़ को प्रोएक्टिव बना दिया। उन्होंने न केवल उस जगह को बदला बल्कि उन्होंने जीने के तरीके को भी बताया। उन्होंने प्रोएक्टिव लोगों की एक पूरी टीम बनाई।

प्रोएक्टिव रहें और असंभव काम को संभव करें!

जिंदा रहने के लिए ज़रूरी नियम - अगर हम एक खुशहाल और संतुष्ट ज़िन्दगी चाहते हैं तो **जब भी हम किसी की मदद कर सकते हैं तो हमें ज़रूर करनी चाहिए। क्योंकि जब हम कर सकते हैं और नहीं करते तो हम अपने अंदर ग्लानि और पछतावे की ज़िन्दगी जीते हैं।**

प्रोएक्टिव बनिए - अच्छाई क्या है? अगर हम किसी सर्वे में लोगों से पूछते हैं कि '*क्या आप अच्छे हैं?*' ज़्यादातर लोग हां में जवाब देंगे। उनसे फिर पूछें, 'ऐसा क्या है जो आपको अच्छा बनाता है?' कई जवाब ऐसे मिलते हैं-

- मैं धोखा नहीं देता, इसलिए मैं अच्छा हूं।
- मैं झूठ नहीं बोलता, यह मुझे अच्छा बनाता है।
- मैं चोरी नहीं करता, इसलिए मैं अच्छा हूं।

अगर हम ऊपर दिए गए कारणों का विश्लेषण करें, तो उनमें कुछ गहराई नहीं है। ज़रा उस इंसान के बारे में सोचिये, जो कहता है कि '*मैं धोखा नहीं देता*', तो इसका मतलब यह हुआ कि वह धोखेबाज नहीं है, मगर इससे वह अच्छा नहीं हो जाता।

जो इंसान यह कहता है कि मैं झूठ नहीं बोलता तो इसका मतलब यह हुआ कि वह झूठा नहीं है, लेकिन इससे वह अच्छा इंसान नहीं बनता।

जो यह कहता है कि मैं चोरी नहीं करता, इसका मतलब यही है कि वह चोर नहीं है, मगर इससे भी वह अच्छा नहीं हो जाता। **एक इंसान तब अच्छा होता है, जब वह गलत काम न करके केवल अच्छा काम करता है।**

किसी भी डॉक्टर से पूछें तो वह हमें बताएगा कि **बीमारी के न होने का मतलब सेहतमंद नहीं होता।** इसी तरह सिर्फ़ बुराईयों के न होने से कोई भी इंसान अच्छा नहीं बनता। एक इंसान अच्छा तब बनता है, जब वह वाकई में अच्छा काम करता है। **इसे प्रोएक्टिव होना कहते हैं।**

विजेता आगे बढ़कर काम को संभव करते हैं!

एक्शन प्लान

- उन तीन उदाहरण लिखे, जहां पर आप रिएक्टिव थे और आगे जाकर प्रोएक्टिव हो गए।

1. ____________________
2. ____________________
3. ____________________

अध्याय 21

फैसले लें
Make Decisions

ज़िन्दगी के सफ़र को प्रभावी तरीके से शुरू करने के लिए हमें नीचे दी गयी बातों को परिभाषित करना चाहिए–

1. हमारे मूल्य
2. ज़िन्दगी की गुणवत्ता जिसके लिए हमें सुबुद्धि की ज़रूरत होती है।

समय से फैसले लें और समय से कदम उठाएं।

खेल को शुरू करने से पहले हमें तीन चीज़ों को तय करना चाहिए:

- खेल के नियम
- दांव पर क्या है
- खेल रोकने का समय

किसी चीज़ के लिए कब खड़े होना है और कब बैठ जाना है दोनों के लिए साहस चाहिए, लेकिन यह जानना कि कब क्या करना है, इसके लिए सुबुद्धि चाहिए।

फैसला लेने की क्षमता और परिपक्वता (Maturity)

किसी भी संस्था में कर्मचारियों की तनख्वाह (salary) में इतना फर्क क्यों होता है?

सैलेरी में फर्क **इस वजह से नहीं होता कि हम कितने घंटे काम कर रहे हैं बल्कि हमारे फैसले लेने की क्षमता (ability) और परिपक्वता (maturity) के कारण होता है।**

दो दोस्त एक साथ स्कूल जाते थे। जब वे बड़े हुए तो उनमें से एक राजा का प्रधानमंत्री बन गया और दूसरा नाव चलाने वाला बना, नाव चलाने वाले को हमेशा ही उस प्रधानमंत्री से बहुत ही जलन होती थी ख़ासतौर पर इसलिए क्योंकि वे एक साथ स्कूल जाते थे और एक ही क्लास में पढ़े। वह बार-बार अपनी जलन को यह कहकर ज़ाहिर करता कि '*आख़िर उस प्रधानमंत्री में ऐसा क्या ख़ास है, जो मुझमें नहीं? एक जैसी ही शिक्षा के बाद भी ऐसा क्यों है कि वह प्रधानमंत्री है और मैं केवल एक नाव चलाने वाला?*' वह हमेशा जलता था।

एक दिन राजा ने रणनीति की योजना बनाने के लिए जंगल में जाने का फैसला किया। उन्हें नदी पार करनी थी। राजा ने उस आदमी की नाव को चुना। पूरे समय जब तक वे लोग नाव में बैठे रहे, तब तक उसका दिल प्रधानमंत्री को राजा के साथ देखकर कोसता ही रहा। वे नदी की दूसरी तरफ़ गए और उन्होंने कैम्प लगाया। रात में वे सभी अपने-अपने टेंट में चले गए। अचानक से राजा ने एक रोने की आवाज सुनी, वह बाहर आया और उसने उस नाव चलाने वाला को आग के पास बैठे देखा और उससे पूछा कि पता लगाओ कि कौन रो रहा है। वह नाव चलाने वाला वहां गया और देखा कि वहां एक बिल्ली रो रही थी। उसने वापस आकर राजा से कहा कि बिल्ली रो रही है। राजा ने पूछा कि वह कैसी बिल्ली है, पालतू या जंगली? नाव वाले ने कहा, '*यह तो मैंने नहीं देखा, मैं देखकर आता हूं।*' वह गया और आकर बोला, '*महाराज यह पालतू बिल्ली है।*' राजा ने पूछा, '*वह क्यों रो रही है?*' नाव चलाने वाला ने जवाब दिया, '*यह तो मैंने चेक नहीं किया, मैं जाता हूं और बताता हूं।*' वह फिर गया और उसने कहा कि '*बिल्ली ने बच्चे दिए हैं।*' राजा ने फिर पूछा, '*कितने बच्चे।*' नाव चलाने वाला

फिर बोला, '*यह तो नहीं चेक किया, अभी जाता हूं करता हूं।*' वह फिर गया और उसने बताया, '*चार बच्चे!*' राजा ने फिर पूछा, '*किस रंग के हैं।*' नाव चलाने वाला ने कहा, '*मैंने यह नहीं देखा, अभी जाता हूं।*' वह फिर गया और उसने कहा, '*दो काले हैं और दो सफेद हैं!*' राजा ने फिर पूछा, '*बिल्ली किस रंग की है!*' नाव चलाने वाला ने फिर यही कहा, '*मैंने चेक नहीं किया, चेक करके बताता हूं।*' वह गया और वापस आकर उसने कहा, '*बिल्ली आधी काली और आधी सफेद है!*' राजा ने फिर पूछा, '*तुमने उसके लिए क्या किया?*' नाव चलाने वाले ने जवाब दिया, '*कुछ नहीं! मैं बस जाऊंगा और कुछ करूंगा!*' राजा ने कहा, '*रुको, और यहीं खड़े रहकर देखो!*' राजा के बुलाने से पहले प्रधानमंत्री वहां तैयार था, राजा ने प्रधानमंत्री से कहा कि '*ज़रा पता लगाए कि कौन रो रहा है?*' प्रधानमंत्री गया और उसने वापस आकर कहा, '*महाराज, एक घरेलू बिल्ली है, आधी काली और आधी सफेद, उसने अभी चार बच्चे दिए हैं, दो काले और दो सफेद। वे अपनी मां का दूध पी रहे हैं और बिल्ली के लिए खाना भी काफ़ी है। मैंने वह जगह बंद कर दी है, जिससे बिल्ली दूसरी तरफ़ आराम से रहे और हमारी तरफ़ न आए। अब आप निश्चिंत होकर सोने जा सकते हो, और मैं नज़र रखे रहूंगा।*'

राजा ने नाव चलाने वाला से सिर्फ़ एक ही बात कही, '*जब तुम नाव चला रहे थे, तब मैं तुम्हारी जलन महसूस कर रहा था। अब तुम यह अनुभव करो कि वह क्यों मेरा प्रधानमंत्री है और तुम नही? अंतर यही है कि जो काम तुमने इतने चक्करों के बावजूद नहीं किया, वह उसने एक ही बार में कर दिया।*'

आपके फैसला लेने की परिपक्वता ही यह तय करती है कि आपको एक निश्चित पद पर पहुंचना है या नहीं!

बिना तथ्यों के फैसले गलत होते हैं

एक बार एक बिलियन डॉलर कम्पनी के चेयरमैन को एक सी ई ओ को काम पर रखना था। शुरुआती कई राउंड के इंटरव्यू के बाद एचआर हेड (HR Head) ने एक आदमी को चुना (shortlist)

किया और जो उसके हिसाब से एकदम सही था। उस आदमी के लिए अपोइन्टमेंट लेटर के लिए रास्ता एकदम साफ़ था और अब चेयरमैन के लिए केवल औपचारिकता (formality) भर रह गयी थी कि वह एक औपचारिक लंच में उसे लेटर सौंप दे। जब वे लोग आराम से बैठ गए तो दोनों ने ही सूप का ऑर्डर दिया। जब सूप आया तो संभावित सीईओ ने अपने सूप को चखे बिना ही उसमें नमक डाला। लंच खत्म हो गया और किसी ने भी अपोइन्टमेंट लेटर के बारे में बात नहीं की। उन्होंने आपस में हाथ मिलाए और चेयरमैन ने कहा, '*हमारा एच आर आपसे संपर्क करेगा।*' चेयरमैन ने अपनी कम्पनी में वापस जाकर कहा कि उन्होंने उस कंडीडेट को रिजेक्ट कर दिया है। हर कोई हैरान था, मगर कोई चेयरमैन के फैसले पर उंगली कैसे उठा सकता था? एच आर हेड ने ज़रूर हैरानी से चेयरमैन से पूछा, जिससे वह इतने सही आदमी के रिज्केशन का कारण समझ सके। चेयरमैन ने सारी घटना बताई और कहा, '*मैं उस आदमी के फैसले लेने की परिपक्वता पर सवाल करता हूं, जो खाने को बिना चखे ही उसमें नमक डाल सकता है। यह किस तरह का फैसला है? मैं समझ सकता हूं, कि खाना चखने के बाद कोई भी उसमें नमक डाल सकता है, लेकिन मैं यह नहीं समझ सकता कि बिना खाना चखे ही कोई उसमें नमक क्यों डालेगा? यह दिखता है कि उसने यह फैसला तथ्यों को बिना जांचे परखे किया। सवाल है कि क्या हम चाहते हैं कि ऐसा इंसान हमारी संस्था चलाए? अगर हां, तो यकीनन ही हम बहुत बड़ी मुसीबत की तरफ़ बढ़ रहे हैं।*' एच आर हेड ने पूछा, '*क्या छोटी बात इतनी ज़रूरी हो सकती है।*' चेयरमैन ने कहा, '*क्या वाकई तुम्हारे लिए यह छोटी बात है? अगर तुम्हारे ख़्याल से यह बहुत छोटी बात है, तो शायद यहां से जाने का अगला नंबर तुम्हारा ही है।*'

चेयरमैन के सन्देश का निचोड़ एकदम साफ़ था-

1. **कोई भी फैसला लेने से पहले अपने तथ्य एकदम सही जांचे-परखें।**
2. **बिना तथ्यों के फैसला लेने से हमारी फैसला लेने की शक्ति कमज़ोर हो जाती है।**

हर सुबह जब हम उठते हैं और हम यह मानें या नहीं, हम हज़ारों फैसले करते हैं जैसे हमें बिस्तर की किस तरफ़ से उतरना है, हमें नाश्ते में क्या लेना है, हमें कौन से कपड़े पहनने हैं, ऑफिस जाने के लिए कौन सा रास्ता लेना है, वगैर वगैर!

लोग फैसला क्यों नहीं लेते हैं? यह कोई गलती करने या गलत फैसले लेने का डर हो सकता है। इसलिए वे जैसा है वैसा ही चलने देना चाहते हैं। दूसरे शब्दों में कहें तो वे कुछ भी नहीं करना चाहते हैं। वे निष्क्रिय बन जाते हैं। यह अहसास नहीं करते कि ज़िन्दगी में हम सिर्फ़ अपने काम के लिए ही नहीं बल्कि काम न करने के लिए भी ज़िम्मेदार हैं। फिर हम अहसास करें या न करें, फैसला न लेना भी एक फैसला ही है। **'मौकों की खिड़की हमेशा के लिए नहीं खुली रहती है। इसके लिए सही समय पर सही फैसला लेने की ज़रूरत होती है।'**

फैसला न लेने को मानसिक लकवा (mental paralysis) मारना कहते हैं, जो आत्मविश्वास की कमी, गैर प्रतिबद्ध (non-committal) स्वभाव की वजह से होता है। एक सफल ज़िन्दगी फैसला लेने से भरी हुई होती है।

एक पत्रकार ने एक बहुत ही सफल बिजनेस एग्जेक्युटिव से पूछा, '*आपकी सफलता का राज क्या है?*' उसने जवाब दिया, '*दो लफ्ज़,* ***सही फैसले।***' पत्रकार ने फिर पूछा, '*आपने सही फैसले लेना कैसे सीखा?*' बिजनिस एग्जेक्युटिव ने जवाब दिया, '*एक लफ्ज़,* ***अनुभव।***' पत्रकार ने फिर पूछा, '*आपके पास सही फैसले लेने का अनुभव कैसे आया?*' फिर जवाब आया, '*दो लफ्ज़,* ***गलत फैसले।***'

सफल लोग फैसला लेने से डरते नहीं हैं। जब भी हम किसी काम की ज़िम्मेदारी लेते हैं, तो फैसला लेना आसान हो जाता है।

एक अच्छा काम करने वाला ज़रूरी नहीं कि अच्छा फैसला लेने वाला भी हो।

सबसे बुरा फैसला है, फैसले का न लेना

एक किसान के पास अपने आलुओं के खेत में एक बहुत ही मेहनती काम करने वाला था। उसने बहुत अच्छा काम करके दिखाया, तो किसान उससे बहुत ही खुश हुआ और उसे सुपरवाइजर बना दिया। अब एक सुपरवाइजर के नाते उस आदमी की ज़िम्मेदारी थी आलुओं को उनकी क्वालिटी के हिसाब से अलग करना - सबसे अच्छा, मध्यम और सबसे बुरे। किसान ने उस आदमी को पूरे तरीके से समझाया और काम की शुरुआत इस उम्मीद के साथ कराई कि वह कारीगर उतना ही आउटपुट देगा जितना वह पहले देता था। लेकिन किसान को बहुत हैरानी हुई कि शाम तक वह मज़दूर वहीं पर आलुओं के ढ़ेर के पास ही बैठा था और उसने सुबह से लेकर अभी तक कुछ भी नहीं किया। किसान ने कारण पूछा। मज़दूर ने कहा, *'मैं बहुत ही कन्फ्यूज हूं, मैं फैसला नहीं ले पा रहा हूं, कि कौन-सा आलू कहां जाएगा?'*

यह कहानी एक चीज़ एकदम साफ़ करती है कि मेहनत से काम करना एक चीज़ है और फैसला लेना एकदम दूसरी। उस मज़दूर का पूरा दिन खाली गया क्योंकि वह एक भी आलू नहीं उठा सका। हो सकता है कि वह गलत फैसला लेने के कारण थोड़ा नर्वस हो, मगर उसके फैसला न लेने की अक्षमता ने उसे एकदम नुकसान की स्थिति में खड़ा कर दिया।

बहुत ज़्यादा सावधानी की वजह से कुछ लोग फैसला नहीं ले पाते। जो लोग एक्स्ट्रा सावधान होते हैं, वे लोग जोखिम लेने से कतराते हैं, मगर वे यह नहीं समझते कि ज़िन्दगी भी एक रिस्क है।

- जब हम पैदा हुए वह एक रिस्क था।
- अगर हमारा काम करना रिस्क लेना है तो ज़रा काम न करके देखिये और देखें यह कितना रिस्की हो सकता है।
- निवेश जोखिम भरा है, मगर निवेश न करना दोगुना जोखिम भरा हो सकता है।
- शादी करना जोखिम भरा है, बच्चे होना जोखिम भरा है और शादी न करना और बच्चे न होना भी जोखिम भरा हो सकता है।

तो कौन सी चीज़ जोखिम भरी नहीं है? ज़िन्दगी में कुछ भी ऐसा नहीं है जिसमें जोखिम न हो।

लोग इनएक्शन (Inaction) से पीड़ित हो सकते हैं। ज़िम्मेदारी और एक्शन एक साथ चलते हैं। एक साहसी फैसला लेने का उद्देश्य है उन चुनौतियों को हल करना न कि फैसलों को टालना। कुछ लोग जो ज़िन्दगीभर सुरक्षित खेलना चाहते हैं, इस उम्मीद से कि इतनी ही सुरक्षित रूप से अपनी मौत तक पहुंच जाएंगे। वे जिन्दा लाशें हैं। **हमें ज़िन्दगी इस सिद्धांत से जीनी चाहिए जब तक जिंदा हो, जिंदा दिखना चाहिए।** ज़िन्दगी कितनी लम्बी है, इससे कोई फर्क नहीं पड़ता मगर हमने कितनी खूबसूरती से जिया, इससे फर्क पड़ता है।

वे लोग जो इनएक्शन से पीड़ित होते हैं, वे हमेशा ही फैसला लेने से कतराते हैं। अगला मौका इस मौके से अच्छा या बुरा हो सकता है लेकिन ऐसा नहीं हो सकता। इसलिए सही फैसले सही टाइम पर लेना ही ज़रूरी है। जब हमें कोई कार टक्कर मारती है तो वह छानबीन (analysis) करने का समय नहीं है बल्कि वह समय बचाव का है।

***जब आप एक फैसला ले लेते हैं,
तो कुदरत भी आपको उसे हासिल
करने में मदद करती है।***

एक्शन प्लान

- उन तीन उदाहरणों के बारे में बताएं जहां पर आपने अंदाजा लगाया और वे गलत साबित हुए।

  1. ______________________________
  2. ______________________________
  3. ______________________________

- ऊपर दी गयी गलतियों से सीखकर उन तीन तरीकों के बारे में लिखें जो आप अपने फैसले लेने की क्षमता के बारे में सुधारना चाहते हैं।

  1. ______________________________
  2. ______________________________
  3. ______________________________

अध्याय 22

विरासत छोड़ना

Leave a Legacy

दुनिया में **दो किस्म के लोग** होते हैं:

1. वे जो दूसरों के नाम याद रखते हैं,
2. दूसरे वे जिनका नाम याद रखने लायक होता है।

> ***हमारे पूर्वजों ने हमें हमारा नाम ज़रूर दिया,***
> ***लेकिन इज्जत सिर्फ़ अपने व्यवहार से ही आती है।***

पैसा, नाम और ताकत सभी बहुत ज़रूरी हैं, लेकिन ये सिर्फ़ आपके लिए महंगे खिलौने ही खरीद सकते हैं और आपके अहंकार को तसल्ली दे सकते हैं, और कुछ नहीं। जो चीज़ ज़िन्दगी में आपकी अहमियत रखती है वह है आपकी विरासत।

स्टीव जॉब्स कितना छोड़कर गए हैं?

जवाब है - अपना सब कुछ।

रूजवेल्ट कितना छोड़कर गए हैं?

जवाब है - अपना सब कुछ।

वॉरेन बफे और बिल गेट्स भी कितना छोड़कर जायेंगे?

जवाब है - अपना सब कुछ।

> ***किसी भी इंसान की ज़िन्दगी को उसकी लम्बाई से नहीं बल्कि उसकी गहराई से मापा जाता है। एक्टर एक छवि बनाते हैं और महान लोग अपनी छाप छोड़ जाते हैं।***

जब आप जाएं तो अपनी छाप छोड़कर जाएं

एक बार एक गांव में एक बुज़ुर्ग इंसान, जॉनसन मर गया। वह गांव का सबसे उम्रदराज इन्सान था। उसे श्रद्धांजली देने के लिए, एक स्थानीय पत्रकार उसके बारे में कुछ लिखना चाहता था। चूंकि मरने वाले ने कुछ ख़ास अपनी ज़िन्दगी में किया नहीं था, जिसे उपलब्धि कहा जा सके तो उसने बस लिखा, '*मिस्टर जॉनसन ने कुछ भी बहुत अच्छा या बुरा नहीं किया था। न तो वे शराबी थे और न ही वे कभी जेल गए।*'

असम्मानीय को सम्मान देना

एक बार एक बहुत ही भ्रष्ट और अपराधी राजनेता मर गया। कोई भी ऐसा नहीं था, जिसे उसने कष्ट या धोखा न दिया हो। उसके अंतिम संस्कार के लिए एक बहुत ही बड़ा जुलूस था। वहां से जाते हुए किसी ने जुलूस में शामिल आदमी से पूछा, '*जो मरा है क्या तुम इसकी छवि के बारे में जानते हो? वह मानवता पर सबसे बड़ा धब्बा था और तुम लोग इतनी भारी संख्या में इसको श्रद्धांजली अर्पित करने जा रहे हो!*' उस आदमी ने जवाब दिया, '*हममें से कोई भी किसी तरह की श्रद्धांजली देने नहीं जा रहा बल्कि यह सुनिश्चित करने जा रहे हैं, कि वह मर चुका है।*'

किसी ने एक बार कहा था, **'मैंने किसी का मर्डर नहीं किया, लेकिन कई अंतिम संस्कार ज़रूर अटेंड किये हैं जिनमें मुझे बहुत खुशी महशूस हुई।'** ऊपर वाले पॉलीटीशिन के उदाहरण पर यही वाक्य लागू होता है।

एक चालबाज आदमी मरा, और उसके अंतिम संस्कार में पादरी शोक सन्देश पढ़ रहा था, '*जॉन एक शानदार आदमी था, एक शानदार पति, एक बढ़िया पिता और एक आदरणीय इंसान।*' उसकी विधवा ने अपने बेटे को बुलाया और पूछा, '*बेटा, ज़रा देखो ताबूत (casket) बदल तो नहीं गया!*'

एक भ्रष्ट समाज में, घटिया और भ्रष्ट लोगों को सम्मान देना जो कि उसके हकदार नहीं हैं एक आम बात है। जो हकदार हैं, वे पीछे रह जाते हैं क्योंकि उनका कोई गॉडफादर नहीं होता है। सवाल उठता है कि यह किस तरह की संस्कृति है? हम आने वाली पीढ़ियों के लिए क्या उदाहरण छोड़ रहे हैं?

धोखेबाजों को सम्मान

1950 तक फिलिपिन्स एशिया की सबसे तेज़ी से बढ़ने वाली अर्थव्यवस्था में से एक थी। हालांकि राष्ट्रपति फर्डिनांड मार्कोस के नेतृत्व में 1965 से लेकर 1986 तक, फिलिपिन्स उस क्षेत्र में कई देशों से नीचे हो गया। अपनी भरपूर प्राकृतिक संसाधनों जैसे टिम्बर, नारियल, चीनी, केला, रबर और खनिज, और अपने शिक्षित और मेहनती श्रमिक बल की वजह से फिलिपिन्स एशिया का सबसे खुशहाल देश होना चाहिए था। लेकिन एशिया की सबसे घटिया प्रदर्शन करने वाली अर्थव्यवस्था में से एक ज़रूर बन गया।

- कारमेन नाव्रो पेद्रोसा ने अनुमान लगाया कि राष्ट्रपति मार्कोस ने 15 बिलियन डॉलर का घोटाला किया है जो देश के राष्ट्रीय कर्ज के आधे से भी ज़्यादा था।

  सिंगापुर के वरिष्ठ मंत्री ली कुआंन यू ने हालात को देखते हुए कहा कि सिर्फ़ फिलिपिन्स में ही फर्डिनांड मार्कोस जैसा नेता हो सकता था, जिसने अपने देश को बीस साल तक लूटा और उसे राष्ट्रीय सम्मान से दफ़नाया जा रहा है।[1]

---

[1] http://globalbalita.com/2011/01/10/lee-kuan-yew-on-filipinos-and-the-philippines/

क्या यह देश के नागरिकों के मूल्यों को नहीं दर्शाता जहां एक गद्‌दार को सम्मानित किया जा रहा है, जिसे जेल में होना चाहिए था? क्या हमें ऐसा व्यवहार भ्रष्ट और पिछड़े देशों में देखने को नहीं मिल रहा? ये देश पिछड़े क्यों हैं क्योंकि ये देश एकदम थर्ड क्लास व्यवहार करते हैं और गद्दारों को सम्मानित करते हैं।

जब एक भ्रष्टाचारी नेता मरता है तो उसका नाम कभी भी श्रद्धांजली कॉलम में नहीं आना चाहिए बल्कि पब्लिक इंप्रूवमैंट (public improvement) कॉलम में आना चाहिए।

एक विजन (सपना) रखें!

एक विजन क्या है?

जो दिखाई नहीं देता, उसे देखने की क्षमता को विजन कहा जाता है। अगर हम उसे देख लें जो हमें दिखाई नहीं देता तो हमें जो नामुमकिन लगता है उसे मुमकिन बना सकते हैं। सभी महान अचीवर के पास न केवल एक विजन बल्कि अदृश्य को देखने की भी क्षमता होती है। विजन किसी भी उपलब्धि का शुरुआती बिंदु है।

एक विजनरी इंसान वह देख सकता है जो दूसरे नहीं देख पाते।

एक तंग सोच वाला इन्सान कभी भी बड़े दिल वाला नहीं हो सकता और ना ही कुछ हासिल कर पाता है।

यह कहा जाता है कि वाल्ट डिज़्नी ओरलैंडो, अमेरिका में डिज़्नी वर्ल्ड बनाना चाहते थे। कंस्ट्रकशन तेज़ रफ़्तार से चल रही था लेकिन ओपनिंग से पहले ही वाल्ट डिज़्नी की मृत्यु हो गयी। ओपनिंग के दिन, दो एग्जेक्युटिव बात कर रहे थे। एक ने कहा कि '*कितना बुरा हुआ कि वाल्ट डिज़्नी इसे देखने के लिए जिंदा नहीं है।*' दूसरे ने जवाब दिया, '*वह पहले ही इसे देख चुके थे, तभी हम और तुम यहां पर हैं।*'

यह कितना सही कहा गया है कि 'अगर किसी समाज में लोगों के पास विजन न हो तो वह नष्ट हो जाएगा।' मानवता का विकास ऐसे ही विजन वाले लोगों के साथ हुआ है, जिनके पास महान विचार थे और जो एक विरासत छोड़कर गए। वैज्ञानिक, कलाकार, कवि, दार्शनिक ये सभी दुनिया के आर्किटेक्ट हैं। इन्होनें इस दुनिया को अपनी ज़िन्दगी से खुशहाल किया। इनके प्रयासों के बिना, मानवता बहुत गरीब होती।

जिनके पास एक विजन होती है, वे यकीनन ही उसे हक़ीकत में बदलते हैं।

दुर्भाग्य से कई लोगों के पास विजन तो होता है लेकिन वे कभी अमल में नहीं ला पाते हैं। इसलिए **बिना किसी कर्म के केवल विजन सिर्फ़ भ्रम रह जाता है। कर्म के साथ विजन काम करने का वादा है।**

- माइकल एंगेलो, इटली के महान मूर्तिकार के पास डेविड की मूर्ती का विजन था।
- सिंगापुर के पहले प्रधानमंत्री ली कुआंन यू के पास एक खुशहाल राष्ट्र बनाने का विजन था।
- बौद्ध धर्म के संस्थापक गौतम बुद्ध के पास एक आध्यात्मिक और शांतिपूर्ण संसार बनाने का विजन था।

हमें अपने विजन का पालन-पोषण करना चाहिए और उसे हक़ीकत में बदलने के लिए हर प्रयास करना चाहिए।

एक बड़े पेड़ की संभावना एक छोटे बीज में छिपी होती है, इसी तरह से हक़ीकत की शुरुआत केवल एक विजन से होती है। एक इंसान जिसके पास एक निश्चित एक्शन प्लान के साथ एक साफ़ विजन और उद्देश्य है, उसे रोका नहीं जा सकता है। कुछ लोग बस केवल महान उपलब्धियों के सपने ही देखते रहते हैं, जबकि दूसरे जागते हैं और उन पर अमल करके असलियत में बदलते हैं।

1960 में जॉन केनेडी ने कहा था कि '*हम चांद पर एक दशक के अन्दर इंसान भेजेंगे?*' ज़रा कल्पना करिए कि क्या लोगों की प्रतिक्रिया रही होगी। लोगों ने कहा, '*यह नहीं हो सकता है।*' इसे नामुमकिन कहा गया। यह पहले किसी ने नहीं किया था। हक़ीकत में एक वैज्ञानिक

ने भी यह कहा था कि इसे करने के लिए कई लाख फैसले और तालमेल चाहिए। कई कारण ऐसे थे कि इसे न किया जाए और भूल जाया जाए, मगर केनेडी ने अलग तरीके से सोचा। उन्होंने महसूस किया कि अमेरिका के पास इस क्षेत्र में पहला होने के लिए मौका है। लोगों ने कहा, '*हमारे पास संसाधन नहीं हैं।*' केनेडी ने कहा, '*हम खुद में साधन सम्पन्न हैं।*' केनेडी का विजन और प्रतिबद्धता इतने बड़े और मज़बूत थे कि पूरा का पूरा वैज्ञानिक समुदाय उनकी इस विजन को हक़ीकत में बदलने के लिए तैयार हो गया और वे सफल हुए।

वर्तमान में रहें मगर भविष्य के लिए एक विजन रखें

हमें अपने वर्तमान लम्हों का आनंद उठाने की ज़रूरत होती है क्योंकि हम इसी वजह से जिंदा रह सकते हैं। हमें अपने पास प्रकृति से प्राप्त उपहारों का आनंद उठाने की ज़रूरत होती है जैसे हमारी सेहत, परिवार, रिश्ते और हमारा काम। जब हम इन चीज़ों का आनंद उठाते हैं, तो इंसान को आगे बढ़कर वे कदम उठाने चाहिए जिससे वह अपना भविष्य सुरक्षित कर सके।

आधे से ज़्यादा दशक तक स्विस (Swiss) दुनिया में सबसे अच्छे घड़ी निर्माता थे। साठ के दशक में डिजिटल तकनीक आई और उसे स्विस ने पेटेंट करा लिया, मगर घड़ी निर्माता उद्योग ने उस तकनीक को अपनाने से मना कर दिया। उन्होंने यह नहीं देखा कि दुनिया बहुत ही तेज़ी से कुछ नए के लिए बदल रही है। सीको (Seiko), एक जापानी कम्पनी ने भविष्य को देखा और उसने डिजिटल पेटेंट लिए और वह दुनिया की सबसे लीडिंग घड़ी निर्माता कम्पनी बन गयी। स्विटजरलैंड के लगभग 80 प्रतिशत घड़ी निर्माताओं का व्यापार ठप्प हो गया। लेकिन स्विटजरलैंड की एक कम्पनी स्वैच (Swatch) वाचेस ने इस अवसर को पहचाना, और अपना मार्केट शेयर वापस हासिल किया।

***एक दूरदर्शी इंसान में जो दिखता है,
उससे परे देखने की क्षमता होती है।***

कोई भी किसान क्यों खेत जोतेगा और बीज बोएगा अगर वह अपनी फसल के नतीजे नहीं देख सकता?

हर इमारत एक हक़ीकत बनने से पहले विजन में ही देखी जाती है। हम इमारत की एक साफ़ तस्वीर रखे बिना ऐसे ही ईंटे रखना तो शुरू नहीं कर देते? अगर कोई हमसे पूछे, 'तुम क्या कर रहे हो?' हम यह नहीं कह सकते, 'मुझे नहीं पता।'

अगर हम मानसिक रूप से नहीं देख सकते हैं तो हम इसे हक़ीकत में कभी नहीं बदल सकते। हमें कब इमारत बनानी शुरू करनी चाहिए? केवल तब जब हम उसे मानसिक रूप से पूरे तरीके से देख सकें।

> **_विजेता हर दिन को अपना आख़िरी दिन समझ कर जीते हैं क्योंकि कोई न कोई दिन तो आख़िरी होना ही है, और उन्हें यह नहीं पता कि कौन-सा दिन आख़िरी होगा। मगर जब वे यहां से जाते हैं, तो वे विजेता के रूप में जाते हैं।_**

यादें

ज़्यादातर लोगों को यह डर लगता है कि ज़िन्दगी खत्म होने को है, लेकिन कुछ लोगों के लिए यह कभी शुरू ही नहीं होती। अपनी क्षमताओं को पहचानना केवल हमारे लिए ही मददगार नहीं होगा बल्कि यह एक बड़े उद्देश्य के लिए होता है, जो दुनिया के लिए लाभकारी होता है।

एक बुज़ुर्ग शिक्षक मिस्टर स्मिथ अपने सबसे प्रिय शिष्य जॉन को सफलता के सिद्धांत सिखा रहे थे। उन्होंने जॉन से कहा, '*मेरे पास अंतिम सिद्धांत के लिए अगले हफ्ते आना।*' शेड्यूल के अनुसार, जॉन समय से आया और उसने घंटी बजाई। टीचर की बेटी ने दरवाजा खोला। जॉन ने पूछा कि '*क्या श्री स्मिथ घर पर हैं?*' उनकी बेटी ने कहा, '*वे पिछले हफ्ते ही गुज़र गए, मगर तुम शायद जॉन हो!*' जॉन ने कहा '*हां!*' उनकी बेटी ने कहा, '*मेरे पिता ने तुम्हारे लिए एक चिट्ठी छोड़ी है, प्लीज़ अन्दर आओ और उसे पढ़ लो।*' जॉन उसके

साथ लाइब्रेरी तक गया, जहां पर मिस्टर स्मिथ बैठकर पढ़ा करते थे। जॉन ने चिट्ठी खोली और पढ़ना शुरू किया, उसमें लिखा था –

प्रिय जॉन

अगर तुम यह सन्देश पढ़ रहे हो तो ज़ाहिर है कि मैं अब शारीरिक रूप से हमेशा के लिए चला गया हूं, लेकिन मैं आत्मा से तुम्हारे ही पास रहूंगा। मैं तुमसे सफलता के सिद्धांत को खुद बांटना चाहता था, मगर ज़िन्दगी यही है। हम इस दुनिया में हमेशा के लिए नहीं आए। मैंने किसी विद्वान इंसान से सुना था कि ***अगर आप विरासत छोड़ना चाहते हैं तो या तो कुछ ऐसा करें जो लिखने के काबिल हो या कुछ ऐसा लिखें जो करने के काबिल हो।*** *दूसरे शब्दों में, एक मीनिंगफुल ज़िन्दगी का कुछ उद्देश्य भी होना चाहिए। जैसे किसी भी महान किताब में एक बांधने वाली डोर (थीम) होती है उसी तरह महान इंसानों के पास उद्देश्यों के लिए एक प्यास होती है। अच्छे इंसान कभी मरते नहीं, वे सिर्फ़ दुनिया से गुज़र जाते हैं। वे अपने अच्छे कर्मों से अमर हो जाते हैं। घटिया लोग मरते हैं और दुनिया से गन्दगी साफ़ होती है।*

ज़िन्दगी बहुत छोटी है, लेकिन सही से जिया जाए तो यह बहुत ही अच्छी है। यह ऐसा ही है जैसे बचपन में हम छोटी-छोटी बातों पर खेल-खेल में लड़ा करते थे और अब जाकर पता चलता है कि वे बातें मायने ही नहीं रखती थीं। मेरी शादी बाईस साल की उम्र में एक बहुत ही अच्छी लड़की से हुई, उसने मेरी ज़िन्दगी बदल दी। मैं धन्य हुआ कि वह मेरी ज़िन्दगी में आई। दोस्तों ने मुझसे पूछा था कि क्या बाईस साल की उम्र में मैं कुछ जल्दी तो शादी नहीं कर रहा हूं। मेरा जवाब था कि अगर मेरी ज़िन्दगी में वापस जाने वाला कोई बटन होता तो मैं उसी लड़की से दो साल पहले शादी कर लेता। मेरी दो प्यारी बेटियां हैं और उनके बच्चे हैं। मैं यकीन करता हूं कि वे मेरी विरासत पर गर्व करेंगे।

मैं एक अच्छे खाते-पीते परिवार में पैदा हुआ। मेरे परिवार के पास कोयले की खानें थीं, जिसकी मल्कियत सरकार ने ले ली और हम लोग जैसे सड़क पर आ गए। मैं कनाडा चला गया और ज़िन्दगी की

शुरुआत घर-घर जाकर गाड़ियां धोने से की, जो कि साल-दो साल तक चला। आगे चलकर मैं वैक्यूम क्लीनर बेचने लगा और बाद में लाइफ इंश्योरेंश बेचने लगा। परमात्मा की दया हुई और मैंने तीन व्यापार शुरू किये। मैंने कैलिफोर्निया की एक कम्पनी का न्यू जर्सी में कारोबार शुरू किया, बिना किसी क्लाइंट के और बाद में मैंने वही कम्पनी 500 क्लाइंट के साथ बेची। मैंने एक बात सीखी कि **'कड़ी मेहनत का कोई विकल्प नहीं होता।'**

मैंने खुद के लिए बहुत अच्छा किया, लेकिन मैं और फोकस होता तो कहीं ज़्यादा कर सकता था। मैंने खूब पैसा कमाया और खोया भी। मगर पैसे से ज़्यादा जो मैंने खोया वह थी मेरी यादें, जो कि मेरे परिवार के साथ होनी चाहिए थीं लेकिन नहीं थीं। मैं यह सोचता रहा कि मैं कल एक दूसरा इंसान बनूंगा लेकिन वह कल आया ही नहीं। मैं सोचता रहा कि मैं जल्दी रिटायर हो जाऊंगा, लेकिन ऐसा हुआ नहीं।

मैंने हमेशा यही सोचा कि मेरे पास बहुत समय है लेकिन मैं बहुत ही नासमझ था कि मैं असलियत को देखते हुए भी नहीं देख सका। मैंने यह अहसास नहीं किया कि समय कभी आता-जाता नहीं, हम आते और जाते हैं। हम अपना बैंक बैलेंस आख़िरी पैसे तक माप सकते हैं लेकिन कोई भी अपना टाइम बैलेंस नहीं माप सकता। मैंने यह काफ़ी मुश्किलों से गुज़रने के बाद सीखा कि **समय हमें ज़िन्दगी की कीमत बताता है और ज़िन्दगी हमें समय की कीमत बताती है। अगर हम समय बर्बाद करते हैं, समय हमें बर्बाद कर देता है।**

दो घटनाएं हैं जिन पर हमारा बिलकुल कंट्रोल नहीं हैं, वह हैं कि हम कब दुनिया में आते है और कब चले जाते हैं। हम इस बीच क्या करते हैं यह हमारा फैसला है। हमारी ज़िन्दगी कितनी सफल हुई इस बात से तय होती है कि आने वाली पीढ़ियों के लिए क्या विरासत छोड़कर जा रहे हैं।

जब मैंने अपना कैरियर शुरू किया तो मैं खोया हुआ था जब तक कि मुझे किसी ने दिशा नहीं दिखाई, जिसने मेरी ज़िन्दगी बदल कर रख दी। मैंने अहसास किया कि कोई भी सेल्फ मेड मैन नहीं होता। हम जब भी ज़िन्दगी में किसी को मिलते हैं, हम उसे या तो कमज़ोर करते

हैं या उन्हें मज़बूत करते हैं। मैंने सीखा कि हमारे द्वारा हासिल की गयी सफलता के लिए, कहीं न कहीं किसी न किसी ने कुछ-न-कुछ योगदान तो ज़रूर दिया।

ज़िन्दगी में मेरा मकसद यह है कि ज़िन्दगी में आने वाली पीढ़ियों के लिए दुनिया को थोड़ा बेहतर छोड़कर जाऊं, बजाए जैसे मैंने पायी थी। मैंने एक टीचर बनने का फैसला किया और दूसरों के साथ सफलताओं के सिद्धांत बांटने का भी फैसला किया। लेकिन सबसे ज़्यादा ज़रूरी रहा कि हर दिन जो मैंने पढ़ाया, मैंने उससे कुछ ज़्यादा सीखा। मैंने अनुभव किया कि एक अच्छा टीचर ही सबसे ज़्यादा सीखता है। मैंने यह भी सीखा कि उपदेश देना आसान है लेकिन उस पर अमल करना बहुत मुश्किल है। मैंने जो पढ़ाया उस पर हर दिन चलने की पूरी कोशिश की। मैंने यह भी सीखा कि करनी और कथनी एक होनी चाहिए। ऐसा करने से हममें विश्वसनीयता आती है।

जॉन, याद रखो कि सकारात्मक सोचने वाले हमेशा ही संख्या में कम रहे हैं, मगर वे वन मैन आर्मी हैं। वे अकेले ही एक आर्मी बन जाते हैं। जब भी कोई बदलाव आया है वह हमेशा ही किसी एक ही आदमी के द्वारा आया है। भीड़ कभी बदलाव नहीं लाती, वह हमेशा फॉलो करती है।

मरने पर तो सभी मरते हैं लेकिन ज़्यादातर लोग जीते-जी ही मर चुके होते हैं। वे अपनी ज़िन्दगी बर्बाद करते हैं और फिर उन्हें अहसास होता है कि अब उनके पास समय ही नहीं बचा, तब उन्हें इसका अफसोस होता है। ज़िन्दगी एक बार मिलती है लेकिन दांव पर बहुत कुछ लगा होता है। फुटबॉल के खेल की तरह नहीं कि आप जब चाहो खिलाड़ी बदल लो, ज़िन्दगी के खेल में आपको अपना खेल खुद खेलना होता है।

एक चीज़ एकदम साफ़ है कि **ज़िन्दगी में सिर्फ़ दो ही विकल्प होते हैं, या तो आप ज़िन्दगी जी सकते हैं या काट सकते हैं।** ज़्यादातर लोग अपनी ज़िन्दगी सिर्फ़ मशीन की तरह जीते हैं। वे काम पर जाते हैं, वापस आते हैं और उनके जीवन में कोई विजन नहीं होता, लेकिन जब तक अहसास होता है अंत आ जाता है। उनके सपने अधूरे रह जाते हैं और डरावने दृश्य बन जाते हैं।

जॉन, याद रखो, **जीतने वाले कोई अलग काम नहीं करते, वे हर काम अलग ढंग से करते हैं।** जितना जल्दी तुम अपनी ज़िन्दगी में शुरू कर दोगे, उतना ही बेहतर। तुम अभी जवान हो, तुम्हारे सामने ज़िन्दगी पड़ी है। अगर तुम ज़िन्दगी काटोगे नहीं बल्कि अपने हिसाब से सक्रीय करके जियोगे तो तुम शानदार ऊंचाइयां हासिल कर सकते हो।

अगर तुम सफलता के आधार पर अपनी ज़िन्दगी डिज़ाइन करोगे तो तुम भी एक मकसदपूर्ण और उद्देश्यपूर्ण ज़िन्दगी जी पाओगे। तुम्हें एक असाधारण ज़िन्दगी जीनी है। लोग तुम्हें एक उदाहरण के तौर पर चुनेंगे। तुम एक रोल मॉडल बन जाओगे। मां-बाप तुम्हारे नाम पर अपने बच्चों के नाम रखने में गर्व महसूस करेंगे। **यह मत पूछो कि तुम लोगों को जानते हो और कितने लोग तुम्हें जानते हैं। ये पूछो कि क्या तुम जानने के काबिल हो?**

अगर दूसरे एक तंग ज़िन्दगी जीना चाहते हैं, तो जीने दो, लेकिन तुम नहीं। क्यों? क्योंकि तुम मेरे स्टूडेंट हो।

जॉन, **हर बीज में एक जंगल बनने की क्षमता होती है।** तुम एक पेड़ उगाओ जो कि और ज़्यादा बीज देगा, जो तुम्हारी आने वाली पीढ़ियों के लिए और ज़्यादा पेड़ उगाने में मदद करेगा।

याद रखो, ज़िन्दगी जीने का एक और उसूल यह है कि **जब तुम किसी और की मदद कर सकते हो तो ज़रूर करो, वरना तुम्हें कभी भी खुद के बारे में अच्छा महसूस नहीं होगा। अच्छा महसूस करना कुछ अच्छे किए जाने का नतीजा है और अच्छा करना, अच्छे होने का नतीजा है।**

जॉन, बस अपनी क्षमताओं को हक़ीकत में बदलो। मेरी ज़िन्दगी तुम जैसे लोगों की सफलता के सिद्धांतों को पढ़ाने के बाद और भी ज़्यादा पूर्ण हो गयी। बदले में तुम आने वाली पीढ़ियों को सफलता के सिद्धांतों को और ज़्यादा पढ़ा सकते हो। टीचिंग को एक जुनून बनाओ!

जॉन, तुम मेरे बेटे के जैसे हो। मुझे तुमसे मिलकर बहुत ही गर्व महसूस हुआ है। मैंने यह सब तुमसे साझा किया, क्योंकि जो लोग मुझसे अधिक बुद्धिमान थे उन्होंने मुझसे साझा किया। तुमने मेरे स्टूडेंट

होने के नाते मुझ पर अहसान किया। तुमने मुझे टीचर बनाया, तुम्हारे बिना मैं एक विरासत नहीं छोड़ पाता।

जॉन, ***मूल्य अनमोल होते हैं। जिस पल तुम मूल्यों का मोल लगा दोगे, उसी पल मूल्यों का मोल खत्म हो जाता है।***

याद रखो, ***विफल लोग अपने दिन गिनते हैं जबकि सफल लोग अपने हर दिन को यादगार के काबिल बनाते हैं।***

जॉन, अपना हर दिन एक यादगार बनाओ!

प्यार,

तुम्हारा टीचर,
स्मिथ

(यह चिट्ठी, मेरे बच्चों और आने वाली पीढ़ियों की लिए मेरी भावनाओं और मेरी ज़िन्दगी को दर्शाती है।)

एक्शन प्लान

- उन तीन चीज़ों को पहचानें, जिनके लिए आप चाहते हैं कि लोग आपको याद रखें।

  1. ______________________
  2. ______________________
  3. ______________________

- उन तीन कदमों को लिखें, जो आप विरासत में छोड़ने के लिए प्रतिबद्ध हैं।

  1. ______________________
  2. ______________________
  3. ______________________

INTERNATIONAL BESTSELLERS

ISBN 978 93 82951 84 1

₹ 350

ISBN 978 93 82951 95 7

₹ 325

ISBN 978 93 82951 98 8

₹ 299

ISBN 978 93 82951 63 6

₹ 299

अगर आप अलग दिखना चाहते हैं तो आपको कुछ अलग काम करना होगा।

पॉज़िटिव एटिट्यूड वाले इंसान को आप रोक नहीं सकते और नेगिटिव एटिट्यूड वाले इंसान की आप कभी मदद नहीं कर सकते।

सफलता और विफलता दोनों का ही समय सीमित होता है। सफलता ना ही एक अजूबा है और ना ही एक रहस्य। ये ना तो किसी ख़ास तालीम, स्कूली शिक्षा और ना ही ख़ास बुद्धि पर निर्भर करता है। यह तो एक नतीजा है कुछ ख़ास उद्देश्यों को लगातार अपनी ज़िन्दगी में उतारने का। हमारा ख़ास लक्ष्य ज़िन्दगी को सफल बनाना और विफलता से दूर रहना है।

तथ्यों की जानकारी को ज्ञान कहते हैं। तथ्यों को समझने को समझदारी कहते हैं लेकिन उनको जीवन में उतारने को बुद्धिमता कहते हैं। इस किताब में जो उसूल दिये गए हैं वह आपकी इस रूप से मदद करेंगे-

- ज़िन्दगी जीना सीखें बजाए ज़िन्दगी काटने के
- आत्मविश्वास बढ़ायें और अपनी क्षमता को हासिल करें
- सक्रिय बनें और एक विजेता का एटिट्यूड बनाएं
- अपनी सेहत, पैसे और रिश्तों में संतुलन लाएं
- सही फैसले लें और रोज़-रोज़ की समस्याओं से बचें
- सक्रिय सोचें, गलतियों और गिरने से बचें

एक सफल ज़िन्दगी बिताने का राज़ आपके हाथ में है। इस किताब के जरिये अच्छे विचारों और बुनियादी सिद्धांतों से आप सशक्त **और सफल बनें** ताकि आप कभी न रुकने वाले बन सकें।

BLOOMSBURY INDIA
ISBN 978-9-3884-1499-9
90100
9 789388 414999
₹350 www.bloomsbury.com

Cover design: Syed Dilshad Ali